VIVENDO
THELEMA

UM GUIA PRÁTICO PARA A CONSECUÇÃO NO SISTEMA DE MAGICK DE ALEISTER CROWLEY

DAVID SHOEMAKER

VIVENDO THELEMA

UM GUIA PRÁTICO PARA A CONSECUÇÃO NO SISTEMA DE MAGICK DE ALEISTER CROWLEY

DAVID SHOEMAKER

ANIMA SOLIS BOOKS

Originalmente publicado em 2013 por

Anima Solis Books
P.O. Box 215483
Sacramento, Califórnia 95821, Estados Unidos

Primeira reimpressão, 2017
Primeira edição em português, 2020

livingthelema.com

Traduzido por Alan Michel Willms Quinot

Design da capa por Frater Julianus

Ilustrações © Thomas Nelson Stewart IV
Solve et Coagula Design
www.solve-et-coagula.us/design.php

ISBN-13: 978-0-9893844-5-2

Publicação da A∴A∴ em Classe B

Imprimatur:

N. Fra. A∴A∴   **PRO COLL. SUMM.**

I. $7°=4^{\square}$ **PRO COLL. INT.**
V.V. $6°=5^{\square}$
L. $5°=6^{\square}$

I.   Praem.   **PRO COLL. EXT.**
S.L.E.   Imp.
L.L.L.   Canc.

ΚΑΙΡΟΣ

ΤΟΠΟΣ   ΝΟΥΣ

Para Ti, meu Senhor Σ......,
Este beijo,
Esta alma,
Este coração!

"Tu misturarás tua vida com a vida universal."

– *Liber Cheth vel Vallum Abiegni*

SUMÁRIO

AGRADECIMENTOS

Eu gostaria de agradecer à minha esposa e ao meu filho pelo seu amor e apoio, e por tolerar as várias horas em que estive ausente enquanto trabalhava neste material. Agradeço também aos meus pais, às minhas irmãs, e à minha família, por uma vida de apoio e encorajamento. Tenho certeza de que não expressei nem perto do suficiente o quanto aprecio sua presença em minha vida. Aos meus predecessores espirituais na A∴A∴, Soror Meral, Soror Estai, Frater Saturnus e Frater To Mega Therion – eu devo muita gratidão até mesmo por ter sido possível molhar meus dedos do pé nas águas da corrente de sabedoria que eles iniciaram e nutriram ao longo de muitas décadas. Um agradecimento especial aos meus estudantes, por *me* ensinarem algo todas as vezes em que interagimos. Espero que como retorno eu tenha fornecido algum sustento para suas jornadas espirituais.

Finalmente, eu gostaria de agradecer às seguintes pessoas pelo seu apoio, encorajamento, sabedoria e amizade ao longo dos anos: Lon Milo DuQuette, Richard Kaczynski, Catherine Berry, Frater Sabazius, Soror Helena, Frater Puck, Howard e Amy Wuelfing, Kim Knight, Geoff Leibinger, James Fairman, Robert Fripp, Anna-Kria King, Andrew Ferrell, Alan Sommerer, Gregory Peters, Joseph Larabell, Frater Sohum, Robbi Robb, Charlotte Moore, Monika Mayer-Kielmann, Edward Mason, Joshua Gadbois, Harper Feist, e Lauren Gardner.

Pelo suporte técnico neste projeto, fico muito grato a: Frater Julianus, pelo belo design da capa; Thomas Stewart, por suas ilustrações detalhadas; Kelli Patton, Britta Cox, Monika Mayer-Kielmann, Thomas Stewart, e Alan Michel Willms Quinot, por assistência na transcrição; e a Charlotte Moore, Frater IAO131 e Anna Tsu, pela revisão e sugestões editoriais.

Introdução

Faze o que tu queres há de ser tudo da Lei.

Fazendo uma retrospectiva dos últimos 20 anos de meu envolvimento com Thelema, frequentemente tenho refletido sobre o que exatamente me atraiu à Grande Obra. A vida é mais simples (pelo menos superficialmente) sem toda a autodisciplina exigida dos iniciados, e pode-se facilmente encontrar um caminho espiritual com maior aceitação cultural e mecanismos de suporte social. Existe uma igreja, mesquita, ashram e guru da nova era em praticamente toda esquina no mundo de hoje, mas eu tinha uma exigência difícil para qualquer sistema espiritual: me fascine e me dê mistério, mas não me faça entregar o cérebro na entrada!

Este dilema espiritual e intelectual foi mais ou menos predestinado. Meu pai era um professor de filosofia ateu, enquanto minha mãe era uma música e teóloga de criação profundamente religiosa. De algum jeito, eu tinha que achar um sentido nisso – encontrar um caminho que reconciliasse essas visões de mundo divergentes e apreciar as contribuições positivas que cada perspectiva trouxe em minha vida. Felizmente, os meus pais tinham a mente aberta o suficiente para me dar espaço para encontrar as minhas próprias respostas.

Após me formar na faculdade como um bacharel em psicologia, comecei o curso de pós-graduação para me tornar um psicoterapeuta. Aprendi tudo sobre as abordagens cognitivo-comportamentais e convencionais à terapia, mas a obra de Carl Jung e de outros assim chamados psicólogos do "profundo" sempre me chamava a atenção. Após alguns anos de exploração, eu esbarrei na obra de Israel Regardie e, logo depois, em Aleister Crowley e Thelema. Eu finalmente encontrei a solução para meu dilema espiritual. Aqui havia um caminho de paixão, devoção, mistério e transcendência; no entanto, ele deveria ser trilhado com rigor científico e uma dose sadia de ceticismo. "O Método da Ciência, O Objetivo da Religião". Aqui eu poderia unir as melhores partes das perspectivas divergentes que meus pais me mostraram em um todo coerente, e forjar um caminho unicamente meu. Eu imediatamente comecei a entrar em contato com todos os grupos thelêmicos que eu pude encontrar naqueles dias antes da Internet, e no outono de 1993 minha jornada na iniciação iniciou formalmente. Eu me afiliei à Ordo Templi Orientis e me entreguei ao caminho do estudante da A∴A∴.

Pouco tempo depois, me encontrei na posição de auxiliar no treinamento de iniciados mais novos, revisando suas tarefas, ensinando-os e testando-os em várias técnicas mágicas, avaliando seus diários. Eu me mudei para a Califórnia e comecei a trabalhar diretamente sob a tutela de Phyllis Seckler (Soror Meral). Em alguns meses, eu avancei para várias posições administrativas nas ordens nas quais eu estava trabalhando, e estava dedicando tanto tempo às minhas buscas mágicas quanto ao meu emprego diário. Eu observei várias gerações de estudantes tendo sucesso e falhando, e ordens mágicas inteiras começarem e acabarem. Eu troquei ideias com estudantes sobre as mecânicas dos rituais, bem como sobre os triunfos e tragédias de suas vidas pessoais. Ao escrever este livro, espero que eu possa comunicar as percepções que eu adquiri ao longo dos últimos vinte anos, conforme testemunhei o esforço diário de aspirantes à magia modernos. Através da experiência, aprendi o que funciona e o que não funciona, e as ciladas que ocorrem para os buscadores em nossa tradição.

Eu projetei este livro para ser uma referência útil em cada estágio do caminho. Uma vez que você tenha lido os materiais de origem de Crowley e outros autores, você deve ser capaz de pegar este livro e obter conselhos valiosos sobre qual é a melhor forma de *executar* aqueles materiais originais, seja lá qual for o seu nível de experiência. Estudantes iniciantes podem aprender como tirar o melhor proveito de rituais básicos como o *Liber Resh* e como entender conceitos como Verdadeira Vontade; enquanto magistas intermediários e avançados podem obter conselhos úteis sobre como seguir o trabalho mais profundo da A∴A∴, e descobrir modos de enriquecer suas práticas atuais com novas perspectivas sobre os materiais fundamentais.

Como Usar Este Livro

O objetivo deste livro não é o de ser uma pesquisa abrangente de todos os conceitos e práticas do caminho de consecução thelêmico. Ao invés disso, escolhi os assuntos que eu senti que precisavam de mais comentários práticos, e onde eu poderia oferecer uma perspectiva única sobre o material. Eu certamente não tenho ilusões de que minha abordagem sobre estes assuntos é a melhor ou a única forma de pensar sobre eles. De acordo com isso, eu te encorajo a se aproximar de tudo neste livro com suas habilidades de pensamento crítico completamente engajadas e com uma atitude de ceticismo equilibrado.

Assumo que o leitor tem um conhecimento básico sobre os princípios fundamentais e sobre os termos geralmente usados que são relevantes para a visão de mundo thelêmica. Também assumo que você terá cópias disponíveis (impressas ou online) dos textos-fonte relevantes. No geral, os rituais e outras instruções não serão reimpressos por completo aqui. Por favor consulte os recursos multimídia disponíveis em **livingthelema.com** e no **canal do YouTube Living Thelema** para demonstrações e instruções adicionais.

Eu incluí notas sobre a performance e outros comentários relativos a alguns dos rituais básicos que você provavelmente encontrará em seu caminho mágico. Embora eu forneça alguns esboços mínimos de rituais, eu preferi enfatizar os diversos aspectos experimentais da performance dos rituais ao invés de focar primariamente na mecânica dos mesmos. Assim como com muito do restante desse livro, meu objetivo é ajuda-lo a aprofundar sua prática destes rituais, dar um contexto mais amplo para seu uso, e melhorar os padrões energéticos internos que dão vida a eles em seu trabalho diário. Até mesmo onde eu mergulho na teoria, tentei enfatizar como a teoria pode informar sua prática, e ajudá-lo a compreender as experiências que provavelmente te aguardam em seu caminho.

Não há substituição para o trabalho com um professor pessoal e competente dentro de um sistema de treinamento estruturado. Um curso de treinamento básico dentro de uma ordem mágica bem gerida lhe dará uma base sólida e internamente consistente sobre a qual construir todo o seu trabalho posterior. O *Temple of the Silver Star* (Templo da Estrela de Prata), a Ordo Templi Orientis e a A∴A∴ foram projetados para atender a tais objetivos, e eu te encorajo a explorar o treinamento oferecido por estas organizações usando as informações de contato do final deste livro.

Se você pertence a uma ordem mágica que ensina suas próprias versões dos rituais e outras práticas discutidos neste livro, eu sugiro que você consulte o professor que lhe foi designado antes de incorporar qualquer parte deste material em sua prática diária. Um dos benefícios de estar em tal ordem é a consistência interna das práticas rituais, gestos e conjuntos de símbolos, e você não deveria complicar seu progresso com sistemas e práticas conflitantes.

Vamos dar uma olhada nas diferentes seções do livro, para que você saiba o que esperar. Cada seção aborda o caminho de consecução thelêmico de uma posição estratégica ligeiramente diferente.

Parte Um

Na Parte Um, vamos revisar alguns dos princípios fundamentais da consecução thelêmica, e discutir uma lista de ferramentas práticas que você pode usar conforme progride em seu caminho. Alguns de vocês podem ser relativamente novos aos conceitos de Cabala, então eu incluí um ensaio introdutório sobre este assunto como o primeiro capítulo. Se você tiver uma base sólida sobre a teoria cabalística, você pode pular este capítulo com segurança e seguir para o material mais avançado adiante.

Foram inclusas na Parte Um discussões práticas relativas a muitas das práticas rituais e meditativas da magick[1] e do misticismo thelêmicos, bem como uma revisão das ferramentas associadas, tais como a projeção astral, práticas de devoção e magick sexual. Se você é novo nas práticas mágicas, estes capítulos te darão bastante material para meses ou anos de experimentação. Praticantes experiente terão, eu espero, seu trabalho renovado com novas perspectivas sobre estas ferramentas. Seguindo meu objetivo neste livro, eu evitei ênfase indevida sobre os detalhes históricos ou filosóficos a favor da orientação prática e experimentalmente útil.

Materiais adicionais em áudio e vídeo, incluindo demonstrações de algumas práticas básicas apresentadas aqui bem como rituais adicionais, serão disponibilizados em livingthelema.com e no canal do YouTube Living Thelema.

Parte Dois

Na Parte Dois, voltamos um passo atrás em relação às ferramentas específicas discutidas na Parte Um, e focamos nas conceituações mais amplas do próprio caminho mágico. Aqui discutiremos o caminho de consecução sob a luz das metodologias de treinamento da A∴A∴, dos Trunfos do Tarô, dos chacras, e um número de outros modelos simbólicos que fornecem perspectivas únicas sobre o caminho.

Esta seção do livro te dará uma oportunidade de "afastar a câmera" um pouco, para que você possa compreender melhor os processos transformativos que ocorrem dentro de você conforme progride na Grande Obra. Foi dada ênfase especial sobre os vários modos de compreender o caminho em direção ao Conhecimento e Conversação do Santo Anjo Guardião, e o posterior ordálio de "atravessar o Abismo", uma vez que estes são os eventos críticos na carreira mágica de qualquer buscador.

Parte Três

Na seção final do livro, encerraremos nossa discussão com uma revisão das várias técnicas e ferramentas para lidar com os desafios da vida diária. Em grande medida, estas ferramentas refletem uma

---

[1] [Nota do tradutor: enquanto no idioma português existem os termos "magia" e "mágica", o idioma inglês só possui uma variante: magic. Crowley optou por empregar o termo modificado Magick para distinguir seu sistema de magia da mágica dos ilusionistas de circo. Para saber mais, consulte *Magick em Teoria e Prática*, sendo a Parte 3 de *Liber ABA – Magick – O Livro Quatro*.]

integração de minhas experiências como um psicoterapeuta Junguiano e cognitivo-comportamental com os princípios da magick. Após vinte anos tratando pacientes *e* treinando magistas, eu acho que eu tenho alguns truques úteis na minha manga!

Amor é a lei, amor sob vontade.

Sacramento, Califórnia
Solstício de verão, 2013 e.v.

PARTE UM:

FERRAMENTAS PARA A JORNADA

1

UMA INTRODUÇÃO À CABALA

{Uma versão diferente deste texto apareceu originalmente no Manual do Instrutor do livro *Personalidade e Crescimento Pessoal*, de Fadiman e Frager, um manual de psicologia para estudantes universitários. Como tal, foi projetado para introduzir a Cabala a uma audiência leiga sem exposição prévia ao material, com uma ênfase na aplicação prática em um ambiente psicoterapêutico. Embora o texto não use uma terminologia explicitamente thelêmica, ele descreve processos universais que formam a fundação da prática mágica e mística thelêmica. Ele foi incluído aqui como uma introdução básica aos conceitos cabalísticos, particularmente os aspectos psicológicos da Cabala que você pode achar especialmente úteis conforme progride. Como foi escrito há mais de quinze anos, ele não reflete meu pensamento mais desenvolvido sobre o assunto, mas eu o ofereço aqui na esperança de que possa ser útil para iniciantes.}

Introdução

Nas últimas décadas observamos uma crescente aceitação de filosofias orientais na corrente principal do pensamento e da cultura ocidentais. A importância desta tendência para a área da psicologia foi apaixonadamente e eficazmente discutida no presente manual e em

3

outras obras. Enquanto o texto foca especificamente sobre os aspectos psicológicos das tradições sufi, budista e do Yoga, a última parte do século XX testemunhou ainda outro sistema místico chegar na consciência convencional: a Cabala. A Cabala expõe uma psicologia transpessoal notavelmente rica e complexa; uma psicologia que tem muito a oferecer para esta sociedade moderna em busca de profundidade, significado e propósito na vida.

A Cabala é o nome de um ramo místico da tradição judaica. A própria palavra Cabala deriva da raiz linguística hebraica *kabal*, que literalmente significa "receber" (Kaplan, 1991). Portanto, o objetivo cabalístico era receber iluminação e sabedoria a partir do divino. Muitos dos ensinamentos e da metodologia cabalística envolviam entender este processo de transmissão divina e desenvolver a capacidade espiritual de reter e integrar esse influxo divino. Isto era realizado através de várias práticas projetadas para ajudar a criar e fortalecer um "receptáculo" espiritual, frequentemente mencionado na literatura cabalística como um *keli* – um recipiente espiritual.

CONCEITOS PRINCIPAIS, ESTRUTURA E DINÂMICA

A Cabala descreve simultaneamente (a) o processo da divina criação do universo, e a Mente de Deus, (b) a estrutura e função da psique humana, e (c) o "Caminho do Retorno" que reúne a psique humana e a alma com sua fonte divina.

A Criação do Universo

As tradições cabalísticas descrevem a criação do universo como uma série de emanações progressivas de deidade. Elas originam no grande nada, *ain*, e gradualmente tomam a forma de dez *sephiroth* (esferas), e vinte e dois caminhos que as conectam. Juntos, as *sephiroth* e os caminhos que as conectam formam a *etz chayim*, ou Árvore da Vida – um mapa de todas as possibilidades universais. A Árvore da Vida não apenas representa o processo da criação – também é uma representação da "mente de Deus", e através da compreensão destes vários aspectos, os cabalistas acreditam que se aproximam da própria divindade.

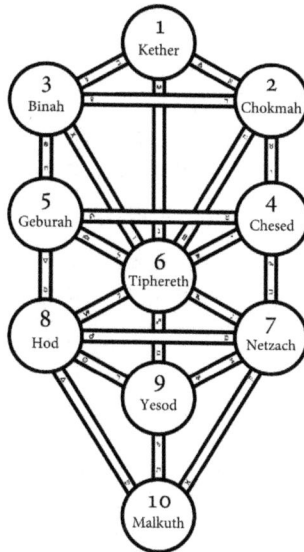

A Árvore da Vida

As dez *sephiroth* descrevem o processo da criação universal
através de formas gradualmente mais complexas e diversificadas. Elas
simbolizam todos os estados de ser possíveis, e formam um catálogo
completo das ideias e manifestações da Mente divina. Os caminhos, por
sua vez, mostram os estados de mudança e fluxo entre estes estados de
ser. O processo da criação se move descendo pela Árvore,
correspondendo à ordem numérica das *sephiroth*. Embora as ideias
associadas às esferas e aos caminhos sejam extremamente complexas e
abrangentes, os nomes das *sephiroth* dão uma boa indicação dos
conceitos básicos envolvidos. Seus nomes e a tradução deles para o
português são dados abaixo.

1	Kether	Coroa
2	Chokmah	Sabedoria
3	Binah	Compreensão
4	Chesed	Misericórdia
5	Geburah	Força
6	Tiphereth	Beleza
7	Netzach	Vitória
8	Hod	Esplendor
9	Yesod	Fundação
10	Malkuth	Reino

Essencialmente, o progresso de Kether até Malkuth envolve a descida do divino do ponto primordial e singular de Kether, através das realidades arquetípicas associadas com as esferas de Chokmah até Yesod, e culminando no universo físico e manifesto em Malkuth. Com cada passo para baixo, o divino se torna gradualmente mais denso e multifacetado, já que assume as características de cada sephira sucessivamente.

> ... imagine um raio de luz solar que brilha através de uma janela de vitral de dez cores diferentes. A luz do sol não possui nenhuma cor, mas parece mudar de tonalidade conforme passa através das diferentes cores de vidro. Luz colorida irradia através da janela. A luz essencialmente não mudou, embora pareça ter mudado para quem a vê. O mesmo ocorre com as sefirot. A luz que se veste com os receptáculos das sefirot é a essência, assim como o raio de luz solar. Essa essência não muda de cor de modo algum, nem ao julgamento e nem à compaixão, nem à direita e nem à esquerda. No entanto, assim emanando através das sefirot — o matizado vitral — o julgamento ou a compaixão prevalece (Matt, 1995).

A Psique Humana

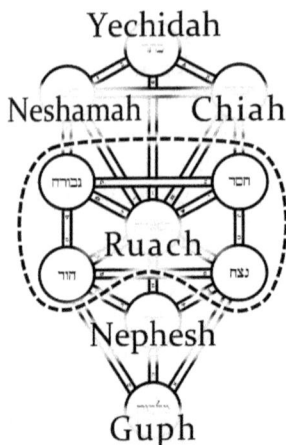

As "Partes da Alma" Cabalísticas na Árvore da Vida

O aspecto da psique mais elevado e mais espiritual é conhecido como *yechidah* (iê-hi-dá). Esta é a essência do Espírito, e é o nosso elo principal com a consciência coletiva e as energias universais. Como tal, é similar ao conceito junguiano de Self. Muito do trabalho psico-espiritual na psicologia cabalística é voltado a uma união consciente dos aspectos "inferiores" de nós mesmos com esta fagulha interna de Espírito. Na Árvore da Vida, *yechidah* reside em Kether, o ponto do qual toda a criação emana. Este paralelo entre a Fonte de criação universal e a Fonte da consciência individual é de suma importância, como veremos na discussão do Caminho do Retorno a seguir.

Emergindo de *yechidah*, temos os princípios complementares de *chiah* (hi-á), a força vital e a Vontade espiritual, e *neshamah* (nê-sha-má), a faculdade receptiva e intuitiva que dá forma e significado a esta força vital. *Chiah* é atribuído à sephira de Chokmah, e *neshamah* a Binah. O *neshamah* é a intuição espiritual, a energia que ilumina e desperta, que desce do espírito puro para aqueles que estão prontos para recebê-la. Em termos psicológicos mais convencionais: para promover o crescimento psico-espiritual, precisamos nos conectar com a sabedoria divina e intuitiva do Self forjando um elo entre ele e nosso ego consciente.

A mente consciente é composta por um número de energias coletivamente conhecidas como *ruach* (rú-ah), que significa literalmente "sopro", mas que também implica a ideia de força vital. Compare isso com a ideia do *spiritus* em latim, *pneuma* em grego, *chi* em chinês, *prana* em sânscrito, os quais todos equiparam o sopro com a energia vital. A implicação é que a mente, o *ruach*, está sempre fluindo e cheia de energia vital, como o ar que respiramos. O *ruach* é análogo ao ego junguiano em seu sentido mais completo — a totalidade da autopercepção consciente. Moldar o *ruach* em um receptáculo apto para receber o influxo da introspecção espiritual de "cima" é o trabalho característico de um número de sistemas de psicologia transpessoal bem como de muitas tradições místicas. É semelhante ao elo entre ego e Self descrito acima. Como outro exemplo metafórico deste processo, considere o conceito sufi de ser enchido pelo "vinho" de Deus.

O *ruach* é composto por cinco *sephiroth* na Árvore da Vida, cada uma delas representado um componente específico da consciência do ego humana. Estes componentes são listados na tabela abaixo, junto com a sephira à qual são atribuídos.

Memória	Chesed
Vontade	Geburah
Imaginação	Tiphereth
Desejo/Emoção	Netzach
Intelecto	Hod

A Cabala ensina que nossas energias e impulsos instintivos subconscientes residem em *nephesh* (né-fesh). O *nephesh* é associado com a sephira *Yesod*, e parece muito com o inconsciente pessoal junguiano, ou o *id* freudiano. É uma fonte de energia poderosa, que deve ser examinada, explorada e usada de maneira construtiva para evitar o bloqueio, repressão, obsessão e doença. Ou seja, o *ruach* precisa ser o mestre destas energias, e não o contrário. As forças vitais e instintivas do *nephesh* precisam ser dirigidas para fins construtivos e conscientes pelo *ruach*, de modo que possam ser aplicadas ao trabalho de crescimento e equilíbrio psico-espirituais. Este processo não é muito diferente do que foi descrito em algumas tradições do yoga, com sua ênfase em utilizar a kundalini para transformação pessoal.

Por fim, o próprio corpo humano frequentemente é chamado de *guph* (gúf) nas tradições cabalísticas. Na Árvore da Vida, o *guph* está localizado em Malkuth. Não é coincidência que *guph* e *nephesh* sejam adjacentes, isso sugere que suas funções são intimamente interligadas. Ou seja, existem conexões próximas entre o sistema nervoso autônomo, os instintos, a mente inconsciente e o corpo humano inteiro. Para o ser humano em seu estado natural, estes aspectos corporais e instintivos do self, e não o *ruach*, são os mais diretamente receptivos às percepções intuitivas espiritualmente informadas. De acordo com isso, é ensinado em algumas tradições cabalísticas que o nosso espírito está amarrado de maneira mais imediata e próxima aos nossos corpos, aos nossos instintos e às nossas mentes inconscientes do que às nossas mentes conscientes. Só quando progredimos no Caminho do Retorno que o elo entre o *ruach* consciente e o *neshamah* super-consciente se solidifica.

O Caminho do Retorno

O Caminho do Retorno é o termo cabalístico que descreve o processo de reunião da personalidade humana encarnada com sua Fonte divina. Assim como o universo (e todo ser humano) foi criado em um processo "de cima para baixo" descendo de Kether, assim também cada humano busca retornar a Deus em um caminho que sobe a partir de Malkuth. Esta é uma reafirmação elegante e unicamente cabalística do caminho místico comum a todas as tradições esotéricas. Ou seja, retraçando o processo pelo qual viemos a ser, podemos descobrir a natureza divina dentro de nós, e transcender as limitações da existência física.

O início do Caminho do Retorno pode ser visualizado como a construção de um cálice ou recipiente do tipo. A matéria-prima deste cálice é, é claro, a personalidade humana em seu estado inerte e não-exaltado — a chapa de metal a partir da qual o cálice será moldado, se preferir. Assim como o propósito de qualquer cálice é conter líquidos, o propósito da personalidade humana é tornar-se literalmente um recipiente para o "líquido" da inspiração divina — que os sufis poderiam descrever como o vinho de Deus. No entanto, nós precisamos nos moldar em um cálice equilibrado, estável, sem buracos e com uma base robusta, se quisermos ter sucesso. Portanto, grande parte do trabalho psico-espiritual dos primeiros passos no Caminho do Retorno consistente em equilibrar nossa personalidade, e eliminar aqueles defeitos na "construção" que dificultariam nossa receptividade ao divino.

Carl Jung acreditava que nós deveríamos nos esforçar por equilibrar as quatro funções da personalidade: pensamento, sentimento, sensação e intuição. De maneira semelhante, os quatro primeiros passos no Caminho do Retorno — ou seja, a passagem através das esferas de Malkuth, Yesod, Hod e Netzach — podem ser vistos como um equilíbrio dos aspectos da existência humana aos quais eles correspondem. Na Cabala Hermética, estas esferas são atribuídas à Terra, Ar, Água e Fogo, respectivamente. Psicologicamente falando, estes representam as faculdades de sensação, intuição comum, intelecto e emoção ou desejo, fazendo um paralelo com as funções de Jung mencionadas acima. Só quando estes aspectos da personalidade inferior humana são postos em equilíbrio que o receptáculo está preparado para o influxo *consciente* da luz divina.

O quinto passo no Caminho do Retorno traz o cabalista para a esfera de Tiphereth, no centro da Árvore da Vida. Este estágio marca o alvorecer literal da luz espiritual, pois de fato Tiphereth é a esfera atribuída ao sol na Cabala Hermética. Tendo moldado um receptáculo adequado, o cabalista essencialmente realizou uma invocação das forças mais elevadas dentro de si, convidando aquela luz divina a habitar na vida humana anteriormente mundana. Outra metáfora apropriada para este processo é a de um para-raios. Se for construído da maneira correta, *sua própria natureza* será a de atrair a sobretensão de eletricidade do céu. De maneira semelhante, a psique humana equilibrada é um para-raios para a presença divina. Se for formada corretamente, é inevitável causar a iluminação espiritual.

O Caminho do Retorno além de Tiphereth é marcado por um relacionamento progressivamente mais íntimo entre a personalidade humana inferior e o divino. Se os passos antes de Tiphereth pareciam de alguma forma como um cortejo, e a consecução de Tiphereth um casamento, então o restante do Caminho do Retorno pode ser equiparado ao contínuo relacionamento marital. O objetivo final é estar completamente reunido com Deus na esfera de Kether.

Na Cabala Hermética, a tradição sustenta que este relacionamento contínuo entre a personalidade e o divino traz todos os benefícios associados com o crescimento psicológico e espiritual: um sentido de propósito e significado, paz interior, harmonia entre o self e o mundo, e a habilidade de mobilizar de maneira mais completa os nossos recursos internos à serviço das nossas metas na vida, para benefício próprio e da humanidade.

Gematria e a Interpretação Esotérica da Escritura

Uma prática importante nas tradições cabalísticas é a interpretação esotérica da escritura através do uso da *gematria*, um meio de traduzir qualquer palavra ou frase hebraica para um valor numérico. Esta prática se baseia no fato de que a cultura hebreia antiga não tinha um sistema de números independente; cada letra do alfabeto hebraico representava um número em particular, e, portanto, qualquer representação de números envolvia uma expressão alfabética. Em contrapartida, qualquer palavra ou frase tem um valor numérico implicado. Examinando os valores numéricos de palavras e frases chave na escritura, os cabalistas são capazes de extrair relacionamentos entre conceitos que de outra forma permaneceriam invisíveis.

Um exemplo simples é que as palavras hebraicas para "amor" (*ehebah*) e "unidade" (*achad*) têm o valor numérico de 13. Portanto, um cabalista poderia concluir que existe um relacionamento esotérico particular entre estes conceitos, e esta percepção poderia permitir que certos textos fossem interpretados de maneiras muito mais profundas do que o significa raso sugeriria.

Aplicações Práticas

Até mesmo em um contexto puramente mundano, a Cabala se presta a uma gama de aplicações, incluindo intervenções terapêuticas e de "autoajuda". Primeiramente vamos examinar as aplicações no contexto da psicoterapia. Como você terá percebido pela discussão acima, a teoria cabalística coincide bem com abordagens da psicologia do profundo como as de Freud e Jung. Além disso, a perspectiva psico-espiritual integrativa da Cabala ressona bem com as abordagens transpessoais modernas, tais como as de Roberto Assagioli e outros. Um terapeuta bem versado na teoria e na prática cabalística seria capaz de usar sua compreensão do Caminho do Retorno, já que este se refere ao equilíbrio da personalidade e à busca por significado e propósito, para ajudar pacientes que precisam de orientação.

Além disso, o modelo sephirótico da consciência humana, bem como a natureza dos caminhos entre as esferas, pode conduzir o terapeuta na compreensão das particulares transições, desafios, e obstáculos da vida do paciente em qualquer dado momento. Por exemplo, vimos que a esfera de Hod está associada ao intelecto humano, e que a esfera de Netzach está associada com a emoção. Um terapeuta trabalhando com um paciente que parece ser intelectual demais pode diagnosticar uma necessidade de aumentar o foco Netzach / emocional na vida do paciente. Isso pode ser realizado utilizando as diversas características tradicionais de Netzach, tais como as ideias de amor, desejo e devoção, no projeto de um programa meditativo ou ritual. O paciente pode ser encorajado a meditar sobre as ideias acima, sobre como elas se aplicam a seus relacionamentos, ou realizar uma meditação caminhando através de um lugar belo como um jardim ou outro cenário natural. Só a criatividade e a experiência do terapeuta podem limitar as possibilidades de aplicações deste tipo.

É importante observar que embora pareça ser doutra forma, a Cabala não é um modelo rigidamente linear. A tradição sustenta que no curso da vida humana, um indivíduo se encontrará em diversos "lugares" na Árvore da Vida em várias ocasiões diferentes. Por exemplo, nós não experimentamos a esfera de Hod somente uma vez conforme ascendemos na Árvore, mas toda e cada vez que o aspecto intelectual de nossa personalidade é ativado. Além disso, os processos de mudança representados pelos caminhos entre as esferas na Árvore surgem como os vários desafios, obstáculos e oportunidade de crescimento na vida, que nos confrontam de diversos modos ao longo de nossas vidas. Dando outro exemplo, o caminho que conecta as esferas de Hod e Netzach é visto como um símbolo do desafio de equilibrar o intelecto e a emoção. É fácil ver como um desafio destes se apresenta de tempos em tempos em nossas vidas, e, portanto, a "travessia" deste caminho é um processo que se repete e dura a vida toda. A tarefa do terapeuta em tal caso é ser sensível quanto ao fluxo corrente no processo de crescimento do paciente, e conduzi-lo ao equilíbrio e introspecção em cada etapa do caminho. O terapeuta é um guia e um coach, mas não assume a responsabilidade pelas escolhas e ações do paciente. Ao invés disso, o terapeuta encoraja o paciente a assumir a responsabilidade completa por seu próprio destino. É tarefa dele fazer escolhas e criar as realidades desejadas conforme seu caminho se desenrola, trazendo com isso um maior senso de significado e propósito.

Outra aplicação da Cabala está em um contexto de autoajuda. Conforme demonstrado acima, o modelo da Árvore da Vida, com todos os seus caminhos e esferas, é um sistema simbólico complexo e flexível. Desde que cada caminho e esfera incorpora certa qualidade ou processo, é possível desenvolver um sistema pessoal de classificação das experiências da vida baseado na Árvore. Por exemplo, um estudante de Cabala poderia querer obter uma compreensão maior dos trabalhos de sua personalidade. Para fazê-lo, ele pode começar um diário no qual monitora suas experiências diárias e classifica-as de acordo com as quatro sephiroth inferiores da Árvore, que anteriormente mostramos que correspondem grosseiramente às quatro funções junguianas. Assim, para cada registro, ele anotaria até que ponto as naturezas de Malkuth, Yesod, Hod e Netzach foram proeminentes em sua experiência daquele dia. Após alguns dias ou semanas deste monitoramento, é provável que padrões, preconceitos e tendências super-enfatizadas se tornem aparentes, e medidas corretivas sejam tomadas.

Outro estudante poderia querer obter uma percepção sobre os princípios superiores de Misericórdia (Chesed) e Severidade (Geburah) que operam em sua vida. Ele monitoraria as experiências externas e internas e as classificaria como expansiva, pacífica e que promove o crescimento (Chesed); ou como enérgica, severa e aparentemente restritiva (Geburah). Desta forma, ele poderia obter uma apreciação maior do fluxo e refluxo destas forças opostas não apenas em sua própria personalidade, como também nos eventos da vida que moldam sua experiência a cada dia. Este tipo de prática, quando exercitada com brutal honestidade e intenção consciente, pode potencialmente levar a níveis ainda mais exaltados de consciência — à percepção direta do self espiritual interno, da natureza da vida, e da interligação do universo como um todo. Em outras palavras, o que começa como uma exploração psicológica pode abrir a porta para a própria experiência mística.

Leitura Recomendada

Epstein, P. (1995). *Cabala: O Caminho da Mística Judaica.* Editora Pensamento.

Fortune, D. (1984). *A Cabala Mística.* Editora Pensamento.

Halevi, Z.B.S. (1986). *Cabala e Psicologia.* Editora Siciliano.

Idel, M. (2000). *Cabala: Novas Perspectiva.* Editora Perspectiva.

Kaplan, A. (2005). *Meditação e Cabalá.* Editora Sêfer.

Kaplan, A. (Ed.) (1990). *Sefer Yetzirah.* York Beach, ME: Samuel Weiser, Inc.

Kaplan, A. (1991). *Inner Space.* Abraham Sutton (Ed.) Brooklyn, NY: Moznaim Publishing.

Matt, D. (1995). *O Essencial da Cabala.* Editora Best Seller.

Regardie, I. (1992). *A Garden of Pomegranates.* St. Paul, MN: Llewellyn Publications.

Regardie, I. (1970). *The Middle Pillar.* St. Paul, MN: Llewellyn Publications.

Scholem, G. (1974). *Major Trends in Jewish Mysticism.* New York, NY: Schocken Books, Inc.

Seckler, P. (2012). *The Kabbalah, Magick, and Thelema. Selected Writings Volume II.* D. Shoemaker, G. Peters & R. Johnson (Eds.) York Beach, ME: The Teitan Press.

Seckler, P. (2016). *The Thoth Tarot, Astrology, & Other Selected Writings*. D. Shoemaker, G. Peters & R. Johnson (Eds.) Sacramento: Temple of the Silver Star.

2

O SANTO ANJO GUARDIÃO

O Santo Anjo Guardião é o termo utilizado por Crowley para denominar aquela força, aspecto da consciência ou entidade externa que muitas outras tradições chamaram pelos nomes de Self Superior, Augoeides, Gênio Superior, e incontáveis outros termos. Crowley tratou do Santo Anjo Guardião de diferentes modos em diversos estágios de sua vida, com uma variação considerável dependendo de sua audiência e de sua intenção. Em algumas ocasiões, ele descreveu o Santo Anjo Guardião como se fosse um sinônimo de Self Superior — um aspecto de nossa própria existência consciente ou inconsciente. Em outras ocasiões, ele definitivamente caracterizou o Santo Anjo Guardião como uma entidade externa de algum tipo. Por exemplo, sua experiência com seu Santo Anjo Guardião, Aiwass, foi de tal qualidade durante o ditame d'*O Livro da Lei*, que ele a percebeu como uma voz externa ditando para ele. Considerando tudo isso, o SAG é uma das coisas mais difíceis para um magista explicar ou discutir, então por favor tente me acompanhar enquanto eu tento discutir estes assuntos em uma linguagem inevitavelmente inadequada.

No sistema da A∴A∴, o caminho em direção ao Conhecimento e Conversação é de singular importância desde o princípio. Todas as tarefas no currículo da A∴A∴ até o grau de Adeptus Minor são projetadas como degraus que conduzem ao Conhecimento e Conversação. Estas ferramentas vêm em diversas formas: rituais

15

mágicos, meditação, a gradual ascensão da *kundalini* através de várias práticas, práticas de devoção, e assim por diante; mas a coisa importante de se notar aqui é que todas estas são simplesmente ferramentas para serem utilizadas para alcançar o Conhecimento e Conversação. Após o C & C, quando o conhecimento da Verdadeira Vontade estiver conscientemente e profundamente enraizado na sua vida diária, podemos escolher fazer um ritual mágico e ter certeza de que ele está alinhado com nossa Verdadeira Vontade. Este raramente é o caso antes do Conhecimento e Conversação.

Infelizmente, frequentemente este fato faz com que pessoas ignorem o treinamento básico de rituais e outras práticas porque elas acreditam que não vão "acertar" até que tenham o Conhecimento e Conversação. É essencial lembrar que a única forma pela qual nós aprendemos as coisas é através da experimentação. Ninguém no início do caminho terá o nível de percepção de suas ferramentas, de seus métodos, de suas Verdadeiras Vontades, que as consecuções vindouras trarão. Então comece onde quer que você esteja, pratique, cometa erros, aprenda com eles... e escreva tudo no seu diário!

Vamos observar a experiência construtiva do Santo Anjo Guardião como tende a se manifestar nas vidas dos aspirantes. Um dos equívocos mais comuns sobre o modo como isso tipicamente ocorre é de que não há nenhum conhecimento do Santo Anjo Guardião — nenhuma conexão consciente — até que se alcance o grau de Adeptus Minor da A∴A∴, e num único relâmpago de luz subitamente ele estará lá. Para a maioria das pessoas que eu supervisionei, bem como no meu próprio caminho, esse não é o modo como as coisas tendem a acontecer. Geralmente, há um aumento gradual da intimidade de comunicação e compreensão que começa bem mais cedo no caminho do que no Grau de Adeptus Minor. Nós sentimos os impulsos e exortações sutis do Anjo em sonhos, lampejos intuitivos, e eventos sincronizados. Naqueles momentos, quando parece que estamos recebendo impulsos de um nível de consciência profundo ou quando temos a sensação palpável da *retidão* de uma determinada escolha, estamos tendo um vislumbre do SAG. Da mesma forma, nossos esforços pela beleza em nossas vidas, nosso impulso de sermos arrebatados nas coisas e nas pessoas que amamos — todos estes também são vislumbres do Anjo.

Com certeza há comunicação com o SAG bem antes do Grau de Adeptus Minor, mas ela tende a chegar através de nossa mente inconsciente e em linguagem simbólica. Nossa experiência com isso é tal que nós podemos não sentir nenhuma comunicação consciente por um bom tempo, mas gradualmente melhoramos nossa habilidade de falar na linguagem simbólica. Daí o requisito da A∴A∴ e de outras ordens de memorizar as várias correspondências, pois tais símbolos são em certo sentido o "idioma nativo" do Anjo.

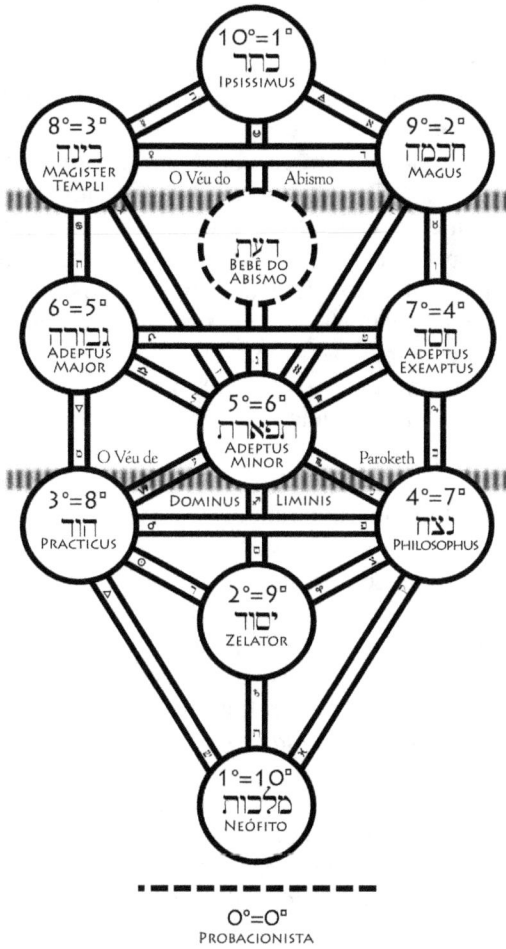

A Árvore da Vida e os Graus da A∴A∴

Eventualmente, começamos a perceber estas comunicações de uma maneira muito mais direta e consciente. No sistema da A∴A∴, a assim chamada Visão do Santo Anjo Guardião é atribuída a Malkuth, que é a sephira do grau de Neófito (1°=10□). Frequentemente é no grau de Neófito que o aspirante começa a ter mais destas comunicações conscientes, às vezes até mesmo o nome do Anjo. É um cortejo — uma intimidade que aumenta e se intensifica gradualmente, uma melhoria gradual de nossa habilidade de perceber a linguagem do SAG em nossas vidas. Finalmente, no grau de Adeptus Minor (5°=6□), o irromper da

17

consciência Briática na mente previamente amarrada a Yetzirah forja um elo consciente.

A característica marcante do adepto é que ele ou ela é capaz de se comunicar com o Anjo conscientemente e à vontade. Como funciona este processo? Essencialmente, é a habilidade de diferenciar aquela voz única do SAG de todas as outras vozes que falam para nós de vários modos em nossas vidas. De muitas maneiras, funciona como um receptor de rádio. Nossa mente consciente é o rádio; nós ligamos o botão e tentamos encontrar a estação que estamos procurando em particular. No estágio do trabalho antes do adeptado, nós giramos o botão, procurando meio que cegamente pela estação. Ocasionalmente nós passamos dela e obtemos um pequeno trecho da voz do Anjo, mas aí temos problemas para conseguir encontrá-la novamente. O objetivo é desenvolver a habilidade de sintonizar aquela estação rapidamente, precisamente e confiavelmente, e mantê-la ali.

Outra metáfora pode ser útil aqui. Conforme mostrado anteriormente, a esfera de Tiphereth representa o grau de Adeptus Minor da A∴A∴, onde a comunhão consciente com o Anjo é alcançada. Tiphereth é como a cabeça do rei, e Kether é a coroa. A Grande Obra simplesmente se trata de colocar a sua cabeça no lugar certo — a percepção receptiva de Tiphereth — para que a coroa possa ser colocada sobre sua cabeça. Em outras palavras, é menos sobre "ir a algum lugar" procurar pelo Anjo e mais sobre refinar sua percepção de tal modo que você está pronto para receber *aquilo que está bem ali esperando por você*. Talvez este seja um modo de compreender a importância de *Liber LXV*, Cap. II, onde lemos "aguardar-Te é o fim, não o começo".

Muitos aspirantes acham que o processo que leva ao Conhecimento e Conversação consiste de camadas sucessivas de instrução sobre os *métodos* adequados de invocação do anjo. Muito provavelmente você descobrirá que tudo o que você é, tudo o que você foi, e tudo o que você ama e acha belo, será utilizado como uma ferramenta na invocação do SAG. Conforme você se move pelos graus da A∴A∴ abaixo de Tiphereth, você provavelmente receberá camadas sucessivas de instrução sobre como aprimorar e ajustar a sua habilidade de embarcar no processo final de invocação.

Desde que você esteja seguindo em frente com as grandes tarefas, desde que você esteja inflamando-se em oração, invocando com frequência, se devotando a levar adiante o caminho em direção ao Conhecimento e Conversação, você passará por sucessivas camadas de instrução do SAG. Você obterá um nome, um impulso de seguir uma linha de trabalho em particular, um modo de meditação, ou tais outras ferramentas. Você pode descobrir que mais tarde recebeu instruções adicionais que tornam obsoletas as que recebeu anteriormente. Esta é a natureza deste Trabalho: conforme você refina as suas ferramentas de recepção, conforme você fica melhor em sintonizar o rádio, e encontrar aquela voz, você naturalmente deixará de lado algumas coisas que você recebeu antes. Se você persistir, você refinará as suas próprias ferramentas de modo a te capacitar a ouvir e reconhecer a voz do Anjo claramente, e no momento exato. De fato, este progresso é *inevitável* se você seguir o caminho conforme instruído.

Embora ninguém possa te dizer exatamente o que o teu caminho te trará, e como ele se desenrolará, é útil ponderar sobre a experiência de adeptos que trilharam caminhos parecidos. Eu gostaria que você considerasse algo que a minha professora, Phyllis Seckler (Soror Meral), escreveu no final de sua vida sobre sua própria experiência do Santo Anjo Guardião:

> As primeiras inspirações da voz angélica podem chegar até nós através da intuição. Se uma pessoa não estiver aberta a confiar nesta profunda intuição, pode não ser evidente que o Santo Anjo Guardião pode falar através daquela mesma voz. É inteiramente possível virar às costas para tais sussurros e inspirações, especialmente quando suas preocupações são mais materialistas, emocionais ou intelectuais. Mas a lição do Santo Anjo Guardião persiste. Se alguém fica chateado, infeliz ou miserável devido a algum comportamento, certamente o Santo Anjo Guardião está aplicando amor duro para que a pessoa mude. Observei tudo isso em mim mesma e enquanto tentava compreender os outros. Isso fornece um preâmbulo enquanto eu tento escrever sobre minhas próprias experiências com o Santo Anjo Guardião.

> Era primeiro de julho de 1952 quando ocorreu o meu primeiro contato com o Santo Anjo Guardião. Eu estava criando três crianças sozinha. Enquanto elas estavam na escola, eu também estava estudando na faculdade, treinando para me tornar uma professora de artes. Eu também estava datilografando manuscritos de Crowley para Karl Germer, para que eles não se perdessem. Eu fui acordada por uma luz subindo minha coluna. Eu vagamente compreendi que me foram dadas instruções algum tempo antes do meu despertar. O que eu conseguia me lembrar era o nome do Santo Anjo Guardião e suas instruções para enumerar seu nome com o auxílio do alfabeto hebraico. Compreender este nome levou alguns anos, mas a voz nunca realmente me deixou após aquele incidente.

> Houveram muitas ocasiões em que eu tive ajuda da voz quando eu obviamente precisava dela. A gente

19

segue vivendo uma vida normal, trabalhando e fazendo todas as coisas para nos sustentar e sustentar nossos filhos. A voz do Santo Anjo Guardião não é necessária nas circunstâncias do dia a dia. Precisamos refinar a nós mesmos e às nossas reações. Precisamos estudar e aprender sobre os processos mágico e místico. Deus não habitará um veículo pobremente preparado, como diz o aviso final. Quando grandes lições e ordálios foram necessários, eles foram providenciados de modo a dar continuidade neste crescimento e refinamento. Antes do primeiro despertar, eu estava escrevendo poesia inspirada por vários tipos de amor, projetadas pela direção principal de minha alma. Karl Germer pensava que o Conhecimento e Conversação do Santo Anjo Guardião ocorreram em meu caso porque eu tinha pura aspiração. O evento daquela noite, que eu descrevi muito superficialmente acima, me deixou em tal estado que eu mal podia falar disso sem tremer. Se passaram seis meses antes que eu pudesse escrever sobre isso para Karl. No entanto, ele sabia por causa do teor de minhas cartas que este evento seguramente havia ocorrido.[2]

Em uma carta de 7 de julho de 1952, Karl Germer (que na ocasião era o chefe da A∴A∴ e, juntamente com Jane Wolfe, um dos principais professores mágicos de Seckler) escreveu para Seckler:

> Querida criança, as suas perguntas vão direto ao ponto de um dos problemas mais profundos que intrigaram e atormentaram todos os iniciados de todos os tempos, como você pode descobrir lendo os registros dos Santos e Santas, dos grandes gênios, e assim por diante. Suponho que seja o conflito entre ser humana com o corpo de carne e o fato de que você ascendeu até ou acima de Tiphereth, onde a voz do guia secreto gradualmente está tomando conta e começa a falar com sua alma.
>
> Acho que é o 20° Æthyr que inicia esta fase. Eu sou um péssimo professor nestas linhas. Eu obtive esta experiência em 1927, mas eu sou tão estúpido e tolo. Você viu meu horóscopo? Se não viu, eu vou te enviar os dados principais, com tanta terra me pesando, mas eu não prestei atenção ao guia e sua voz até, vamos dizer 1947 ou 1948. Isso pode soar inacreditável para você, mas também meu

---

[2] Seckler, P. (2016). *The Thoth Tarot, Astrology, & Other Selected Writings*. D. Shoemaker, G. Peters & R. Johnson (Eds.) Sacramento: Temple of the Silver Star.

caso pode ser diferente. Minha conexão com o homem A.C. era tão próxima e íntima que o tempo todo eu achava que os impulsos vinham do homem A.C. e achando isso, eu os obstruía. No momento em que o homem faleceu, a interpretação mudou. Não faça como eu. A obstrução dos impulsos e a voz se tornaram uma segunda natureza para mim ao longo de tantos anos, e eu posso ter sofrido muito com esta obstrução, muito mesmo, e tornado a minha vida miserável sem necessidade. Aprenda a seguir a voz imediatamente sem questioná-la indevidamente. Cito aquele antigo ditado dos místicos, *perinde ac cadaver*.

[...] a ideia é que assim que alguém ouve a voz do Santo Anjo Guardião, ele deve aprender a segui-la imediatamente, até mesmo ao ponto do perecimento do cadáver que é o mero corpo e a mente racional que raciocina contra ela. Acredito que esta é a lição mais difícil de aprender. Eu ficarei feliz se puder tornar uma vida humana mais feliz por ensinar esta lição, que eu falhei muito em aprender. Conforme você avança datilografando *Liber 418*, você descobrirá que o Santo Anjo Guardião cresce ainda mais e mais. Em outras palavras, o caminho não tem fim. Suas visões e seu entendimento neste momento não serão os mesmos como nos anos que virão. Não pense nem sequer por um momento que as concepções de A.C. sobre este problema eram as mesmas aos 70 anos como quando eram aos 50. Esforça-te sempre por mais, e se tu és verdadeiramente meu, etc.

Tudo o que você pode fazer é permanecer na intimidade de seu Santo Anjo Guardião. Treine seus sentidos mais finos e sua alma para receber os impulsos ainda mais finos e sutis dele. Algumas vezes, eles parecem ou podem aparecer atrozes conforme você cresce. Não ligue para isso, seu Santo Anjo Guardião pode ver mais longe do que os mortais. O único perigo é que existem outros seres neste universo invisível que são enviados para testar ou frustrar o seu caminho verdadeiro. É por isso que inflamar-se constantemente em oração é tão importante, pelo método que o seu Santo Anjo Guardião te indicará. Sim, a pessoa está sozinha nesta tarefa, pelo que parece, desde que não perceba completamente a intimidade com seu constante companheiro. Veja *Liber 65*, Capítulo 1. "Havia uma donzela e ali ela esqueceu seu suspiro e sua solidão". Este versículo em particular nesta forma pode se aplicar a um caso especial, mas é universal de um modo geral.[3]

Conforme eu observei acima, ninguém pode te dar os detalhes de seu caminho, ou prever as reviravoltas e curvas que você encontrará enquanto trilha ele. Mas o sistema da A∴A∴ existe para que aqueles que estão alguns passos adiante de nós possam acender faróis para aqueles que seguem, como aconteceu ao longo de toda a história da humanidade. Espero que as palavras neste capítulo possam servir como tal farol. Que você possa obter o Conhecimento e Conversação do Santo Anjo Guardião!

---

[3] Seckler, P. (2016). *The Thoth Tarot, Astrology, & Other Selected Writings*. D. Shoemaker, G. Peters & R. Johnson (Eds.) Sacramento: Temple of the Silver Star.

3

A VERDADEIRA VONTADE

Neste capítulo vamos explorar o que a Verdadeira Vontade significa em nossa vida diária, na prática mágica e no avanço espiritual. Ao fazê-lo, desvelaremos alguns dos mistérios sobre o modo como a Verdadeira Vontade realmente se desdobra em uma vida humana — especialmente, é claro, para alguém que está tentando construir sua *compreensão consciente* da Verdadeira Vontade, tal como muitos de vocês lendo este livro.

Tenho certeza de que muitos de vocês já têm alguma familiaridade básica com o termo "Verdadeira Vontade", mas só para garantir, quero defini-lo brevemente aqui. Primeiramente, a "vontade" em questão é a mesma implicada pela própria palavra *thelema*, que é a palavra grega para vontade. Esta não é a vontade simples do ego ou um capricho da personalidade. Não é meramente "querer algo". É um nível mais profundo de propósito na vida, e o vivenciar deste propósito em uma única vida e ao longo de múltiplas encarnações.

A Verdadeira Vontade é a vontade do Self mais profundo e mais interno — o cerne de quem você realmente é como um ser espiritual. Além disso, é importante notar que ela é uma expressão da vontade *universal*, conforme particularizada e expressa em nossa vida *individual*. É por isso que quando vivemos de acordo com nossa Verdadeira Vontade, percebemos que na maior parte do tempo o universo parece abrir um caminho bem na nossa frente, como se simpatizasse com nossos objetivos. De maneira semelhante, quando sentimos que estamos nadando contra a correnteza da vida, muitas vezes ocorre que desviamos um pouco do caminho de nossa Verdadeira Vontade; ou quem sabe estamos recebendo uma lição do SAG e/ou do próprio universo que está ajudando a nos empurrar de volta ao caminho.

A compreensão da Verdadeira Vontade aumenta dramaticamente com o Conhecimento e Conversação do Santo Anjo Guardião; mas assim como a intimidade do cortejo do adepto e do anjo cresce gradualmente conforme o adepto se move através dos graus da primeira ordem da A∴A∴, o conhecimento da Verdadeira Vontade se desdobra de uma maneira progressiva conforme descascamos as camadas de nossa personalidade para descobrir o que há em seu núcleo.

Frequentemente a Verdadeira Vontade é erroneamente conceitualizada como uma única escolha de carreira ou uma única tarefa a ser realizada na vida. Isso é restritivo demais. A Verdadeira Vontade é a essência do seu Self. Ela envolve você, as suas ações, os seus pensamentos, os seus sentimentos e os seus comportamentos; e ela pertence ao modo como você vive, momento a momento, bem como ao arco inteiro da sua própria vida — até mesmo além de uma vida, por várias encarnações. Como você pode ver, na verdade ela é muito, muito mais do que uma escolha de carreira ou uma única tarefa a ser completada. No entanto, frequentemente há uma grande *coincidência* entre a Verdadeira Vontade e aquilo ao qual alguém escolhe dedicar seu tempo na vida — sua ocupação ou passatempos favoritos, por exemplo.

A Verdadeira Vontade frequentemente coincide com as suas paixões, seus interesses e suas preferências, mas nem sempre. Por outro lado, estabelecemos que esta não é a simples vontade da personalidade do ego (ou, em termos da psicologia cabalística, o *ruach*). Às vezes descobrimos que nossa Verdadeira Vontade — à qual idealmente nosso ego serve para facilitar — não é necessariamente algo que será confortável e perfeitamente harmonioso com as concepções do ego de si mesmo. Você pode se achar, em algumas ocasiões, se sentindo surpreso pelo que você descobre sobre sua Verdadeira Vontade. Mas mesmo com mais frequência, você pode achar que a descoberta da Verdadeira Vontade te força a tomar decisões difíceis sobre o seu estilo de vida, prioridades, carreira, relacionamentos e muitas outras coisas. Tais processos de crescimento são dolorosos precisamente *porque*, como num exercício de alongamento, eles nos fazem sair da nossa zona de conforto; mas neste caso; é tudo a serviço de fazer estas escolhas egóicas de nossas vidas diárias harmonizarem com as necessidades mais profundas de nossa alma e com os comandos do SAG. Sim, fazer um exercício de alongamento é doloroso, mas se nós experimentarmos esta dor como um marcador de crescimento profundo, podemos chegar a um senso maior de paz sobre o processo. Assim como a dor física nos aponta para a região que precisa de cura, assim também a dor psicológica nos informa sobre as regiões que precisam de crescimento.

Como eu disse antes, a Verdadeira Vontade deveria igualmente explicar as suas escolhas em um dado momento, e em qualquer dada situação, tão bem quanto explica o caminho geral que você toma em sua vida. Quando você contempla a sua Verdadeira Vontade, você deveria tentar dar um passo para trás quanto às suas circunstâncias diárias, suas escolhas na carreira e na vida, e pensar nisso da seguinte maneira: a Verdadeira Vontade explicará o modo como você afeta o universo, as escolhas que você faz e os caminhos que você tende a tomar, seja você um corretor da bolsa de valores em Nova Iorque, um pescador na Malásia, ou qualquer outra coisa. Em outras palavras, esta verdade central de quem você é se expressará de determinada maneira não importa a situação mundana na qual você se encontra — seu local de nascimento, ocupação, situação da família, e assim por diante.

Na maior parte do tempo, a descoberta da Verdadeira Vontade é um processo lento e gradual, ocasionalmente pontuado por descobertas introspectivas. Por exemplo, você pode ter refletido sobre as suas decisões na vida ao longo de vários anos e descobrir que existe uma certa tendência que você não percebeu na ocasião; mas então, olhando para trás, você obtém alguma percepção sobre a Verdadeira Vontade. Em contraste, existem momentos onde você simplesmente vai parar de repente quando surge uma percepção como um raio súbito, fazendo com que você ria ou chore (ou ambos) com a clareza da introspecção.

O processo é incrivelmente individualizado, e dois aspirantes jamais experimentarão seus picos e vales da mesma maneira. Colocando isso de maneira mais poética: Pense em si como o profeta de seu próprio Anjo — como o sumo sacerdote ou sumo sacerdotisa de uma religião que você está desenvolvendo e é só sua. O objetivo dessa religião é aprofundar, intensificar e delinear com clareza cada vez maior os procedimentos místicos e mágicos que efetivamente invocam o seu Santo Anjo Guardião.

Essencialmente, o desenvolvimento desta religião é o trabalho do aspirante no estágio pré-Adeptus Minor da A∴A∴. Seu corpo e sua mente são receptáculos nos quais o Anjo habita. O propósito deste receptáculo é viver a Verdadeira Vontade, que é a voz do seu Anjo em sua vida diária. Muitos descobrem que o próprio nome do Anjo revela uma certa fórmula que é uma chave muito importante para a Verdadeira Vontade. Este nome, quem sabe pelo arranjo das letras, quem sabe por algumas outras associações que se desenvolvem com o tempo, é uma espécie de roteiro para a vivência correta de sua vida.

Como eu mencionei antes, a compreensão da Verdadeira Vontade fornece um avanço espetacular em direção ao Conhecimento e

Conversação do Santo Anjo Guardião, que ocorre no grau de Adeptus Minor da A∴A∴, correspondente à esfera de Tiphereth. Este estágio representa o avanço da consciência Briática sobre a mente-ego Yetzirático. Com esta consecução, o reino superno de *neshamah* — a intuição espiritual e a voz do próprio Anjo — se torna apreensível para o *ruach* pela primeira vez. A percepção da voz do Anjo pelo Adepto não está mais limitada à linguagem simbólica do subconsciente nepheshico; ao invés disso, a pessoa pode receber instruções do Anjo diretamente na mente consciente.

Vamos rever algumas das ferramentas práticas que você pode usar para aprimorar sua compreensão da Verdadeira Vontade. De certo modo, são como jogos mentais para jogar consigo mesmo conforme você examina a sua vida e tenta obter um entendimento da Vontade. Faça essas perguntas a si mesmo: Como você muda uma sala quando você entra nela? Que efeito você tem sobre o mundo ao seu redor e sobre as pessoas no seu mundo? Existe algo único sobre você que tenderá a afetar o mundo de modos bastante previsíveis. Ao longo de toda a sua vida, incorporada em suas escolhas de momento a momento, existe um "vocêísmo" quintessencial que impacta o mundo ao seu redor — uma *assinatura* energética que você deixa onde quer que você vá. Por exemplo, quando você entra em uma festa, as pessoas na sala são impactadas de um certo modo porque foi especificamente *você* quem entrou. Qual é a natureza específica deste impacto? Alternativamente, pense sobre si como uma força da natureza: o vento sopra, a água corre, o fogo queima e o ácido corrói. O que é que *você* faz com o mundo?

Pergunte às pessoas que te conhecem bem sobre as suas forças e fraquezas. De acordo com elas, quais são os seus talentos? Pergunte a um amigo. Pergunte a um inimigo. Ultimamente, a opinião de qualquer outra pessoa sobre a sua Verdadeira Vontade não importa um milésimo da sua própria opinião — mas você obterá alguns retornos realmente interessantes assim; e além disso, certamente é um exercício divertido!

Outra das minhas técnicas prediletas envolve olhar para a sua vida retrospectivamente como uma estória ou mito. Qual é o mito que você está vivendo? Um modo de examinar isso é dividindo a sua vida em, digamos, segmentos de cinco anos, dos cinco anos de idade em diante. Em seguida, reflita sobre quais eram suas paixões durante cada fase particular da vida. Digamos que você está olhando dos cinco aos dez anos de idade. Quais eram os seus livros, filmes, heróis ou músicas prediletas? Repita este processo para cada trecho de cinco anos e então tente abstrair os temas mais amplos. Que tipo de histórias tendem a chamar sua atenção? Matar dragões? Ou quem sabe resolver mistérios? Qual era a *natureza* dos heróis que te cativavam quando você era mais novo? Você se identificava com o feiticeiro ou com o guerreiro? O filho pródigo, ou o eremita errante? E assim por diante.

Observando a extensão de toda a sua vida, você pode ver temas se desenvolvendo. Considere a seguinte lista do livro "36 Dramatic Situations" de Georges Polti. Polti desenvolveu esta lista para ajudar escritores, mas você pode achar interessante olhar as diferentes estórias que ele identifica e ver se você consegue detectar algumas que se parecem com a sua própria vida. Isso não necessariamente será sinônimo com a Verdadeira Vontade, de modo algum, mas pode te dar algumas dicas poderosas. Em alguns casos, a "estória" que melhor se encaixa com o curso da sua vida refletirá os obstáculos da sua personalidade que de fato *limitaram* a sua capacidade de compreender a Verdadeira Vontade. Essa informação também é útil! Quando você compreende os modos pelos quais o ego te engana e te cega, você tem uma ferramenta poderosa para enxergar além de tais bloqueios e perceber a realidade da Vontade.

As 36 Situações Dramáticas[4]

1. Súplica (na qual o Suplicante precisa implorar por algo de um Poder em autoridade)
2. Libertação
3. Crime por Vingança
4. Vingança de parente contra parente
5. Perseguição
6. Desastre
7. Ser Vítima de Crueldade ou Infortúnio
8. Revolta
9. Empreendimento Audacioso
10. Sequestro
11. O Enigma (tentação ou uma charada)
12. Obtenção
13. Inimizade entre Parentes
14. Rivalidade entre Parentes
15. Adultério Assassino
16. Loucura
17. Imprudência Fatal
18. Crimes Involuntários de Amor (exemplo: descobrir que se casou com a própria mãe, irmã, etc.)
19. Assassinato de um Parente não Conhecido
20. Sacrificar-se por um Ideal
21. Sacrificar-se por um Parente
22. Sacrificar Tudo por uma Paixão
23. Necessidade de Sacrificar os Amados

---

[4] Polti, G. (1921). *The Thirty-Six Dramatic Situations*. Franklin, OH: James Knapp Reeve., p. 3.

24. Rivalidade de Superior e Inferior
25. Adultério
26. Crimes de Amor
27. Descoberta da Desonra de um Amado
28. Obstáculos no Amor
29. Um Inimigo Amado
30. Ambição
31. Conflito com um Deus
32. Ciúme Equivocado
33. Julgamento Errôneo
34. Remorso
35. Recuperação de um Perdido
36. Perda de Amados

Muitos aspirantes chegarão a um ponto onde eles têm certeza de suas Verdadeiras Vontades, mas quando eles proclamam esta descoberta para um amigo ou membro da família, não é nenhuma surpresa para ele. Por quê? Porque é algo que parece tão perfeitamente óbvio para todo mundo exceto o aspirante! Naturalmente, a sua própria percepção sobre sua Verdadeira Vontade será muito mais complexa e intricada do que alguma outra pessoa será capaz de te dizer; mas não se surpreenda se você obter uma clareza sobre a sua Verdadeira Vontade e isso for bem menos impressionante para todos os outros exceto você! Não importa quais sejam as reviravoltas e curvas no seu caminho, tenho certeza de que você achará a jornada em direção à compreensão da Verdadeira Vontade uma das mais sedutoras, fascinantes, frustrantes, mas finalmente satisfatórias, tarefas que você irá realizar.

Leitura Recomendada

Hillman, J. (1998). *O Código da Alma*. Editorial Presença.
Palmer, P. (2000). *Let Your Life Speak*: Listening for the Voice of Vocation. San Francisco, CA: Jossey-Bass, Inc.

4

Começando uma
Rotina Mágica Básica

Eu entendo que muitos de vocês provavelmente começaram suas próprias práticas básicas diárias há muito tempo. No entanto, vale a pena dar uma visão geral das práticas disponíveis para o iniciante e discutir os motivos pelos quais você pode escolher uma prática ao invés de outra. Em outras palavras, quais são os objetivos do seu treinamento? Quais habilidades específicas você está tentando desenvolver como um magista iniciante, e como estes objetivos conduzem a sua escolha de práticas a serem feitas? Para muitos aspirantes a magista, o objetivo pode ser resumido como "Ser um magista incrivelmente poderoso!" Infelizmente, um objetivo tão vago pode não ser a forma mais útil de começar *qualquer* empreitada. O conselho que eu dou neste capítulo assume que você não está trabalhando em uma ordem mágica que designa (e não meramente recomenda) tarefas e práticas específicas. Se você *está* trabalhando em uma tal ordem, então você deveria consultar o seu professor antes de alterar o seu programa de treinamento da forma que eu sugiro aqui.

Eis os objetivos de treinamento que eu considero mais essenciais para o magista iniciante e intermediário.

1. Você precisa de um conjunto de práticas que asseguram a sua "higiene" mágica — o equivalente mágico de escovar os dentes. Você deve ser capaz de limpar e fortalecer o seu sistema energético; realizar aquilo que poderia tradicionalmente ser chamado de fortificar a aura, ou carregar o corpo de luz.

2. Você precisa desenvolver a habilidade de evocar força mágica, e tolerar de maneira saudável esta força em níveis de intensidade cada vez maiores. Além disso, você precisa fortalecer a sua habilidade de *dirigir* a força mágica em direção a qualquer objetivo desejado.

3. Você precisa ter as bases do yoga em sua prática; especificamente, asana (postura) e dharana (concentração). Estas práticas ajudarão a focar a mente. Se você não desenvolveu o nível necessário de controle mental *fora* do contexto de um ritual, você certamente não irá subitamente obter a habilidade de focar sua mente adequadamente quando você estiver em um ritual mágico; e é improvável que você seja capaz de conduzir a força ao fim desejado.

4. Você precisa começar a internalizar sistemas de símbolos, tais como a Árvore da Vida cabalística, como um modelo para a psique. Para fazer isso, você precisa começar a memorizar as correspondências relacionadas às sephiroth e aos caminhos na Árvore da Vida, conforme encontradas no *777* e em outros lugares (consulte *Liber O* para ver uma lista inicial de correspondências). Em última análise, o objetivo é estabelecer estes sistemas de símbolos em seu trabalho diário de modo que você verdadeiramente os viva e respire, e de modo que você possa invocá-los à mente com precisão e poder ao construir e executar um ritual mágico.

5. Você precisa desenvolver a disciplina do diário mágico. Francamente, esta é a apenas uma extensão da autodisciplina que é necessária para todas as tarefas acima; mas o diário em particular é tão fundamental e tão importante em termos do seu trabalho futuro que você simplesmente *precisa* ser diligente em sua prática desde o começo de sua carreira mágica. Entre no ritmo diário de escrever em seu diário, não importa o que aconteça!

6. Por fim, mas certamente não menos importante, o seu treinamento básico de magick deveria começar a forjar um elo consciente com o Santo Anjo Guardião através do ato de inflamar-se em oração, seja lá como você defina isso. A forma exata não é importante. O próprio SAG revelará gradualmente os detalhes que você precisar. Para isso, todo magista deveria incluir algum tipo de prática devocional e aspiracional em seu regime diário.

Agora vamos dar uma olhada em como você atingirá estes objetivos, observando as diferentes fases do seu treinamento e revendo como estes objetivos podem se desenrolar. Para os fins desta discussão, eu dividi o treinamento básico em quatro fases. Algumas destas podem ser tão breves quanto algumas semanas ou menos, e algumas podem levar meses ou muito mais; mas até mesmo na fase quatro, isso é só trabalho básico. Estes passos te ajudarão a começar, mas há um trabalho de uma vida toda a ser explorado!

Fase Um

Na Fase Um, você é totalmente novo à prática mágica. A prática mais fundamental e importante de todas é a sua habilidade de se desligar das distrações externas e relaxar o seu corpo. É verdade, não é muito excitante quando magistas aspirantes escutam que seu primeiro curso de treinamento é simplesmente relaxar; mas acredite em mim, se você não consegue controlar seu nível de excitação corporal, como você possivelmente espera controlar os componentes muito mais sutis da sua natureza? Esse ponto é extremamente importante.

Então, na Fase Um você começará todas as suas sessões de prática simplesmente sentando quietamente por alguns minutos e se desligando de quaisquer atenções ou preocupações relativas ao mundo externo. Simplesmente *fique* no seu corpo e no seu templo. Uma vez que você tenha se estabelecido em uma postura confortável, quem sabe em um dos asanas ilustrados em *Liber E* ou em outros lugares, você começará a trabalhar com alguma forma de prática de respiração. Isso não é feito apenas para aprofundar o seu relaxamento, mas também para formar as fundações básicas da prática de pranayama que virá depois.

Israel Regardie sugere um padrão de respiração "quádruplo", onde você tem um ciclo igualmente espaçado de inalação, retenção, cxalação, retenção — por apenas alguns segundos em cada. Simplesmente acompanhe a respiração, tornando-a regular e rítmica. Neste estágio, não se preocupe em respirar devagar ou profundamente. Apenas respire em um ritmo e profundidade naturais. Aprender a regularizar o alento deste modo melhora a sua habilidade de controlar a energia que reside na respiração — uma habilidade essencial para qualquer sucesso em magick (você lerá muito mais sobre isso no capítulo sobre asana e pranayama).

Também na Fase Um, eu sugiro que você memorize e comece a trabalhar com *Liber Resh vel Helios* (consulte o Capítulo 7) e comece a prática de dizer a Vontade nas refeições. E isso é tudo para a Fase Um. Nada de rituais do pentagrama, nada de evocações de demônios Goéticos maneiros — nada de chique. Apenas relaxamento, respiração quádrupla, *Liber Resh*, e Vontade, *pelo menos* por várias semanas. Faça as suas práticas pelo menos seis dias por semana, e registre tudo meticulosamente no seu diário mágico.

Novamente, eu reconheço que isso provavelmente será um pouco anticlimático para alguém que está animado para começar com a magick;

mas eu te asseguro, o que você está fazendo agora — psicologicamente, magicamente e fisicamente — formará a base para *todas* as coisas que você fará em sua carreira mágica, então por favor tente não pegar nenhum atalho! (Além disso, se você pular para práticas mais avançadas sem formar uma base sólida sobre os fundamentos, você derradeiramente irá atrasar o seu próprio progresso, porque depois você terá que voltar e corrigir as omissões e desequilíbrios. Dificilmente isso é um "atalho"!) Após pelo menos algumas semanas da Fase Um, você está pronto para seguir para a Fase Dois.

Fase Dois

Neste ponto, eu sugiro que você adicione o Ritual Menor do Pentagrama, tanto em sua forma de Banimento quanto em sua forma de Invocação (consulte o Capítulo 5). Você também pode querer experimentar o ritual do Rubi Estrela.

O motivo para você trabalhar com as formas de banimento e invocação do RmP é que a forma de banimento ajudará com a limpeza mágica, enquanto a forma de invocação é muito eficiente para desenvolver a sua tolerância à força mágica, e a sua habilidade de evocá-la e controlá-la. Ambas as formas do ritual te ajudam a desenvolver a habilidade de visualização — as visualizações dos arcanjos e os traçados dos pentagramas, por exemplo.

Todas as práticas ritualísticas discutidas até aqui te ajudarão a começar a internalizar os sistemas de símbolos mais relevantes para o magista thelêmico, tais como o panteão de Nuit, Hadit e Ra-Hoor-Khuit, as hierarquias hebreias, os arcanjos elementais e assim por diante. Por exemplo, você aprenderá a associar os quadrantes elementais com a experiência subjetiva daqueles tipos específicos de energia, desta forma estabelecendo a sua própria "linguagem" energética interna — uma ferramenta essencial para qualquer magista.

Também na Fase Dois, você pode querer adicionar alguma prática formal (consulte o Capítulo 9) de *asana* (postura) e *dharana* (concentração). Escolha qualquer postura, e sente quieto nela enquanto começa as práticas básicas de dharana. Neste estágio, eu sugiro um foco visual simples, tal como *tejas* (um triângulo equilátero vermelho apontando para cima). Simplesmente retenha a visualização da melhor forma possível e conte a quantidade de quebras na concentração. Como sempre, mantenha bons registros diários das condições e dos resultados destes experimentos.

Fique na Fase Dois por pelo menos um mês. Como antes, você deve sempre se sentir livre para estender esse período. Quando estiver pronto, avance para a Fase Três.

Fase Três

Neste estágio eu sugiro que você adicione alguma forma do exercício do Pilar do Meio conforme descrito por Regardie, incluindo as circulações. Na minha experiência, práticas como o Pilar do Meio aumentam a habilidade de evocar, conter e tolerar força mágica. Além disso, uma vez que esta prática utiliza os nomes divinos associados com certas sephiroth (visualizadas nos vários centros de energia do corpo) você reforçará estas importantes correspondências. Por fim, e mais importante, a prática do Pilar do Meio te dá outra oportunidade para inflamar-se em aspiração ao divino.

Enquanto o ritual do pentagrama certamente oferece oportunidades para inflamar-se em oração, tais como experimentar a reverência de um encontro com um arcanjo, ou a sensação e a visualização dos pentagramas flamejando ao seu redor e o hexagrama em seu coração, o Pilar do Meio te dá uma nova e importante chave: a visualização do centro da Coroa como uma esfera acima da sua cabeça. Você pode aspirar com força àquele centro como um símbolo de Kether — a própria luz do seu Santo Anjo Guardião — assim fortalecendo os músculos da aspiração às mais sublimes energias as quais você pode conceber. Assim a prática se torna um verdadeiro exercício de aspiração e devoção, idealmente realizado diariamente, empoderando tudo mais que você fizer. Depois, tendo treinado desta maneira, você será capaz de usar o ritual do Pilar do Meio *dentro* da estrutura de um trabalho maior como uma invocação geral, a qualquer momento em que você precisar de um influxo de poder para alimentar o seu ritual (consulte o Capítulo 8).

Também na Fase Três, eu sugiro que você comece várias meditações sobre as sephiroth e os caminhos abaixo de Tiphereth. Consulte o material no final do *Livro de Thoth* para encontrar temas e frases sugestivos associados com os 22 caminhos. O ponto aqui é intensificar o seu trabalho com as correspondências mais relevantes para o trabalho vindouro de "escalar a Árvore" ao longo destes caminhos. Quanto mais você estiver familiarizado com o terreno, mais eficiente e empoderadora será sua exploração. Dedique pelo menos seis meses à Fase Três, e então avance para a Fase Quatro.

Fase Quatro

Eu sugiro adicionar aqui o Ritual Menor do Hexagrama (consulte o Capítulo 6). Em muitos sistemas que derivam da Golden Dawn, o ritual do hexagrama é realizado no nível da Segunda Ordem, *após* o iniciado atravessar simbolicamente as sephiroth e os caminhos abaixo de Tiphereth. É por isso que na Fase Três eu sugeri que você focasse as suas meditações nestas sephiroth e caminhos — de modo que você possa dar mais sentido de significado e relevância ao ritual do hexagrama quando você de fato começa a praticá-lo. Aqueles de vocês que estiverem trabalhando em uma ordem baseada no padrão da Golden Dawn (tal como o *Temple of the Silver Star*) terão uma vantagem aqui; mas se você não estiver, você pode replicar isso para si até certo ponto alinhando-se com as regiões sub-Tipherethicas antes de avançar para o ritual do hexagrama.

Você pode querer experimentar o ritual da Safira Estrela como uma forma alternativa do ritual do hexagrama, mas lembre-se de que a Safira Estrela não tem forma de banimento, e em minha experiência traz um nível de força muito mais exaltado do que o "clássico" Ritual Menor do Hexagrama. Portanto, ele deveria ser usado conscientemente e judiciosamente quando for necessário um grau mais intenso de força mágica.

Práticas Adicionais Recomendadas

A Eucaristia

No *Magick in Theory and Practice*, Cap. 20, Crowley escreve:

> "Da Eucaristia e da Arte da Alquimia. Uma das cerimônias mágicas mais simples e mais abrangentes é a Eucaristia. Ela consiste de pegar coisas comuns, transmutá-las em coisas divinas, e consumi-las. Até aqui, como todo tipo de cerimônia mágica para reabsorção da força, é um tipo de consumação, mas tem uma aplicação mais restrita como segue: Pegue uma substância, simbólica do curso inteiro da natureza, torne-a Deus e consuma-a. [...]

> O círculo e outros mobiliários do templo deveriam receber o benefício usual dos banimentos e consagrações. O juramento deveria ser prestado e as invocações feitas. Quando a força divina se manifestar nos elementos, eles devem ser solenemente consumidos. [...]

> Algum tipo de Eucaristia deveria o mais seguramente ser consumida diariamente por todo magista e ele deveria considerá-la como o sustento principal de sua vida mágica. Ela é de mais importância do que qualquer outra cerimônia mágica, porque é um círculo completo. Toda a força dispendida é completamente reabsorvida. Se a virtude é um ganho tão vasto que é representado pelo abismo entre homem e Deus, o magista se torna repleto de Deus, se alimenta de Deus, se intoxica com Deus. Pouco a

pouco seu corpo se tornará purificado pela lustração interna de Deus. Dia a dia, sua estrutura mortal, perdendo seus elementos terrenos, se tornará, na verdade, o templo do Espírito Santo. Por fim, a mudança se tornará completa. Deus manifesto em carne será o seu nome. Este é o mais importante de todos os segredos mágicos que já existiram, ou existem, ou existirão. Para um magista assim renovado, a consecução do conhecimento e conversação do Santo Anjo Guardião (SAG), torna-se uma tarefa inevitável. Toda força de sua natureza, sem impedimentos, tende a atingir esse objetivo e meta de cuja natureza nem o homem nem Deus podem falar, pois está infinitamente além da fala, do pensamento, do êxtase ou do silêncio. O Samadhi e os Guna são apenas sombras lançadas sobre o universo."[5]

Realmente, não existe limite para os modos pelos quais você pode integrar eucaristias em seu trabalho mágico diário, mas deixe-me dar alguns exemplos. Uma forma é extrair um "ritual de dois elementos" pessoal a partir de *Liber XV*, a Missa Gnóstica. Se você considerar a estrutura da Missa, não é difícil ver como você pode ser capaz de torná-la em um ritual que você poderia usar por conta própria, ou quem sabe com um parceiro. Comece com a Seção VI, a consagração dos elementos. Com o seu vinho e hóstia à disposição, avance pelos procedimentos de consagração dos elementos, invocando a força divina, atrelando-a aos elementos, combinando-os e consumindo-os (consulte as Seções VI-VIII).

Assim como na própria Missa Gnóstica, aqui há muita oportunidade para usar a visualização e outros trabalhos internos para amplificar o benefício mágico de realizar esta cerimônia, ou outros ritos pessoais similares. Retenha na mente um objetivo mágico específico durante o processo do ritual: a construção da intensidade, a consagração dos elementos, a invocação da força, e finalmente o clímax da união dos elementos e sua consumação. Quando você consumir a eucaristia, esteja consciente do fato de que agora você *incorpora* o objetivo mágico. Você é como um computador que está pronto para ser programado com o software correto. O software que você criou é a forma mental do objetivo mágico desejado; é o programa que você está dando para o seu "novo self" rodar. Quanto mais intensamente e vividamente você for capaz de visualizar o resultado desejado, o mais efetivo ele será. Torne ele o mais vívido possível em termos das realidades psicológicas do resultado desejado — a maneira como você sente e pensa sobre si mesmo, e a

[5] Crowley, A. (1997). *Magick: Liber ABA*. Hymenaeus Beta (Ed.). York Beach, ME: Samuel Weiser, Inc.

maneira como a sua própria vida tomará forma quando você alcançar o resultado. Quanto mais você faz o objetivo "tornar-se vivo" dentro de você, maior o momentum mágico que você trará ao ritual.

Práticas de Atenção Plena

Algumas práticas de atenção plena aparecem no cerne do currículo da A∴A∴, tais como *Liber Jugorum* e *Liber Resh* (que é uma prática de atenção plena na medida em que se deve lembrar de realizar as quatro adorações diárias). A prática de dizer a Vontade nas refeições é outro exemplo comum. Aqui você está trazendo a sua atenção para o fato de que o consumo de alimentos fortifica o corpo para a realização da Grande Obra. Este tipo de atenção plena dificilmente se limita às refeições — você pode estender este conceito a qualquer tarefa. Qualquer coisa que você está fazendo durante o dia pode e deve ser reconhecida como uma contribuição para a execução de sua Grande Obra e de sua Verdadeira Vontade. Tomando um exemplo rotineiro: "É minha vontade entrar no carro e dirigir até o meu trabalho, para que eu possa ganhar dinheiro, para que eu possa ter abrigo e tempo livre de modo a exercer a Grande Obra". E assim por diante.

Se, para qualquer comportamento específico, você descobre que está tendo dificuldades em explicar para si por quê o comportamento está a serviço da sua vontade, você pode querer repensar as suas prioridades e a gestão do seu tempo em relação a aquilo! Naturalmente, nem todo comportamento individual na sua vida será experimentado como algo importante, intencional e mágico. No entanto, desde que você possa manter atenção plena da sua vida inteira como uma estrutura dentro da qual você se esforça para alcançar aquele objetivo universal de todos aqueles que iniciam o caminho da Grande Obra — o C & C do SAG — você cultivará uma habilidade de *sentir* a vontade nas ações, até mesmo nas menores escolhas e comportamentos.

Outra prática útil é manter atenção plena de si mesmo como um microcosmo equilibrado, e um método de fazer isso é esforçar-se para *incorporar o pentagrama* todos os dias; ou seja, viver cada dia, tanto quanto possível, como uma expressão equilibrada dos quatro elementos e do espírito. Uma vez por dia, faça uma entrada no diário na qual você registra o seu sucesso em viver cada um dos elementos em sua vida. Você pode usar um código para simplificar isso: E é espírito, F é fogo, G é água, A é ar e T é terra. No final de cada dia, simplesmente escreva aquelas cinco letras e então um número de 1 a 10 para indicar quão satisfatoriamente você incorporou aquele aspecto do self. Estou usando as atribuições sephiróticas dos elementos aqui, mas você pode defini-los e organizá-los como preferir. Para a terra, quão bem você cuidou do seu corpo naquele dia? Para o ar, quão bem você atendeu aos aspectos do seu subconsciente através de sonhos e consciência dos impulsos intuitivos, e monitorando as suas projeções psicológicas? Para a água, quão bem você funcionou intelectualmente? Para o fogo, como foi em termos de devoção aos seus objetivos mágicos, e aspiração ao SAG? Para o espírito, quão receptivo você esteve para a luz do espírito que se manifesta em sua vida? Como em muitas destas práticas de auto monitoramento, o mero ato de *observar* estes aspectos de nossas vidas tenderá a nos impulsionar em direção a escolhas mais sadias e uma vida mais equilibrada em relação a isso.

Consciência da Respiração

Várias técnicas de pranayama podem pegar elementos da atenção plena também. Por exemplo, o simples processo de consciência da respiração é muito poderoso quando feito com atenção plena e de maneira diligente. A prática chamada de *mahasatipatthana* começa com uma observação simples, silente, como mantra, conforme você respira: "A respiração está entrando; a respiração está saindo". Com a prática repetida, você notará que a consciência na verdade mudou; você percebe que é mais preciso dizer que você está consciente de uma *sensação* de passagem de ar, e você ajusta o seu mantra de acordo, ou seja, "Há uma sensação de que a respiração está entrando..." Com mais prática, você notará que na verdade é uma *percepção* de uma sensação de que a respiração está entrando e saindo, então uma *tendência* de perceber a sensação, e assim por diante. O propósito mais profundo desta prática é desidentificar-se do ego como centro da consciência, gradualmente refocando sua experiência diária com o *verdadeiro* centro de quem você é — a estrela divina interna, o khabs. Ao recuar, passo a passo, do habitual centro de consciência baseado no ego, você se torna consciente de pontos de vista inteiramente novos a partir dos quais pode ver sua realidade.

Recomendações Gerais

Então estas são as quatro fases do nosso "treino básico". Agora vamos rever algumas recomendações gerais que serão amplamente úteis, não importa em qual estágio do treinamento você esteja. Primeiro, o *ritmo* e a *regularidade* são muito importantes no trabalho diário. Como eu já observei em outros lugares, o ritmo é uma das linguagens naturais do inconsciente. Se você pode começar a provar para o seu inconsciente que você está comprometido a "sintonizar" com sua linguagem em uma base consistente todos os dias, todo o seu sistema espiritual tenderá a "sincronizar". Isso é muito mais difícil se você estiver fazendo as suas práticas em horários aleatórios, pulando dias e engajando em outros comportamentos descuidados similares.

Em segundo lugar, sugiro seis dias de prática por semana, com diários vigilantes. Tire o sétimo dia de folga. Não provoque o seu próprio fracasso determinando objetivos irreais no começo, tal como fazer quatro horas de ritual sete dias por semana, e assim por diante. Isso seria puxado demais e irreal para um iniciante. Planeje seis dias de prática por semana, seguindo o currículo gradualmente elaborado que eu descrevi acima. Dito isso, todo mundo vai errar e ter dias onde simplesmente não faz nada. Em tais casos, é muito melhor ter uma entrada no diário para aquele dia que simplesmente diga "Eu não fiz o meu trabalho hoje", "Eu fiquei distraído" ou "Meu bode de estimação comeu meu pantáculo", do que não escrever nada. Não se desculpe e nem se castigue por isso, mas *registre*!

Você pode querer rever os diários da tradição thelêmica para ter uma ideia do que incluir em seu registro. Alguns dos melhores incluem o *João São João* (Crowley), *Um Mestre do Templo* (Frater Achad), bem como os diários de Jane Wolfe da Abadia de Thelema em Cefalù, Sicília. Todos estes fornecem percepções interessantes sobre o conteúdo, tom e escopo de um diário mágico bem feito.

Em terceiro lugar, você pode querer considerar manter o seu diário em um formato eletrônico. É claro, é muito bonito ter um diário com uma capa bem feita. Por outro lado, um diário eletrônico torna muito mais fácil procurar por certas passagens e palavras-chave. Existem momentos em que se pode querer consultar e reunir todas as entradas do diário que pertencem a uma série de práticas que está espalhada intermitentemente ao longo de muitas semanas ou meses. Por exemplo, alguns anos atrás eu obtive uma série de visões dos trinta Æthyrs Enoquianos e queria extraí-las em um documento separado. Meu diário eletrônico tornou esse processo rápido.

Em quarto lugar, eu sugiro que você escreva a sua entrada do diário o quanto antes possível após concluir seu trabalho, e preferivelmente no mesmo lugar onde o trabalho ocorreu. Você seguramente reterá detalhes mais vívidos de seus resultados mágicos ou meditativos se você os registrar imediatamente, antes de você ter a chance de ir comer pizza, brincar com o gato, e conversar com o colega de quarto.

Finalmente, e isso é muito importante, por favor lembre-se (especialmente neste estágio inicial!) de que o medo nunca é útil; e nem é útil se castigar pelo que você fez ou deixou de fazer. Não tenha medo de experimentar — de aprender com a tentativa e o erro. Quando você cair, levante-se e siga em frente. O único fracasso verdadeiro é o falhar em *perseverar*.

Leitura Recomendada

Crowley, A. (2009). *João São João*, editado por J. Wasserman em *Aleister Crowley e a Prática do Diário Mágico*. Editora Madras.

Crowley, A. (2009). *Liber E*, editado por J. Wasserman em *Aleister Crowley e a Prática do Diário Mágico*. Editora Madras.

Crowley, A. (2009). *Liber O*, editado por J. Wasserman em *Aleister Crowley e a Prática do Diário Mágico*. Editora Madras.

Crowley, A. (2020). *Magick: Liber ABA: O Livro Quatro*. Editora Penumbra.

Crowley, A. (2018). *O Livro das Mentiras*. Editora Daemon. [Especialmente os capítulos sobre os rituais do Rubi Estrela e Safira Estrela]

Frater Achad. (2009). *Um Mestre do Templo*, editado por J. Wasserman em *Aleister Crowley e a Prática do Diário Mágico*. Editora Madras.

Wolfe, J. (2008). *Jane Wolfe: The Cefalu Diaries: 1920-1923*. D. Shoemaker (Ed.). Sacramento, CA: Temple of the Silver Star

5

O Ritual Menor do Pentagrama

O Ritual Menor do Pentagrama (RmP) deveria ser a fundação da prática ritual de qualquer magista. A despeito de ter sido originado antes do Éon de Hórus, Crowley recomendava sua performance duas vezes ao dia, até o fim de sua vida. Da mesma forma, muitos professores e ordens mágicas o incluem em seu currículo básico.

Qual é o efeito deste ritual? Em última análise, você terá que responder essa pergunta para si através da prática diária, tomando cuidadosa nota de outros fatores que possam estar influenciando o efeito do ritual. Dito isso, os efeitos geralmente caem em algumas categorias básicas. O RmP tende a limpar o "espaço" físico, psicológico e mágico do magista. Também é uma invocação dos quatro arcanjos tradicionalmente atribuídos aos quatro elementos e aos quatro quadrantes. Muitas pessoas usam o RmP como sua prática de "higiene" diária, já que sua forma de banimento inclui o efeito de limpeza bem como sua forma de invocação inclui a energização e santificação. Além da função higienizadora, a forma de banimento frequentemente é utilizada para preparar o templo para invocações elementais, ou como um banimento geral antes de outro trabalho (consulte o Capítulo 8 para mais informações sobre métodos de construção de rituais).

É importante observar que embora o RmP utilize a forma do pentagrama da "terra", o propósito do ritual básico não é especificamente banir ou invocar a terra como um elemento. Ao invés disso, como foi observado acima, ele é usado como uma limpeza genérica e uma preparação do espaço. Haveria diferenças no intento e em alguns detalhes da performance se você estivesse fazendo uma invocação ou banimento específico da terra (ou qualquer outro elemento específico). O Ritual Maior do Pentagrama (consulte *Liber O*) também pode ser adaptado para tais propósitos. O *Temple of the Silver Star* (Templo da Estrela de Prata) tem seu próprio método distinto de realizar invocações e banimentos elementais específicos, e outras ordens mágicas construíram técnicas sobre linhas similares nos vários anos desde que este material foi originalmente desenvolvido.

Conforme explicado acima, a versão do ritual apresentada aqui difere suavemente daquela que você encontrará em *Liber O* ou outras fontes publicadas. Assim como em muitos rituais, comece relaxando o corpo e regularizando a respiração. Quando você estiver pronto para começar o ritual, você deve se mover para o centro do cômodo onde você pode ter um altar. Sobre o altar deveria haver, minimamente, sua escolha de implemento mágico. Este poderia ser uma adaga ou espada de Geburah, ou qualquer tipo de adaga ou varinha; ou você pode simplesmente usar o seu dedo como um "implemento" ritual.

O ritual começa com um conjunto de gestos e palavras chamado de *Cruz Cabalística*:

1. Tocando sua testa com o seu dedo indicador direito, entoe: **ATAH**.
2. Tocando o seu coração, entoe: **AIWASS**.
3. Tocando sua genitália, entoe: **MALKUTH**.
4. Tocando seu ombro direito, entoe: **VE-GEBURAH**.
5. Tocando seu ombro esquerdo, entoe: **VE-GEDULAH**.
6. Junte as mãos sobre o seu peito, então entoe: **LE-OLAHM. AMEN**.

Quando você tiver aprendido o nome de seu próprio SAG, você deve substituir "Aiwass" por ele. Alguns magistas contestam que desde que Aiwass era o SAG de Crowley, nós não deveríamos utilizar esse nome em nossa própria prática. Embora essa seja uma objeção razoável na maioria das circunstâncias, lembre-se de que Aiwass não era apenas o SAG de Crowley, mas também a própria inteligência que inaugurou o Êon de Hórus. De acordo com isso, ao entoar "Aiwass" no coração, você se conecta com as energias do próprio Êon.

A chave para o sucesso na performance da Cruz Cabalística é uma quieta intensidade de vibração e fluxo de energia em cada uma das áreas do corpo tocadas. Você deveria sentir a força se movendo com a sua mão conforme você a move fisicamente de um ponto a outro. Toda vez que você vibrar uma palavra ou frase, você deve sentir a energia intensificar no ponto do corpo que você está tocando. Além disso, como em qualquer vibração deste tipo, você deve conceber que a palavra está ecoando até os confins do universo, que o próprio universo está ressoando em simpatia com a sua vontade. Cada uma das palavras deve ser vibrada em uma exalação completa; ou seja, inspire completamente, e então ao expirar a palavra é vibrada com aproximadamente o mesmo tempo e ênfase em cada letra. A última sílaba às vezes se alongará um pouco (consulte *Liber O* e os recursos audiovisuais adicionais para saber mais sobre a vibração de nomes divinos).

Após realizar a Cruz Cabalística no centro do templo, você se move para o leste e traça o primeiro pentagrama.

Os Pentagramas & os Nomes Divinos

A forma de invocação do pentagrama inicia com uma linha que começa na ponta do topo e desce para baixo em direção à ponta inferior esquerda. A forma de banimento começa na ponta inferior esquerda com um movimento para cima, em direção à ponta do topo. **Assegure-se de fechar cada pentagrama no ponto inicial**.

1. De frente para o leste, trace o pentagrama diante de você no ar. Visualize o pentagrama flamejando em uma luz branca azulada e brilhante. Aponte o instrumento de sua escolha para o centro do pentagrama, e entoe: **YOD HEH VAV HEH**.

2. Estenda o seu braço e vá para o sul, traçando uma linha de luz branca azulada que conecta até o centro do próximo pentagrama.

Voltado para o sul, desenhe o pentagrama, e entoe: **ADONAI**.

3. Repita como acima, movendo-se para o oeste, e entoe: **EHEIEH**.

4. Repita como acima, movendo-se para o norte, e entoe: **ATAH GIBBOR LE-OLAHM ADONAI**.[6]

5. Volte para o leste, completando a linha que conecta até o pentagrama original, e assim selando o círculo.

Ao desenhar os pentagramas, sugiro que você mire aproximadamente a altura dos quadris para as pontas inferiores, o nível dos ombros para as pontas superiores (exceto a ponta do topo, que deve estar acima da altura da sua cabeça). Esta provavelmente é uma das formas mais cômodas de traçá-los, já que os movimentos estão naturalmente ao alcance do seu braço.

---

[6] Muitas fontes publicadas utilizam "*AGLA*" neste ponto. *AGLA* é simplesmente uma palavra composta pelas iniciais da frase "Atah Gibbor Le-Olahm Adonai."

A Invocação dos Arcanjos

Volte-se para o leste. Estenda os seus braços para os lados de modo que o seu corpo forme uma cruz. Diga:

Diante de mim, RAPHÆL.
Atrás de mim, GABRIEL.
À minha direita, MIKHÆL.
À minha esquerda, URIEL.[7]
Pois ao meu redor flameja o Pentagrama,
E na Coluna brilha a estrela de seis raios.

Os arcanjos são vistos como figuras aladas enormes e majestosas, vestidos em túnicas e armados como segue:

Raphael: Túnica amarela com acabamento violeta. Segura uma espada ou adaga.
Gabriel: Túnica azul com acabamento laranja. Segura uma taça.
Mikhael: Túnica vermelha com acabamento verde. Segura uma varinha.
Uriel: Túnica preta com acabamento branco. Segura um disco (pantáculo).

Repita a fórmula da Cruz Cabalística, o que conclui o ritual.

A invocação dos arcanjos definitivamente é um daqueles momentos em que você pode amplificar o efeito do ritual através de visualizações e outros trabalhos internos. Com cada um destes arcanjos, você tem uma oportunidade para enfatizar o elemento correspondente dentro do seu ser. Por exemplo, ao invocar Raphael, você não está meramente visualizando um grande arcanjo com túnica amarela — você está experimentando o próprio elemento do ar conforme ele se manifesta para você. Você pode amplificar isso sentindo um grande vento de limpeza que vem do Leste. De maneira semelhante, ao invocar Gabriel no Oeste, você pode sentir uma onda de água azul te purificando; um fogo consagrador de Michael no Sul; e uma solidez e alicerce preservadores vindo de Uriel no Norte. Amplifique, elabore ou personalize esta parte da forma que preferir. Sua própria experiência será o melhor professor.

Conforme você diz as palavras "pois ao meu redor flameja o pentagrama", visualize um grande pentagrama cercando o seu corpo, afirmando você mesmo como um microcosmo tornado perfeito; mas

---

[7] Os nomes dos arcanjos devem ser entoados, e não meramente ditos.

também compreenda e experimente este ponto do ritual como uma afirmação da verdade de que a integralidade da sua experiência atrelada à terra — o próprio universo material — verdadeiramente está flamejando ao seu redor como um pentagrama. Quando você diz, "e na coluna brilha a estrela de seis raios", você pode querer visualizar um hexagrama no coração, simbolizando a luz do SAG queimando ali — a verdadeira semente espiritual no teu próprio cerne.

Nos estágios iniciais da prática mágica, eu recomendo a realização do RmP duas vezes ao dia — um invocando e um banindo. Já que a forma de invocação pode ser energizante o suficiente para causar insônia em algumas pessoas, sugiro que tente o de invocação pela manhã e o de banimento à noite. Você também pode tentar experimentar as formas de invocação e banimento em dias alternados, ou testar os efeitos de utilizar somente um ou o outro por vários dias seguidos (se tentar isso, sugiro que você não faça isso por mais do que três ou quatro dias sem um banimento, para assegurar a higiene mágica adequada).

Se por algum motivo você precisar fazer silêncio quando realizar o ritual, é aceitável sussurrar, ou realizá-lo completamente quieto. Você pode até mesmo descobrir que tais variações assumem uma intensidade única e silente que têm efeito diferente da realização completamente vocalizada. Além disso, você pode experimentar com a realização astral (ou pelo menos puramente mental), que fortalecerá os seus "músculos" de visualização e, em teoria, a habilidade do seu corpo astral de realizar este ritual em seu próprio plano.

Os segredos mais profundos deste ritual, muitos deles unicamente seus, se revelarão ao longo de meses e anos de sua prática subsequente, conforme você integra e harmoniza os símbolos do ritual com a paisagem interna da sua mente, corpo e espírito.

6

OS RITUAIS MENOR & MAIOR
DO HEXAGRAMA

O Ritual Menor do Hexagrama (RmH) deve ser aprendido e usado após o Ritual Menor do Pentagrama (RmP) ter sido dominado e praticado regularmente por algum tempo. A combinação do RmP com o RmH é fortemente recomendada como uma prática diária adequada para a manutenção da higiene mágica do aspirante. Como no ritual do pentagrama, alguns aspirantes descobriram que o uso da forma de invocação do ritual do hexagrama no final do dia pode levar à insônia. Portanto, sugiro que use a forma de invocação no início do dia e a forma de banimento à noite.

O Ritual Menor de Banimento do Hexagrama (RmBH) é usado para limpar o templo e a aura do magista de influências macrocósmicas indesejadas (ou seja, aquelas forças que pertencem às Sephiroth acima de Tiphereth), e asseverar o senhorio do magista sobre estes reinos. Além de sua função higienizadora, o RmBH tipicamente seria usado antes de invocar qualquer força planetária, sephirótica ou zodiacal específica.

O Ritual Menor de Invocação do Hexagrama (RmIH) pode ser usado para invocar forças macrocósmicas, e para criar um espaço para trabalhos mágicos que envolvem as energias de um Templo da Segunda Ordem. De fato, o RmH tradicionalmente foi praticado por iniciados da Segunda Ordem de escolas de mistério derivadas da Golden Dawn.

Infelizmente, é em parte devido a isso que a maioria das versões publicadas deste ritual estão incorretas. As versões publicadas, incluindo aquela em *Liber O*, usam atribuições elementais aos quadrantes que seriam usadas somente *dentro de uma Cripta da segunda ordem* — ou seja, fogo, água, ar e terra, no sentido anti-horário começando do Leste. (Você perceberá este arranjo nas imagens do altar circular dentro da Cripta da G.D., por exemplo). Geralmente para o uso diário, as atribuições são exatamente como aquelas usadas no RmP — ar no leste, fogo no sul, água no oeste, e terra no norte. As várias formas dos hexagramas dadas nas versões publicadas do RmH *estão* corretas — elas simplesmente precisam ser movidas para os quadrantes corretos ao realizar o ritual fora da Cripta.

Uma nota sobre a pronúncia de "ARARITA": a frase completa, que agora foi publicada abertamente em vários lugares, é *ekhud rosh, ekhudotho rosh yekudotho, temuratho ekhud*. Se você desejar entoar esta frase ao invés de "ARARITA", pode fazê-lo. Um método de tradicional de entoar a frase completa é ensinado na Segunda Ordem do *Temple of the Silver Star* (Templo da Estrela de Prata).

A assim chamada "Análise da Palavra Chave" apresentada na maioria das versões publicadas do RmH confia em certas fórmulas mágicas que alguns praticantes thelemitas podem considerar inadequadas (ou seja, fórmulas que focam no simbolismo do Deus Moribundo). A Análise dada aqui é uma das variantes thelêmicas possíveis.[8] Outras versões distintivas da Análise são ensinadas privadamente na Segunda Ordem do *Temple of the Silver Star* (Templo da Estrela de Prata) e noutros lugares.

Descrição do Ritual

1.   Fique de pé no centro do templo, de frente para o leste. Segure a varinha com a mão direita, na linha do centro do corpo.

2. Realize a "Análise da Palavra Chave", dizendo:

I.N.R.I.

---

[8] Veja no Capítulo V de *Magick in Theory and Practice*, onde Crowley comenta em uma nota de rodapé: "Existe uma fórmula bastante diversa em que I é o Pai, O a Mãe, A a Criança — e ainda outra, em que I.A.O. são todos pais de tipos diferentes, equilibrados por H.H.H., 3 Mães, para completar o Universo. Em uma terceira, a verdadeira fórmula da Besta 666, I e O são os opostos que formam o campo de operação para A. Mas este é um assunto superior que é inadequado para este manual básico. No entanto, consulte *Liber Samekh*, Ponto II, Seção J."

Yod, Nun, Resh, Yod.
Virgem, Ísis, Santa Mãe.
Escorpião, Apófis, Destruidor.
Sol, Osíris, Santo Pai.
Ísis, Apófis, Osíris, IAO.[9]

3. Faça o sinal apropriado, mantendo a ponta da Varinha para cima, e diga: "**O Sinal de Osíris**".

4. Faça o sinal apropriado, com a arma apontando para cima, e diga: "**O Sinal da Dança de Ísis**".

5. Faça o sinal apropriado, e diga: "**O Sinal do Êxtase de Apófis**".

6. Faça o sinal apropriado, e diga: "**O Sinal da Estrela Brilhante**".

7. Estenda os braços novamente como no passo 3 acima, e então cruze-os novamente como no passo 6, dizendo: "**L.V.X., Lux,**[10] **a Luz da Verdadeira Cruz.**"

| Osíris | Dança de Isis | Êxtase de Apófis | Estrela Brilhante |

Os Sinais de L.V.X. (com nomes modificados)

8. Utilizando a varinha, trace o hexagrama do ar no Leste em luz dourada. Aponte a varinha para a linha do centro onde os dois triângulos se encontram, e entoe "**ARARITA**".

9. Gire ou mova-se para o Sul, traçando até lá uma linha conectora em luz dourada. Trace o hexagrama do fogo. Aponte a varinha para o centro da base do triângulo superior, e entoe "**ARARITA**".

---

[9] O nome IAO é entoado, não falado. A pronúncia correta é "i-á-ô".

[10] Pronunciado como "lucs".

10. Continue para o Oeste, e trace o hexagrama da água. Aponte a varinha para o lugar onde os dois triângulos se encontram, e entoe "**ARARITA**."

11. Continue para o Norte, e trace o hexagrama da terra. Aponte a varinha para o centro do hexagrama, e entoe "**ARARITA**."

12. Continue até o Leste, conectando e assim completando o círculo, e repita os sinais e as palavras para os passos 1 a 7.

O Ritual de Banimento é idêntico, mas a direção dos hexagramas é invertida.

| Ar (Leste) | Fogo (Sul) | Água (Oeste) | Terra (Norte) |

Os Hexagramas

O Ritual Maior do Hexagrama (RMH), que é utilizado para invocar ou banir forças planetárias ou zodiacais específicas, pode ser adaptado a partir do material dado em *Liber O* conforme você achar adequado, mas darei algumas sugestões básicas aqui.

Comece com a Análise da Palavra Chave, exatamente como no RmH. Os Hexagramas são todos desenhados usando a forma "da terra"; ou seja, dois triângulos entrelaçados, um apontando para cima e um para baixo, conforme mostrado acima. Em cada quadrante você desenhará o hexagrama seguindo um padrão diferente, dependendo de qual planeta ou região zodiacal você desejar invocar ou banir (vide *Liber O*). O hexagrama unicursal pode ser utilizado ao invés do excessivamente complexo hexagrama solar, se assim desejar. Os hexagramas de invocação consistem de triângulos desenhados no sentido horário; as formas de banimento são desenhadas no sentido anti-horário. Se for utilizado o hexagrama unicursal, comece sempre da ponta do topo. A mesma forma de hexagrama é desenhada em cada quadrante.

Primeiro desenhe o hexagrama, então desenhe o sigilo planetário ou zodiacal no centro do hexagrama. Aponte para o centro e vibre o nome divino do planeta ou planeta regente (no caso da região zodiacal); então o arcanjo do planeta (ou planeta regente); e então ARARITA. Você pode desenhar as figuras nas cores específicas que correspondem às forças desejadas, para aumentar o poder do ritual.

Algumas tradições recomendam concluir esta parte do ritual desenhando um quinto hexagrama na direção da localização astronômica real do planeta ou região zodiacal no momento do trabalho. Para fazer isso, você precisará de um mapa astrológico sideral preciso ou algum método de calcular a localização exata. Existem excelentes softwares, inclusive versões para dispositivos móveis muito úteis, que realizam essa tarefa.

Encerre com a *Análise da Palavra Chave*, como no RmH.

7

LIBER RESH VEL HELIOS

Liber Resh vel Helios, um ritual em Classe D da A∴A∴, é uma das práticas básicas da magick thelêmica. Junto com o RmP e o RmH, ele provavelmente será uma das práticas primordiais de higiene, devoção e sintonia da consciência que você usará diariamente ao longo da sua vida. A performance diária de *Liber Resh* tem um número de benefícios mágicos e psicológicos. Ao identificar-se com o sol em suas quatro "estações" ao longo do dia, você forja um elo consciente com as energias representadas pelo sol. Alguns afirmam que isso se manifesta como um efeito energético direto sobre o iniciado; outros sentem que o benefício é primariamente simbólico e psicológico — ou seja, nos beneficiamos do alinhamento simbólico de nossas consciências com o ciclo imortal do sol, e da atenção plena deste alinhamento ao longo do dia. Eu te encorajo a experimentar o ritual e tirar suas próprias conclusões. Além dos benefícios da atenção plena e da identificação mágica com o sol, você tem uma prática regular de assunção de Formas-deus, fortificando a assim chamada "aura" com múltiplas instâncias do Sinal do Silêncio (correspondente a Harpócrates), e uma chance para construir um senso geral de conexão à corrente thelêmica.

É comum que iniciados da A∴A∴ comecem o trabalho com esta prática durante sua fase de Probacionista, e muitos outros sistemas de treinamento thelêmicos designam alguma versão desta prática para seus iniciados nos estágios iniciais do trabalho. Enquanto o texto básico do ritual, conforme escrito por Crowley, foi publicado e discutido em muitos lugares, há certo número de detalhes sobre a performance ensinados na A∴A∴ que parecem ser apropriados para apresentar aqui.

Estudantes frequentemente perguntam sobre a importância do *timing* do ritual ao longo do dia. Conforme observado acima, alguns professores acreditam que quanto o mais próximo do momento exato da estação do sol você estiver, mais eficaz será o ritual. Isso pode muito bem ser verdade, mas eu te encorajo a não deixar que as suas tentativas de um *timing* perfeito te distraiam de simplesmente fazer o ritual. Se você dorme até depois do nascer do sol, como muitos de nós fazemos, faça a adoração da Aurora ao levantar. Se você vai para a cama antes da meia-noite, faça a adoração da Meia-noite antes de se recolher. Se você errar a hora exata de uma adoração planejada, faça a adoração assim que perceber que você a perdeu. No entanto, eu sugiro que você *se esforce* para ser o mais exato possível com o seu *timing*. Consulte os vários websites que fornecem os horários solares exatos da aurora, meio-dia, etc. em um dado dia e localização, e não esqueça de levar em conta o horário de verão.

Outra questão comum envolve a privacidade durante o ritual. O que você faz se você estiver em um cubículo no trabalho e for a hora de uma adoração? E se você estiver em uma reunião? Crowley claramente tinha a intenção de que o ritual fosse feito publicamente ou privadamente, dependendo de onde se está no dado momento. Minha posição sobre este problema é simples: é melhor fazer internamente, via visualização e recitação silenciosa, ou fazer mais tarde do que o planejado, do que pular. Se você está no trabalho e precisa de privacidade, diga que vai ao banheiro e faça a adoração lá, silenciosamente se for preciso. Se você não puder inventar uma desculpa para sair da sua mesa ou local de trabalho, faça o ritual mentalmente e silenciosamente, visualizando a si mesmo nas posturas físicas e nas Formas-deus adequadas. Dentre outras coisas, tais situações te dão uma valiosa prática no yoga do controle mental, e uma chance para ficar mais confortável no assim chamado corpo astral.

O ritual começa pelo ato de voltar-se para o quadrante adequado: leste ao nascer do sol, sul ao meio dia, oeste ao pôr do sol e norte à meia-noite.[11] Imagine a si mesmo como se estivesse de pé na junção dos caminhos de *peh* e *samekh* na Árvore da Vida. Deste ponto, você terá Tiphereth, Netzach, Yesod e Hod te cercando, no leste, sul, oeste e norte, respectivamente. Posicione o seu corpo físico de acordo com os sinais dos graus correspondentes. [Observação. Se você é um iniciado da

---

[11] [Nota do tradutor: se você vive abaixo da Linha do Equador, como é o caso da maioria dos Brasileiros, o Sol está ao Norte ao meio-dia e ao Sul à meia-noite.]

A∴A∴, você também pode simplesmente dar o sinal do seu grau em cada quadrante.] Estes são:

Aurora: Osíris Morto (um substituto para todos os assim chamados "Sinais de L.V.X." correspondentes ao grau de Adepus Minor de Tiphereth.)

Meio-dia: Thoum-aesh-neith (um sinal do fogo, correspondente ao grau de Philosophus de Netzach)

Pôr-do-sol: Shu (um sinal do ar, correspondente ao grau de Zelator de Yesod)

Meia-noite: Kephra (um sinal da água, correspondente ao grau de Practicus de Hod)

Aurora   Meio-dia   Pôr-do-sol   Meia-noite

Os Sinais de *Liber Resh*

Em seguida, você visualiza a si mesmo na Forma-deus adequada. A técnica básica e as formas-Deus a serem utilizadas são como segue:

1. Para cada Forma-deus, envolva a sua forma física com aquela das formas visualizadas descritas abaixo (Imagine que se você olhasse para um espelho, não veria seu corpo físico, mas somente a forma-Deus).

2. **RA** (Aurora): corpo humanoide masculino com vestes egípcias. Cabeça de falcão. Disco solar vermelho acima da cabeça. Serpente uraeus (uma cabeça de cobra) se erguendo da testa. Pé esquerdo um pouco à frente. Braço esquerdo estendido para frente, segurando uma varinha de Fênix. Mão direita um pouco à frente, segurando um ankh dourado.

3. **AHATHOOR** (Meio-dia): corpo humanoide feminino com vestes egípcias. Cabeça de vaca (ou cabeça feminina humana com chifres de vaca). Disco solar vermelho acima da cabeça. Pé esquerdo um pouco à frente. Braço esquerdo estendido para frente,

segurando uma varinha de Fênix. Mão direita um pouco à frente, segurando um ankh dourado.

4. **TUM** (Pôr-do-sol): corpo humanoide masculino com vestes egípcias. Barba no estilo egípcio. Nêmis sobre a cabeça. Pé esquerdo um pouco à frente. Braço esquerdo estendido para frente, segurando uma vara de Fênix. Mão direita um pouco à frente, segurando um ankh dourado.

5. **KHEPHRA** (Meia-noite): corpo completo de um escaravelho. Asas se esticando para fora e se curvando para cima. Patas da frente dobradas para cima, segurando o disco do sol.

6. Mantenha estas formas-Deus somente durante a primeira "adoração" elemental do quadrante. Ou seja, interrompa a visualização antes de avançar para a Adoração da "Unidade".

Então, neste ponto, você está de pé de frente para o quadrante apropriado, com seu corpo físico no sinal do grau escolhido, e com uma "sobreposição" astral da forma-Deus apropriada. Então você recita a adoração particular que está ligada à hora do dia, conforme dada no texto do próprio *Liber Resh*, seguida pelo Sinal do Silêncio (o dedo indicador direito tocando os lábios fechados). Eu sugiro que você acople o Sinal do Silêncio com uma visualização da forma-Deus de Harpócrates, como representado no Atu do Êon do tarô de Thoth. Ao realizar a adoração, tente se colocar em comunhão espiritual extática com as forças representadas. Por exemplo, ao amanhecer, você pode sentir-se como um ser solar, saindo do sono para começar conscientemente a lançar luz sobre o seu mundo ao longo do dia; e à meia-noite, você pode se identificar com aquela fonte secreta de energia solar interna, que está sempre queimando, mesmo quando não é vista (como acontece com o sol durante a noite). Ao dar o Sinal do Silêncio, busque fortalecer e aguçar a visualização da aura energética ao redor do corpo físico. Como acontece com todos esses sinais mágicos, a prática repetida deste sinal, com essa intenção particular, ajuda a torná-lo em um gesto verdadeiramente eficaz, e não meramente uma formalidade ritual.

Em seguida, você é instruído a "realizar a adoração que te foi ensinada pelo teu Superior". A adoração a seguir é uma forma tradicional usada nos estágios iniciais da A∴A∴. Material extra é adicionado em um estágio posterior.

Depois de realizar a invocação solar e dar o Sinal do Silêncio, permaneça no Sinal de Osíris Ressuscitado ou da Estrela Brilhante (seus braços cruzados sobre a parte superior do tronco, braço direito sobre o esquerdo, pontas dos dedos tocando a clavícula), e recite o seguinte trecho do Capítulo III do *Livro da Lei:*

Ultimal unidade demonstrada!
  Adoro Teu poder, Teu sopro forte,
Deus terrível, suprema flor do nada,
  Que fazes com que os deuses e que a morte
Tremam diante de Ti —
  Eu, Eu adoro a ti!

Aparece no trono de Rá!
  Abre os caminhos do Khu!
Ilumina os caminhos do Ka!
  Nas rotas do Khabs sê tu,
Para mover-me ou parar-me!
  Aum! Que ela me preencha![12]

A luz é minha; seus raios me
  Consomem: eu fiz uma porta secreta
Para o Lar de Rá e Tum,
  De Khephra e de Ahathoor.
Eu sou teu Tebano, Ó Mentu,
  O profeta Ankh-af-na-khonsu!

Por Bes-na-Maut meu peito bato;
  Pela sábia Ta-Nech lanço meu feitiço.
Mostra teu esplendor-estrelado, Ó Nuit!
  Convida-me para dentro de tua Casa habitar,
Ó cobra alada de luz, Hadit!
  Mora comigo, Ra-Hoor-Kuit!

Complete isto, novamente, com o Sinal do Silêncio.

Existem algumas técnicas adicionais que podem ajudá-lo a maximizar os benefícios mágicos desta Adoração.

Primeiro, reconheça que, ao realizar esta Adoração, você está prestando homenagem àquela unidade que está além das quatro manifestações separadas da energia solar adorada nas adorações preliminares dos quadrantes. Juntamente com outras interpretações potenciais, isso simboliza a unidade espiritual de cada iniciado (Tiphereth), que está além das aparentes divisões elementais do ser psico-espiritual (Malkuth-terra, Yesod-ar, Hod-água, Netzach-fogo).

---

[12] Esta linha do texto apareceu em vários lugares como "que ela me preencha" ou "que ela me mate". Eu os encorajo a usar qualquer uma dessas leituras, de acordo com a sua preferência pessoal.

Como está escrito no *Livro da Lei* (I:51): "Existem quatro portões para um palácio…"

Em segundo lugar, entoe o "Aum!" na última linha da segunda estrofe de maneira completa, lenta e vigorosa. Depois de terminar a linha, respire fundo, sentindo a luz do centro da coroa inundando a aura. Tendo feito isso, você provavelmente descobrirá que a sua recitação da próxima linha ("A luz é minha…") refletirá uma verdadeira realidade mágica — uma mudança real na energia disponível gerada em virtude do desempenho consciente dessas linhas rituais.

Finalmente, ao entregar as linhas finais da Adoração, visualize-se como Ankh-af-na-khonsu dentro da Estela da Revelação, como segue: Com a frase, "Mostra teu esplendor-estrelado, Ó Nuit!" visualize o corpo da deusa das estrelas arqueado acima de você; os pés dela na sua frente e as mãos dela atrás. Com a frase "Convida-me para dentro de tua Casa habitar, Ó cobra alada de luz, Hadit!" visualize o globo alado no topo do centro da cena. Com a frase: "Mora comigo, Ra-Hoor-Kuit!" visualize o Lorde de cabeça de falcão sentado no trono que está de frente para você. Ao terminar estas linhas, pare por um momento para permitir que a totalidade da cena se "fixe" em sua consciência. Ao se colocar no meio desses poderosos arquétipos, você fortalece seu vínculo com a própria corrente thelêmica.

Conforme instruído no texto do liber, você pode desejar seguir a Adoração final com um período de meditação. Muitos estudantes aproveitam essa oportunidade para realizar quaisquer tarefas meditativas em que estejam trabalhando no momento. No entanto, nenhum estilo ou foco de meditação em particular é necessário.

8

Métodos para a Construção de Rituais

Este capítulo lhe dará uma noção dos componentes básicos de um ritual bem construído, usando os comentários de Crowley em *Magick in Theory and Practice*[13] como fonte primária. Depois de ler este capítulo, você deve ser capaz de escolher um objetivo e montar um ritual bem planejado e poderoso para alcançar seu propósito. Naturalmente, como muitas das coisas discutidas neste livro, a repetida prática de fato traz mais força, clareza, foco e eficácia ao seu trabalho. Com sorte, você estará construindo e executando rituais pelo resto de sua vida e melhorando a cada passo do caminho.

Antes de falarmos sobre os componentes e estágios de rituais eficazes, quero rever a teoria da magick em si e considerar a questão: por que você se daria ao trabalho de fazer o ritual? Provavelmente você está ciente da definição de magick de Crowley como "a Ciência e a Arte de causar Mudanças em conformidade com a Vontade". Considere também estas outras palavras de *Liber Libræ*:

---

[13] Crowley, A. (1997). *Magick: Liber ABA*. Hymenaeus Beta (Ed.). York Beach, ME: Samuel Weiser, Inc.

16. Para obter Poder Mágico, aprende a controlar o pensamento; admite apenas as ideias que estão em harmonia com o fim desejado, e não toda Ideia dispersa e contraditória que se apresenta.

17. Pensamento fixo é um meio para um fim. Portanto, preste atenção ao poder do pensamento silencioso e da meditação. O ato material é apenas a expressão externa do teu pensamento, e por isso foi dito que "pensar tolice é pecado". Pensamento é o início da ação, e se um pensamento casual pode produzir muito efeito, o que o pensamento fixo não pode fazer?[14]

Portanto, com essas palavras em mente, consideremos primeiro o ritual como uma técnica de *focar a atenção*. Essa perspectiva explica parcialmente a importância do treinamento da mente através do raja yoga, que é tão proeminente no sistema de A∴A∴ e em outras partes da obra de Crowley. Quando ritualizamos nossa intenção — focalizando nosso pensamento em palavra, e nossa palavra em ação — criamos uma forma que está ligada ao nosso objetivo ritual. É uma lei da natureza que a força segue a forma. A força só se manifestará onde houver uma forma adequada para contê-la. Se você construir os componentes físicos de um circuito elétrico (ou seja, uma rede de fios conectados) e ligá-lo a uma fonte de energia, a energia fluirá. Se a forma dos fios não estiver correta — isto é, se ela não "invocar" a força desejada — essa força simplesmente não se manifestará.

Consequentemente, devemos preparar nosso ritual para ser uma forma que convidará uma certa força. A eficácia com a qual podemos fazer isso dependerá de nossa capacidade de focar nossa atenção e *intenção*, através de símbolos, ações ritualizadas e todas as outras correspondências e associações que possamos ter com uma ideia em particular. Estas podem tomar a forma de incenso, cores, instrumentos mágicos, sigilos e talismãs, e assim por diante. O uso inteligente e prático dessas formas de rituais criará mudanças muito precisas na consciência que correspondem ao objetivo de nosso ritual. Através do ritual, construímos um ambiente psicológico para construir essas associações, e então encontramos uma maneira de explorar a força extática necessária que pode carregar essa forma. Aqui novamente há aquela união de pensamento, palavra e ação, que completa a ação do ritual.

---

[14] Crowley, A. (1992). *Liber Librae*, editado por I Regardie em *Gems from the Equinox*. Scottsdale, AZ: New Falcon Publications.

Existem diferentes tipos de ritual, é claro. Temos rituais dramáticos, como os Ritos de Elêusis, onde o efeito energético do ritual é concretizado através da narrativa dramática e da incorporação das energias particulares nas personagens e sua interação. Também temos o que eu chamaria de "ritual inconsciente" incorporado em nossa cultura, onde nos envolvemos coletivamente em comportamentos ritualizados que tendem a ter um efeito psicológico ou energético. Isso inclui construir e participar da mitologia moderna incorporada em filmes, música e outras formas culturais, bem como nossa celebração coletiva de vários feriados e seus costumes associados.

Entretanto, neste capítulo vamos focar na abordagem cerimonial clássica dos rituais. Este é um método bastante estruturado que Crowley aprendera em sua associação inicial com a Ordem Hermética da Aurora Dourada, e que muitas ordens mágicas adotaram e desenvolveram desde o final do século XIX.

Considerações Preliminares

O primeiro passo é dar uma olhada no motivo pelo qual você está fazendo o ritual. Explore bloqueios conscientes ou inconscientes para o sucesso do ritual. Pode haver influências baseadas no ego sobre o objetivo desejado, incluindo a temida "ânsia de resultado", que pode interferir na execução adequada do ritual. Se você de alguma forma for ambivalente a respeito do resultado, mesmo que inconscientemente — se houver alguma parte de você que não *quer* realmente que o ritual tenha sucesso — você pode descobrir que isso tira o poder do ritual. Não importa o quão perfeitamente você o execute, se a sua mente estiver trabalhando contra você e contra si mesma, você terá muito menos probabilidade de ter sucesso.

Em seguida, tome medidas práticas para alcançar o objetivo. Se você precisar apagar um fogo, pegue um extintor de incêndio antes de invocar os elementais do fogo para ajudar! Se você quer um emprego, envie alguns currículos antes de fazer um ritual formal. Esses passos práticos tornam-se parte do ritual geral, quando compreendidos amplamente. Uma maneira de entender esse processo é visualizá-lo em termos dos "Quatro Mundos" cabalísticos (consulte o Capítulo 17, caso você não esteja familiarizado com esse modelo conceitual). Essencialmente, o que você está fazendo aqui é a moldagem dos seus objetivos mágicos no mundo de Yetzirah (pensamento e palavra) através de sua concepção do objetivo ritual, e então ligando esse objetivo ao mundo de Assiah (ação). E essa ação, como enviar os currículos, torna-se um elo mágico concreto para o objetivo desejado.

Depois de ter decidido fazer o ritual, recomendo que você faça uma breve cerimônia ou meditação para purificar e consagrar seu objetivo. Você pode se lembrar que em *Liber CL*, Crowley define a pureza como um estado onde "nenhum elemento alienígena" se intromete — a coisa é "puramente" ela mesma. Com a purificação de sua intenção, você está simplesmente removendo quaisquer acréscimos indesejáveis ao objetivo central e puro da Vontade. Uma das maneiras de fazer isso é através do processo de procurar por contra impulsos e ambivalências quanto ao resultado, como discutido acima. Outra abordagem seria empreender um exercício em que você visualiza mentalmente o objetivo mágico como um objeto simbólico de sua própria imaginação, e então vê o objeto sendo limpo e tornado puro. A consagração do objetivo ritual envolve simplesmente trazer uma sensação de sacralidade a ele. Realize uma meditação em que você vincula o objetivo ritual à sua Verdadeira Vontade, vendo-o como uma extensão da vontade do seu Santo Anjo Guardião, e um passo em seu caminho rumo à união com o SAG.

Tendo completado estas preliminares, agora você está pronto para construir o ritual formal. Escolha a sephira ou caminho na Árvore da Vida que melhor corresponda ao seu objetivo ritual, e procure as correspondências no *777* ou outras fontes.[15] Elas podem incluir incensos, cores, sigilos, divindades associadas ao objetivo, bem como as hierarquias cabalísticas, dos nomes divinos, dos arcanjos, dos anjos e dos "Palácios de Assiah" correspondentes aos Quatro Mundos, ou de quaisquer outras correspondências que você queira incorporar.

Em seguida, considere o *timing* do ritual. Digamos que você tenha decidido que Marte é um planeta apropriado para a intenção do ritual. Consulte suas referências astronômicas (ou elabore um mapa astrológico sideral) e escolha um dia e horário em que Marte esteja proeminentemente posicionado nos céus. Por exemplo, você pode escolher um momento em que Marte está no horizonte; ou você pode simplesmente escolher uma terça-feira — o dia da semana atribuído a Marte. Você também pode basear a hora exata do ritual nas ondas dos Tattvas tradicionais (veja abaixo), que são ciclos de cinco períodos de vinte e quatro minutos começando ao nascer do sol e correspondendo aos quatro elementos e ao espírito. Nosso ritual de Marte pode ser bem adequado para o Tattva do fogo. Algumas pessoas optam por usar as "horas mágicas" tradicionais, em horários específicos do dia que correspondem a certos planetas, objetivos mágicos, e assim por diante; mas eu tenho achado pouco uso para elas em meu próprio trabalho mágico.

---

[15] Crowley, A. (1986). *777*. York Beach, ME: Red Wheel/Weiser.

Akasha	Espírito
Vayu	Ar
Tejas	Fogo
Apas	Água
Prithivi	Terra

Os Tattvas

Vamos rever a estrutura geral de um ritual eficaz e os blocos construtivos que o fazem funcionar. Como eu disse anteriormente, *Magick in Theory and Practice* é a nossa fonte primária, mas eu complementei as ideias de Crowley com conclusões tiradas da minha própria experiência fazendo rituais, assim como a dos estudantes que supervisionei.

Banimento, Purificação e Consagração

Primeiramente, temos o banimento, a purificação e a consagração do espaço e da consciência do magista. Algumas das opções para o banimento são bastante óbvias, como os clássicos rituais menores do pentagrama e do hexagrama, o Rubi Estrela e similares. Alternativamente, você pode banir "por fiat", onde você simplesmente declara que o templo foi apropriadamente banido. Há também formas tradicionais de banimento, como brandir espadas, bater gongos, círculos no sentido anti-horário e assim por diante. A purificação e a consagração discutidas aqui são ligeiramente diferentes do que descrevi acima; aqui ritualizamos estes passos com uma purificação do espaço com água e uma consagração do espaço com fogo (tipicamente incenso). No entanto, a teoria subjacente é a mesma: limpamos o espaço de todas as influências externas, e então o impregnamos de sacralidade.

Invocação Geral

Em seguida vem a Invocação Geral. Eu comparo isso a conectar uma TV na tomada e ligá-la. Mais tarde, você se preocupará em sintonizar um determinado canal, mas por enquanto você simplesmente quer ter certeza de que ela está ligada. Por conseguinte, a invocação geral deve ser poderosa, mas não específica. Exemplos seriam a invocação preliminar da Goetia, também vista em uma forma diferente em *Liber Samekh*, o primeiro chamado enoquiano, algum tipo de variação do pilar o meio, a invocação a Nuit da Missa Gnóstica, e assim por diante. Qualquer coisa que faça o poder fluir *em você* é um bom candidato.

O Juramento ou Proclamação

Após a Invocação Geral, faça o Juramento ou Proclamação; isto é, declare o propósito do rito. Você formulou a intenção do ritual (pensamento), e agora você conscientemente formula essa intenção através da palavra. É um microcosmo da ideia do Logos e do efeito do Logos no mundo; a palavra que incorpora a força de vontade primordial e a leva para o mundo. O Juramento ou Proclamação poderia ser tão simples quanto uma frase ou duas, como: "Eu sou Frater ou Soror fulana de tal, e é minha vontade criar um talismã de Marte para que eu possa obter poder mágico para exercer minha Verdadeira Vontade". Não há necessidade de ser excessivamente prolixo ou de insistir no assunto.

Invocação Específica

Depois disso, passamos para a Invocação Específica. Aqui é onde sintonizamos a TV no canal que queremos assistir em particular, e é claro, este será o "canal" que corresponde ao objetivo do nosso ritual e às correspondências simbólicas que escolhemos. Um excelente exemplo de uma invocação específica em forma poética é *Liber Israfel*,[16] que foi projetado para ser uma invocação de Tahuti. Outras opções para uma invocação específica seriam os rituais Maiores do Pentagrama ou do Hexagrama do elemento ou planeta ou região zodiacal específicos que você deseja invocar (consulte os Capítulos 5 e 6 para mais detalhes).

Trazendo a Força Mágica

Agora que você ativou o poder primário com a Invocação Geral, declarou o objetivo do rito com o Juramento ou Proclamação, e realizou as Invocações Específicas necessárias, você deve encontrar uma maneira de trazer a força à manifestação. Como observado anteriormente, esse processo espelha a doutrina dos Quatro Mundos cabalísticos: Você está tentando trazer uma energia inefável para baixo através de níveis de forma cada vez mais concretos, para que ela possa trazer resultados tangíveis em sua vida exterior e interior. Existem alguns truques para fazer isso, como usar as quatro escalas de cores para visualizações à medida que você traz a força ou interações "personificadoras" entre os níveis da hierarquia. Por exemplo, se você estiver usando uma certa

---

[16] Crowley, A. (1992). *Liber Israfel,* editado por I. Regardie em Gems from the Equinox. Scottsdale, AZ. New Falcon Publications.

hierarquia cabalística de nomes divinos, arcanjos, anjos e assim por diante, você pode implorar a cada "entidade" para enviar a próxima e usar as transições de cores para acentuar cada nível sucessivamente. Em cada estágio, tente identificar-se o mais completamente possível com a natureza da entidade que você está endereçando. Quando terminar, você terá completado todos os elos da corrente, e trazido a hierarquia a um nível manifestado. Este é um aspecto da construção do ritual onde você pode soltar sua criatividade e se divertir. Por exemplo, eu estava ensinando uma aula de design de rituais há alguns anos, e nosso objetivo era consagrar um talismã de Júpiter/Chesed. Muitos de nós construímos um ritual com várias invocações específicas de Júpiter, incluindo o ritual Maior do Hexagrama apropriado, mas não paramos por aí. O clímax do ritual, e o método final de trazer a força, foi desenhar uma grande Árvore da Vida no chão, e então fazer com que todos os participantes do ritual percorressem o caminho do "Relâmpago Luminoso" na Árvore enquanto cantavam a hierarquia de nomes divinos, arcanjos e coros angélicos. Fizemos várias descidas pela Árvore, finalmente concluindo no Oeste, onde o talismã repousava em um altar simbolizando a manifestação em Malkuth. Nós trouxemos a energia para baixo, e então todos nós simultaneamente projetamos a força no talismã usando o Sinal do Entrante, selando-o com o nome de Chesed de acordo com os "Palácios de Assiah", completando o elo mágico. Assim, as próprias ações ritualizadas encarnaram *fisicamente* a descida da força mágica (um esboço desse ritual será dado no final deste capítulo).

A Concretização do Elo Mágico

A próxima fase do ritual, uma das mais importantes, é encontrar uma maneira de *fixar* a força invocada, para garantir sua ação efetiva no plano desejado. Uma das maneiras mais comuns de se fazer isso é consagrar um talismã (como no exemplo acima) ou consagrar uma eucaristia de algum tipo. Escolhas comuns para uma eucaristia podem ser algum tipo de comida correspondente à força invocada, um Bolo de Luz e taça de vinho, e qualquer número de outras opções (consulte o Capítulo 4 para mais detalhes). No caso de um talismã, você pode carregar esse talismã com você como uma encarnação da força; em uma eucaristia, você fixa a força na substância física e a consome, trazendo a força diretamente para o seu corpo. "... Porquanto como carne e bebida são transmutados em nós diariamente em substância espiritual, eu acredito no Milagre da Missa".[17]

Uma vez que você tenha carregado o elo mágico, você vai querer ter muito cuidado para protegê-lo, para que ele retenha sua carga. No

---

[17] *Liber XV, A Missa Gnóstica.*

caso de uma eucaristia, isso significa que você permanece bastante atento ao objetivo mágico e ao fato de que você está tomando a força para dentro de si enquanto a consome. No caso de um talismã, a tradição é envolvê-lo em seda assim que for carregado e antes que a força invocada tenha sido banida do templo. Caso contrário, você corre o risco de banir a carga do talismã que você criou com tanto trabalho!

Encerramento e Licença para Partir

Antes de fechar o templo, você deve banir todas as forças específicas invocadas. Geralmente, essa seria a forma complementar de banimento de qualquer ritual do pentagrama ou hexagrama que tenha sido feito, mas o banimento por fiat é outra opção. Alguma versão da clássica "licença para partir" funciona bem aqui, por exemplo, "Em nome de Heru-Ra-Ha, eu agora liberto quaisquer espíritos que possam ter sido aprisionados por esta cerimônia. Afastai-vos em paz para vossas moradas e habitações, não prejudiqueis ninguém em vossa partida, que haja paz entre nós, e estejais prontos para virem quando chamados". Uma vez que o templo tenha sido cerimonialmente fechado, e de preferência antes de você fazer qualquer outra coisa — até mesmo antes de sair da sala — anote os resultados do ritual em seu diário mágico.

Eu sei que este capítulo foi uma espécie de turnê, mas acho que você vai achar que o material aqui é uma estrutura útil que poderá expandir infinitamente conforme você se torna mais experiente. A experimentação contínua ensinará quais opções e abordagens funcionam melhor para você e, no processo, você terá se tornado um magista muito mais poderoso. A seguir há vários exemplos de rituais simples que exemplificam a estrutura descrita neste capítulo. Eu escolhi incluir três rituais bastante semelhantes — todos eles consagrações de talismãs — para tornar mais fácil ver como a estrutura básica pode ser adaptada para vários objetivos rituais, por exemplo, usando diferentes correspondências e hierarquias divinas e angélicas. Observe como os vários componentes da estrutura de ritual geral podem ser trocados (usando invocações poéticas versus rituais de pentagrama ou hexagrama específicos, etc.) e como fórmulas idênticas, como as dez invocações sephirótricas, podem ser usadas de maneiras diferentes.

Todos os nomes divinos, etc., em letras maiúsculas são vibrados, não meramente falados (consulte os recursos audiovisuais para exemplos de vibração de nomes divinos).

Exemplos de Rituais

Um Ritual de Chesed

O Templo está vazio, exceto por um altar negro de cubo duplo no Leste (Kether-de-Chesed), envolto em tecido azul. Os caminhos e as *sephiroth* da Espada Flamejante, descendo a partir do altar, estão marcados em fita adesiva no chão. A iluminação é reduzida. Os tambores de mão são colocados onde quer que o(s) baterista(s) esteja(m) sentado(s). No extremo oeste (Malkuth-de-Chesed) há um altar menor no qual são colocados itens individuais para consagração, e um pano preto de seda grande o suficiente para cobrir toda a superfície do topo do altar. Cadeiras para os participantes são alinhadas nas paredes norte e sul.

O Altar no Leste: Cálice de água, incensário, incenso e carvão, vela estreita branca acesa; talismã com sigilos criados a partir do Kamea de Júpiter; o *Livro da Lei*.

Incenso: Cedro ou outra madeira resinosa.

Os oficiantes e **participantes** estão vestidos com vestes brancas com faixas azuis ou cores semelhantes; ou então uma base de roupas normais pretas ou brancas com azul como a cor adicional principal; ou então o robe violeta de um Adeptus Exemptus pode ser usado, como uma correspondência a Chesed. Caso contrário, roupas pretas ou brancas comuns são aceitáveis.

Os oficiantes se sentam em um círculo de cadeiras em volta do altar. Os outros participantes sentam-se do lado de fora deste círculo, como for conveniente.

Preliminares

Magus: Conduz os participantes a fazer uma Respiração Rítmica por aproximadamente 5 minutos, para relaxamento e concentração.

Banimento, Purificação e Consagração

Oficiante 2: Realiza o Ritual Menor de Banimento do Pentagrama. Volta para a cadeira e senta-se.

Oficiante 3: Realiza o Ritual Menor de Banimento do Hexagrama. Volta para a cadeira e senta-se.

Oficiante 4: Vai para o altar, pega o cálice e, girando sem sair do lugar, asperge água para leste, sul, oeste, norte, em sequência. A cada aspersão, visualiza uma onda de água purificadora espalhando-se pelo quadrante. Termina dizendo: "**O Templo está Purificado**". Devolve a taça no altar, volta para a cadeira e senta-se.

Oficiante 5: Vai para o altar, pega o incensário, e girando sem sair do lugar, incensa leste, sul, oeste, norte, em sequência. A cada incensada, visualiza uma parede de fogo consagrador espalhando-se para o quadrante. Termina dizendo: "**O Templo está Consagrado**". Devolve o incensário no altar, volta para a cadeira e senta-se.

Invocação Geral

TODOS permanecem sentados.

Magus: Vai para o altar. Faz a parte do Sacerdote do Hino de *Liber XV*, começando com "**Tu que és eu mesmo, além de tudo meu...**" e concluindo com "... **neste teu filho**".

Afirmação do Propósito

Magus: (Ainda no altar.) Diz: "**Em nome de HERU-RA-HA, Senhor do Universo, declaro que é nosso propósito invocar os poderes e seres de Chesed, para que todos os presentes possam encontrar prosperidade e facilidade de circunstâncias para a realização de suas Grandes Obras!**"

"**O templo está devidamente aberto!**" Bate no altar: **** (4)

TODOS: "Que assim seja!"

Magus: Volta para a cadeira e senta-se.

Invocações Específicas e Trazendo a Força Mágica

TODOS: Todos se levantam, movem-se para formar uma linha que começa perto do altar, com o **Magus** na frente, e começam a cantar como ensinado: **EL, TZADKIEL, KHASMALIM**, repetidamente. (**Os tambores** são tocados no ritmo do canto.)

A linha segue descendo o caminho da Espada Flamejante até Malkuth, e então volta no sentido horário até o ponto de Kether. Isso pode às vezes evoluir para uma dança suave, se desejado.

Quando o **Magus** alcança o ponto Kether, o movimento e o canto cessam, e os poderes de Kether-de-Chesed são invocados:

Magus: (eleva o talismã) **"Que a Fonte Una resplandeça dentro deste talismã!"**

Repete o canto e o movimento pela Espada Flamejante, circulando de volta para Kether. **TODOS** formulam a intenção de carregar o talismã, que permanece elevado, com a energia de Kether. Desta vez, o **Magus** pára em Chokmah, para a próxima invocação:

Magus: "Que a Vontade Universal seja a força deste talismã!"

O padrão é repetido para cada uma das sephiroth restantes. As invocações são as seguintes:

Binah: **"Que a Grande Mãe possa enredar este talismã com a Forma perfeita!"**
Chesed: **"Que esse talismã aproveite da generosidade do Correto Governo!"**
Geburah: **"Que esse talismã atinja seu objetivo com Força!"**
Tiphereth: **"Que a Beleza floreça na vida de todos os que contemplarem este talismã!"**
Netzach: **"Que esse talismã encontre a Vitória em seu Objetivo Desejado!"**
Hod: **"Que este talismã seja um receptáculo perfeito de sua Forma Superior!"**
Yesod: **"Que este talismã permaneça sobre a Fundação estável de seu Propósito!"**
Malkuth: **"Que toda a sua Força encontre a Forma perfeita, como este talismã manifesta seu Reino!"**

A Concretização do Elo Mágico
(Carregando o Talismã e outros itens)

Após a invocação de Malkuth, o canto começa, mas em vez de voltar para o leste, os participantes se espalham para ter uma visão clara do altar de Malkuth. Ao sinal do **Magus, TODOS** se viram para o altar de Malkuth, e dão o Sinal de Entrante em direção ao altar, sentindo a energia acumulada fluindo das pontas dos dedos e carregando o talismã e outros itens, enquanto vibram juntos: **TZEDEQ**. Retiram-se pelo Sinal do Silêncio, o indicador direito nos lábios. Permanecem em pé em seus lugares.

Magus: Segurando as mãos sobre o talismã e os outros itens, realiza o selamento final com os nomes apropriados. Bate *** ***** *** (3-5-3) O talismã e os outros itens são cobertos com o pano preto.

TODOS: Sentem-se pacificamente e silenciosamente na atmosfera invocada. **Todos passam 5-10 minutos aplicando** *skrying* **na atmosfera astral do Templo**, usando quaisquer técnicas que possam escolher (qualquer uma dessas técnicas deve ser realizada silenciosamente e sem quaisquer movimentos que distraiam os outros participantes). O **Magus** sinaliza discretamente para encerrarem o *skrying*, quando apropriado.

Banimento das Energias Específicas Invocadas

TODOS circulam no sentido anti-horário ao redor do templo, três vezes, enquanto cantam **HERU-RA-HA**, com a intenção de banir as energias invocadas de Chesed, mantida firmemente em mente. Os **tambores** são tocados no ritmo do canto.

Licença para Partir

Magus: Em Nome de HERU-RA-HA, eu agora liberto quaisquer espíritos aprisionados por esta cerimônia. Afastai-vos em paz para vossas moradas e habitações. Que haja paz entre nós, e estejais prontos para virem quando chamados. Que as bênçãos de EL estejam sobre vós. Bate * (1)

Um Ritual de Kether

O Templo está vazio, exceto por um altar de cubo duplo branco no Leste (Kether). Nas paredes do Norte e do Sul, há cadeiras enfileiradas para os participantes. As luzes do Templo estão aproximadamente na metade da intensidade.

O Altar: Taça de água, incensário, incenso e carvão, uma única vela branca estreita; *O Livro da Lei*.

Incenso: Âmbar cinza ou Jerusalém (metade olíbano, metade mirra)

Os oficiantes e os **participantes** estão vestidos com robes brancos; ou roupas normais brancas; ou qualquer roupa acentuada por uma faixa branca ou outra carga de cor. Cada participante segura seu talismã escolhido. Os oficiantes estão sentados em uma fila de cadeiras a oeste do altar. Outros participantes sentam-se nas laterais do templo, como for conveniente.

Preliminares

Magus: Conduz uma sessão de relaxamento dos participantes por aproximadamente 3 a 5 minutos.

Banimento, Purificação e Consagração

Oficiante 1: Executa o Rubi Estrela. Volta para a cadeira e senta-se.

Oficiante 2: Realiza o Ritual Menor de Banimento do Hexagrama. Volta para a cadeira e senta-se.

Oficiante 3: Vai para o altar, pega a taça e gira sem sair do lugar, aspergindo água para leste, sul, oeste, norte, em sequência. A cada aspersão, visualiza uma onda de água purificadora espalhando-se pelo quadrante. Termina dizendo: "**O Templo está Purificado**". Devolve a taça ao altar, volta para a cadeira e senta-se.

Oficiante 4: Vai para o altar, pega o incensário, e gira sem sair do lugar, incensando o leste, sul, oeste, norte, em sequência. A cada incensada, visualiza uma parede de fogo consagrador espalhando-se para o quadrante. Termina dizendo: "**O Templo está Consagrado**". Devolve o incensário ao altar, volta para a cadeira e senta-se.

Invocação Geral

TODOS permanecem sentados. Liderados pelo **Magus, TODOS** executam 3 a 5 minutos de respiração quádrupla, com a intenção de aumentar seu próprio nível acessível de força mágica.

TODOS SE LEVANTAM, e recitam juntos esta versão modificada da Invocação Preliminar de *Liber Samekh*:

A Ti eu invoco, o Não Nascido.
A Ti, que criaste a Terra e os Céus.
A Ti, que criaste a Noite e o Dia.
A Ti. que criaste a escuridão e a Luz.
Tu és ASAR UN-NEFER: A quem ninguém viu a qualquer momento.
Tu és IA-BESZ.
Tu és IA-APOPHRASZ.
Tu distinguiste entre o Justo e o Injusto.
Tu fizeste a Fêmea e o Macho.
Tu produziste as Sementes e os Frutos.
Tu formaste Homens para amarem uns aos outros, e odiarem uns aos outros.
Eu sou [mote mágico ou nome civil], teu Profeta, a Quem Tu confiaste Teus Mistérios, as Cerimônias de THELEMA.
Tu produziste o úmido e o seco, e aquilo que nutre toda a Vida criada.
Ouça-me, pois eu sou o Anjo de HERU-RA-HA: este é Teu Verdadeiro Nome, transmitido aos Profetas de THELEMA.

OFICIANTES permanecem de pé. **OUTROS PARTICIPANTES** podem se sentar ou ficar como quiserem.

Afirmação do Propósito

O **Magus** se desloca para ficar diante do altar, voltado para o leste, e diz: "**Em nome de HERU-RA-HA, Senhor do Universo, declaro que é nosso propósito invocar os poderes e espíritos de Kether para que todos os presentes possam se beneficiar de um influxo da Altíssima Luz Divina, para a realização de suas próprias Grandes Obras!**"

"O Templo está devidamente aberto!" Bate no altar: *

TODOS: "Que assim seja!"

Magus: Retorna para a cadeira e se vira para o Leste.

Invocações Específicas e Trazendo a Força Mágica

TODOS seguram seus talismãs entre as mãos, na altura do coração. TODOS visualizam a área correspondente de seus corpos sendo infundida com luz e força, conforme cada sephira é mencionada e invocada pelo Magus, como segue:

Kether (centralizado acima da Coroa da cabeça): "**Que a Fonte Una resplandeça dentro deste talismã!**"

Chokmah (hemisfério esquerdo do cérebro): "**Que a Vontade Universal seja a Força deste talismã!**"

Binah (hemisfério direito do cérebro): "**Que a Grande Mãe possa enredar este talismã com Forma perfeita!**"

Chesed (ombro esquerdo): "**Que esse talismã aproveite da generosidade do Correto Governo!**"

Geburah (ombro direito): "**Que esse talismã atinja seu objetivo com Força!**"

Tiphereth (coração): "**Que a beleza floresça na vida de todos os que contemplarem esse talismã!**"

Netzach (parte inferior à esquerda do tronco): "**Que este talismã encontre a Vitória em seu Objetivo Designado!**"

Hod (parte inferior à direita do torso): "**Que este talismã seja um receptáculo perfeito de sua Forma Superior!**"

Yesod (genitais): "**Que este talismã se apoie na estável Fundação de seu Propósito!**"

Malkuth (centrado entre os pés): "**Que toda a sua Força encontre a Forma perfeita, como este talismã manifesta seu Reino!**"

A Concretização do Elo Mágico & a Carga do Talismã

TODOS, ainda segurando os talismãs em suas mãos, visualizam toda a sua aura infundida com as cores dos Quatro Mundos, enquanto eles vibram juntos os nomes divinos e angélicos apropriados, como dados abaixo. **O processo deve chegar a um clímax completo com a vibração do Nome em Assiah, conforme cada participante sente a força finalmente se fixando em seu talismã.**

Atziluth (Brilho): "**EHEIEH**"
Briah (Brilho Branco): "**METATRON**"
Yetzirah (Brilho Branco): "**SERAPHIM**"
Assiah (Branco, salpicado de ouro): "**RASHITH HA-GILGALIM**"

Magus: Executa o selamento final com uma repetição final dos nomes. Bate *** ***** *** (3-5-3).

TODOS: Sentam-se pacificamente e silenciosamente na atmosfera invocada por aproximadamente 5 minutos, sentindo a si mesmos e aos seus talismãs infundidos pela essência de Kether.

Licença para Partir e Encerramento

TODOS mantêm suas mãos firmemente ao redor de seus talismãs, para isolá-los do banimento que está prestes a ocorrer.

Magus: "**Em Nome de HERU-RA-HA, eu agora liberto quaisquer espíritos aprisionados por esta cerimônia. Partam em paz para vossas moradas e habitações. Que haja paz entre nós, e estejais prontos para virem quando chamados. Que as bênçãos de EHEIEH estejam sobre vós.** (Pausa.)

Dispensando qualquer cerimônia adicional, eu declaro que este Templo está fechado."

Batida * (1)

Um Ritual de Tiphereth

O Templo está vazio, exceto por um altar preto de cubo duplo no centro, coberto por um pano amarelo/dourado. A iluminação é reduzida ou apagada. Se desejado, pode ser tocada uma música suave de natureza gentil, porém fortalecedora. Tambores de mão são colocados onde quer que o baterista esteja sentado.

O Altar: Taça de água, incensário e carvão, uma única vela branca estreita acesa, a Tabela da União, vinho (o suficiente para que todos os presentes tomem uma pequena quantidade —pode ser colocado em um suporte ao lado do altar)

Incenso: olíbano

Os oficiantes e os **participantes** estão vestidos com robes brancos com faixas amarelas / douradas ou tons de cor similares. Alternativamente, uma base de roupas comuns brancas, com amarelo / dourado como a cor adicional primária.

Os oficiantes sentam-se em um círculo de cadeiras em volta do altar. Os outros participantes sentam-se fora deste círculo, como for conveniente.

Preliminares

Magus: Conduz os participantes em uma Respiração Rítmica por aproximadamente 5 minutos, para relaxamento e concentração.

Banimento, Purificação e Consagração

Oficiante 1: Realiza o Ritual Menor de Banimento do Pentagrama. Volta para a cadeira e senta-se.

Oficiante 2: Realiza o Ritual Menor de Banimento do Hexagrama. Volta para a cadeira e senta-se.

Oficiante 3: Vai para o altar, pega a taça e gira sem sair do lugar, aspergindo a água para leste, sul, oeste e norte, em sequência. A cada aspersão, visualiza uma onda de água purificadora espalhando-se pelo quadrante. Termina dizendo: **"O Templo está Purificado"**. Devolve a taça ao altar, volta para a cadeira e senta-se.

Oficiante 4: Vai para o altar, pega o incensário, e gira sem sair do lugar, incensando em direção ao leste, sul, oeste e norte, em sequência. A cada incensada, visualiza uma parede de fogo consagrador espalhando-se para o quadrante. Termina dizendo: **"O Templo está Consagrado"**. Devolve o incensário ao altar, volta para a cadeira e senta-se.

Invocação Geral

TODOS permanecem sentados.

Magus: Vai para o altar. Faz o Primeiro Chamado Enoquiano.

Declaração do Propósito

Magus: "Em nome de HERU-RA-HA, Senhor do Universo, declaro que é nosso propósito invocar os poderes de Tiphereth, para que todos os presentes possam ser fortalecidos e capacitados a crescer de acordo com suas Verdadeiras Vontades! 'Pois vontade pura, desaliviada de propósito, livre da ânsia de resultado, é toda via perfeita'.

O Templo está devidamente aberto!" Bate no altar: *** ***
(3-3)

TODOS: "Que assim seja!"

Magus: Volta para a cadeira e senta-se.

Invocação Específica

Oficiante 5: Realiza o Ritual Maior de Invocação do Hexagrama do Sol (IAO — Rafael — Melekim — Shemesh.) Um quinto hexagrama é desenhado na direção da posição do sol no céu no momento do ritual. (Os hexagramas são desenhados em luz violeta sobre um fundo amarelo.) Volta para a cadeira e permanece de pé.

Trazendo a Força Mágica

TODOS: **Todos** se levantam, organizam-se para formar um círculo fora das cadeiras e começam a circundar o altar no sentido horário. (Os **tambores** são tocados no ritmo do canto.) Seguram as mãos, a palma da mão direita virada para baixo e a palma da mão esquerda voltada para cima. Circundam no sentido horário enquanto entoam cada um dos nomes abaixo em sequência. Simultaneamente, **todos** visualizam / sentem as energias cada vez mais intensas de Tiphereth preenchendo o círculo. **Todos** fazem uma pausa entre os nomes seguindo a liderança do **Magus**. (Note que *IAO* é um acrônimo para *IHVH Eloah v'Da'ath* (ודעת אלוה יהוה), e pode ser usado como o nome divino de Tiphereth, como é feito aqui.)

(para Atziluth):	IAO
(para Briah):	RAPHAEL
(para Yetzirah):	MELEKIM
(para Assiah):	SHEMESH

A Concretização do Elo Mágico & a Carga da Eucaristia

TODOS: No clímax do canto de "SHEMESH" e ao sinal do **Magus**, todos param de se mover, voltam-se para o altar (e especificamente o vinho), e todos dão o Sinal do Entrante em direção ao vinho, sentindo a energia levantada fluindo das pontas dos dedos e carregando o talismã. Recolhem-se com o Sinal de Silêncio, o indicador direito nos lábios. Permanecem de pé no mesmo lugar.

Magus: Segurando as mãos sobre o vinho, executa a carga final da eucaristia com os nomes apropriados. Bate *** ***** *** (3-5-3)

TODOS: Um por um, vão para o altar, pegam uma taça de vinho, dizem "**Que minha Verdadeira Vontade seja feita!**" e consomem a eucaristia. À medida que cada participante termina, ele retorna para sua cadeira e se senta.

TODOS: Sentam-se pacificamente e silenciosamente na atmosfera invocada. Todos passam 5 a 10 minutos aplicando *skrying* na atmosfera astral do templo, usando quaisquer técnicas que possam escolher (qualquer uma dessas técnicas deve ser realizada silenciosamente e sem quaisquer movimentos que distraiam outros participantes). O **Magus** sinaliza discretamente para encerrar o *skrying*, quando for apropriado.

Banimento das Energias Específicas Invocadas

Oficiante 5: Executa o Ritual Maior de Banimento do Hexagrama do Sol. Volta para a cadeira e senta-se.

Licença para Partir

Magus: "Em Nome de HERU-RA-HA, eu agora liberto quaisquer espíritos aprisionados por esta cerimônia. Partam em paz para vossas moradas e habitações. Que haja paz entre nós, e estejais prontos para virem quando chamados. Que as bênçãos de IAO estejam sobre vós.

Bate * (1)

9

ASANA & PRANAYAMA

Asana e *pranayama* são duas práticas de *raja yoga* (yoga "da realeza") que estão profundamente enraizadas no sistema de treinamento da A∴A∴ e, é claro, em outras tradições ao redor do mundo. Asana é postura e pranayama é controle da respiração. Quando dizemos controle da respiração nesse contexto, há uma compreensão implícita de que estamos falando também do controle da *energia* sutil que reside na respiração e no corpo. Como veremos, o trabalho com a respiração através do pranayama é um método potente de alcançar a kundalini — uma parte integrante do nosso progresso em direção ao C & C do SAG. Vou lhe dar algumas dicas úteis, mas tanto para asana quanto para pranayama, não existe substituto para a supervisão pessoal.

Dentro da A∴A∴, o aspirante provavelmente experimentará asana e pranayama no grau de Probacionista. No entanto, não há testes formais nisto até um bom tempo depois, no grau de Zelator. Para o teste em asana, você tem que ser capaz de se sentar completamente imóvel na sua postura escolhida por uma hora inteira. Para pranayama, você deve alcançar o segundo dos quatro estágios descritos no *Shiva Samhita*, que é chamado de "tremor do corpo", ou como Crowley às vezes se refere a ele, "rigidez automática". Isso então dá lugar a um "tremor espasmódico". Existem duas referências centrais no corpo Thelêmico que você vai querer usar para essas duas práticas, *Liber E* e *Liber RV vel*

Spiritus. Você também encontrará uma grande quantidade de informações adicionais em *Oito Palestras Sobre Yoga*.[18]

Asana

Dentro do sistema da A∴A∴, o propósito do asana não é exigir que o aspirante domine dezenas de posturas em formato de pretzel. Em vez disso, o objetivo é encontrar uma única postura que permita que você fique parado por tempo suficiente para ignorar seu corpo. Até que você possa ignorar seu corpo, sua mente não será silenciada; e até que a sua mente esteja tranquila, você não será capaz de dominar as práticas de meditação mais avançadas que são necessárias para avançar nos graus posteriores.

É uma ideia muito boa experimentar as diferentes posturas dadas em *Liber E* e em outros lugares. Dedique algum tempo a elas. Observe as diferenças nos seus resultados, dependendo da postura que você escolher. Você definitivamente vai encontrar algumas posturas que naturalmente são mais adequadas para o seu corpo e, em contraste com o que algumas pessoas aconselham, eu realmente não acho que você precisa propositalmente escolher uma que seja difícil. Por que se frustrar desde o começo? Você pode começar com posturas inerentemente mais fáceis para si.

Não importa a postura que você escolher, você terá que se esforçar um pouco e passar um bom tempo praticando antes de começar a obter resultados. É muito mais provável que isso ocorra depois que você estender suas sessões de treinamento além da marca de meia hora e com bastante regularidade — cinco ou seis sessões de prática por semana, pelo menos. Até chegar a esse ponto, você não vai realmente sentir que o asana "encaixa". Você saberá quando sentir isso.

Mais uma vez, o ponto principal é ser capaz de esquecer o corpo para que ele não atraia a sua atenção. O desconforto é inevitável, mas você deve parar se você sentir uma dor extrema — especialmente se uma determinada postura envolver uma área com uma lesão ou fraqueza. Nesse caso, essa pode não ser a melhor postura para você. Por exemplo, se você tiver os joelhos ou os tornozelos ruins, a postura do Dragão provavelmente não será sua melhor escolha.

Se você escolher a postura do Deus, uma dica é certificar-se de que a altura da cadeira permita que você mantenha suas pernas mais ou menos em um ângulo reto, de modo que suas coxas fiquem paralelas ao chão. Isso o ajudará de várias maneiras — reduzirá o tremor nas pernas e

---

18 Crowley, A. (2019). *Oito Palestras Sobre Yoga*. Clube de Autores.

também reduz as chances de cortar a circulação sanguínea logo atrás dos joelhos.

É claro que um dos princípios básicos por trás da prática de asana não é apenas a quietude do corpo, mas também forjar a autodisciplina necessária para as práticas posteriores, incluindo simplesmente sentar e se comprometer a fazê-lo por um certo período de tempo, e mantê-lo regular na prática do dia-a-dia. O conselho geral de Crowley sobre a vigilância da meditação se aplica aqui: É muito melhor decidir que você vai meditar por 20 minutos e passar esses 20 minutos em uma horrível meditação distraída do que ter 19 minutos de grande meditação e aí parar um minuto mais cedo!

Portanto, persista. Se dedique. Pratique regularmente. Não fique frustrado se demorar um pouco para aumentar o tempo que você está gastando na postura. Eventualmente, você chegará àquele lugar onde ela "encaixa", e isso será um verdadeiro marco no seu progresso. Depois de romper essa barreira específica, a prática tende a se tornar muito mais fácil.

Pranayama

Existem duas instruções principais aqui, como mencionado acima. *Liber E* tem uma instrução básica de pranayama, e quando você alcança algum domínio de *Liber E* você avança para *Liber RV*, para práticas mais avançadas. Embora o *Liber RV* seja de fato um texto mais avançado, ele contém muitas informações boas sobre a teoria e a prática do pranayama, então sugiro fortemente que você o leia atentamente antes de começar até mesmo com as práticas básicas. Ele te ajudará a formar uma base mais robusta para todo o seu trabalho.

Consulte o seu médico se você tiver alguma condição médica que afete os pulmões ou se tiver alguma dúvida sobre a segurança dessas técnicas. Essas práticas geralmente não são perigosas, a menos que sejam realizadas de maneira inadequada — geralmente por excesso de esforço. Nós vamos entrar em mais detalhes sobre isso um pouco mais adiante.

Há vários benefícios importantes que podem ser obtidos pela prática do pranayama. Por um lado, você está trabalhando para equilibrar os canais de energia no corpo, o *ida* e o *pingala* — as correntes lunar e solar na coluna vertebral, correspondentes às duas narinas pelas quais a respiração ocorre. A respiração correta também produz benefícios gerais à saúde, mas de maneira mais sutil, você está cultivando uma capacidade aprimorada de tolerar, conter e direcionar a força mágica. Neste caso, estamos falando da força da kundalini, a força vital que reside em cada um de nós. Através das práticas de pranayama, você cria um sistema de energia mais estável e equilibrado em seu corpo, de modo que você estará mais apto a direcionar essas forças através de rituais mágicos, intenção voluntária e de muitas outras maneiras.

Os *benchmarks* para os resultados do pranayama descritos por Crowley e no *Shiva Samhita* são, na verdade, efeitos fisicamente discerníveis da Kundalini.[19] Os quatro estágios desse processo são:

1. Uma transpiração agradável no corpo
2. Rigidez automática, que dá lugar a um tremor espasmódico.
3. "Saltar como um sapo"
4. A chamada "Levitação"

Deixarei que seus próprios experimentos detectem o que essas fases realmente implicam. Por favor, não fique tão preso a essas descrições tradicionais que você indevidamente sobrecarregue sua experiência com expectativas. A prática adequada e (idealmente) a supervisão competente lhe ensinarão tudo o que você precisa saber.

A prática começa como descrito em *Liber E*, com inspirações e expirações de tempo calculado. Crowley descreve níveis progressivos para isso, começando com uma inspiração por dez segundos através de uma narina, expiração por vinte através da outra narina, novamente inspirar por dez através daquela narina, e depois expirar por vinte na primeira narina. Eu sempre começo minhas práticas com uma inspiração através da narina esquerda, apenas como uma maneira fácil de marcar onde eu estou começando e terminando (consulte os materiais audiovisuais para uma demonstração em vídeo).

As legendas das fotos no *Liber RV* são facilmente mal interpretadas. Crowley diz que deve haver empenho, mas é muito importante notar que isso não significa *esforço excessivo*. O que se entende por empenho é que há esforço para expelir completamente o ar dos pulmões e encher completamente os pulmões na inalação; mas o processo em si é bastante sereno e quase silencioso, não é barulhento e estridente. O objetivo é uma respiração suave e regular e plenitude de inspiração e expiração. Você nunca deve sentir falta de ar. Se fizer isso, reduza de volta seu ciclo de respiração e permaneça nele até que você possa realmente fazer isso confortavelmente por uma hora inteira. Só então você deve passar para o próximo nível.

Os níveis mais avançados também incluem um período de retenção da respiração entre a inspiração e a expiração. Essa pausa é chamada de *kumbakam*. Há uma quietude e um silêncio durante essa pausa que (com a prática) potencializa alguns dos resultados mais avançados da meditação. Mais uma vez, deixarei para a sua

---

[19] *Siva Samhita.* (2009). Editora Madras.

experimentação mostrar-lhe o que ocorre neste lugar de quietude; mas basta dizer que é uma parte muito poderosa do processo.

Como você vê nas fotos antigas e granuladas de *Liber RV*, os dedos polegar, indicador e médio são usados para apertar as narinas. Basicamente, você está apoiando o dedo indicador e médio na testa e então usando o polegar e o anelar para alternar os lados apertados do nariz. Nas ilustrações de *Liber RV*, você também verá que Crowley está pressionando os cotovelos no peito para expelir o ar, e se inclinando para trás, puxando a cabeça para trás e expandindo os pulmões durante a inspiração. Novamente, esta é uma maneira de usar todo o corpo para promover a plenitude das respirações.

Você vai querer sincronizar as inspirações e expirações com muita precisão, e acho que o melhor método para isso é ter um relógio tiquetaqueando por perto. Usando este método, você não precisa pensar no ritmo de sua contagem ou olhar repetidamente para um relógio ou cronômetro silencioso. Um metrônomo também funcionaria bem, desde que o som não seja muito irritante.

Uma coisa que você *não* encontrará nas instruções publicadas é o que fazer quando concluir a respiração cronometrada, mas descobri que esses momentos podem trazer alguns dos resultados mais impressionantes de toda a prática. Digamos que você tenha feito 20 ou 30 minutos de um dos ciclos, e concluiu com a última exalação através de uma única narina. Sugiro que você realmente saboreie a primeira inspiração por ambas as narinas e passe os próximos cinco ou dez minutos com uma respiração gentil, suave e natural. Isto pode realmente te deixar "alto" — tendo passado por toda a sessão de pranayama, equilibrando os dois canais de energia alternadamente, você está agora experimentando os efeitos de sua ação conjunta em um estado extático e energizado. Você pode acentuar essa experiência com visualizações e outras práticas mais avançadas ensinadas na A∴A∴, no *Temple of the Silver Star* (Templo da Estrela de Prata) e em outros lugares. Não perca a oportunidade de apreciar a paz e a quietude que este momento oferece.

Um dos problemas mais comuns com a prática do pranayama, além da tendência a se esforçar demais, é o entupimento das narinas. O remédio tradicional para isso é usar um higienizador nasal *neti*, que é usado para limpar as narinas com água salgada. Sprays descongestionantes nasais são outra opção. Você não deve usá-los cronicamente, mas se você está tendo dois ou três dias entupidos e quer tentar fazer pranayama, essas conveniências modernas podem ser muito úteis.

Uma técnica adicional para combater a síndrome do nariz entupido é usar a mão que não está sendo usada para apertar as narinas para manter aberta a narina pela qual você está respirando. É um pouco esquisito, mas nesses dias em que você está entupido isso pode ajudar na sessão de prática. Por outro lado, haverá dias em que você está simplesmente doente ou entupido demais para fazer essas práticas. Não se preocupe com isso, apenas escolha um tipo diferente de prática para aquele dia, e volte ao pranayama quando puder.

Como acontece com a maioria das práticas do currículo da A∴A∴, asana e pranayama são meios para um fim e não o fim em si. Em última análise, o sucesso nessas práticas converge com os exercícios devocionais, a magick ritual, a meditação avançada e outras ferramentas nos graus externos da A∴A∴ para levar o aspirante diretamente ao limiar do C & C.

Leitura Recomendada

Crowley, A. (2019). *Oito Palestras Sobre Yoga*. Editora Clube de Autores.

Crowley, A. (2009). *Liber E*, editado por J. Wasserman em *Aleister Crowley e a Prática do Diário Mágico*. Editora Madras.

Crowley, A. (1992). *Liber RV vel Spiritus*, editado por Israel Regardie em *Gems from the Equinox*. Scottsdale, AZ: New Falcon Publications.

10

MEDITAÇÃO & PRÁTICAS DE VISUALIZAÇÃO

Este capítulo irá rever os conceitos básicos da prática da meditação e dará algumas dicas e conselhos para a solução de problemas comuns. Também vamos dar uma olhada em algumas importantes e úteis práticas de visualização que são relevantes para o praticante thelemita — algumas do currículo formal da A∴A∴ e algumas de outras fontes. Como muitos dos tópicos abordados neste livro, a meditação necessita de uma enorme continuidade de prática. Nos estágios iniciais, ela *realmente* é básica; mas também é uma prática que pode levar a pessoa aos mais altos níveis de consecução.

Tipicamente, quando falamos sobre meditação no contexto do currículo da A∴A∴, provavelmente estamos nos referindo à meditação no estilo raja yoga; mas você verá nesta discussão que há muitas outras opções disponíveis. Algumas delas, dentro do currículo tradicional da A∴A∴, baseiam-se em técnicas budistas, e algumas são práticas inteiramente únicas destinadas a potencializar certos processos transformacionais no sistema.

No sistema da A∴A∴, o Probacionista provavelmente experimentará um pouco de *dharana* (concentração) bem como *asana* e *pranayama*. Nos graus de Neófito e Zelator, o aspirante trabalha com as práticas conhecidas como MMM e AAA (extraídas de *Liber HHH*). Essencialmente, estes são exercícios de imaginação guiada baseados nas fórmulas iniciáticas desses graus. Eles são realizados como um meio de aprofundar o entendimento do aspirante sobre essas fórmulas e acelerar sua ação. O Practicus trabalha com *Liber Turris*,[20] que é uma prática poderosa, mas muito desafiadora, de controle do pensamento. O *Liber Jugorum*[21] é uma forma de controle sobre o pensamento, a palavra e a ação, espalhada ao longo de vários graus. Todo o processo é levado a um clímax — um único ponto de foco — no grau de Dominus Liminus. Como declarado no documento das tarefas do Dominus Liminus, "Ele deverá meditar sobre o diverso conhecimento e Poder que ele adquiriu, e harmonizá-lo perfeitamente". Em outras palavras, o clímax de todo o raja yoga que veio antes é seu resultante foco concentrado da mente. A Grande Obra se torna uma meditação viva, ao longo do dia-a-dia, sobre a síntese dos graus elementares e tudo o que eles representam dentro do aspirante neste estágio do caminho.

Os aspectos meditativos do raja yoga começam com o processo de concentração, chamado *dharana*. Quando ele é sustentado com sucesso, experimentamos *dhyana* — a união de sujeito e objeto, ego e não-ego, o observador e aquilo que é observado. No curso de melhorar nossa capacidade de meditar, também obtemos mais controle sobre as vacilações da própria mente, e isso é conhecido como *pratyahara*. Finalmente, todas essas técnicas podem levar ao resultado que chamamos *samadhi*, que é um estado transcendente de consciência além da apreensão ou descrição racional.

Como a prática básica começa com *dharana*, é nisso que vamos nos concentrar agora. Ele realmente é o feijão com arroz da prática diária e é provável que seja assim por semanas ou meses antes que ocorram outros resultados mais avançados. *Asana* frequentemente é usado como preparação para *dharana*, além de ser praticado simultaneamente. Como observado no Capítulo 9, um dos principais propósitos do *asana* é simplesmente alcançar a habilidade de manter o corpo imóvel, permitindo assim que a mente ignore estímulos vindos do corpo. Quando não somos distraídos pelo corpo, podemos nos concentrar no objeto de nossa meditação.

É útil ter alguma noção quantitativa de como você está se saindo, e é por isso que muitos professores recomendam que você conte as inevitáveis "quebras" de concentração que ocorrem durante a meditação. Uma das maneiras mais fáceis de fazer isso é usar seus dedos. Você conta com uma mão, e assim que você atinge cinco quebras nessa mão, você

---

[20] Crowley, A. (1992). *Liber Turris* editado por I. Regardie em *Gems from the Equinox*. Scottsdale, AZ: New Falcon Publications.

[21] Crowley, A. (1992). *Liber Jugorum* editado por I. Regardie em *Gems from the Equinox*. Scottsdale, AZ: New Falcon Publications.

estica um dedo na outra mão e continua. Quando você recebe mais cinco quebras na mão das "unidades", você coloca um segundo dedo na mão dos "cincos", então você sabe que você teve dez pausas. Obviamente, você só pode contar até vinte e cinco quebras desta maneira, o que geralmente é suficiente. Se você passar de vinte e cinco quebras, não se incomode em continuar com a contagem. Basta considerá-la como uma sessão ruim e tentar fazer melhor da próxima vez.

De um modo geral, você deve começar cada sessão de meditação com uma meta de tempo específica em mente. Você deve treinar sua mente e corpo para ouvir sua intenção consciente. Exigir que eles calem a boca e fiquem quietos por um período pré-determinado de tempo é um passo importante para desenvolver essa autodisciplina. Mais tarde, os objetivos mudam para resultados mais avançados de *dhyana*, *pratyahara* e *samadhi*. No entanto, neste estágio inicial, a tarefa crucial é manter a vigilância e obedecer ao seu próprio mestre interior — não permitir que sua mente ou corpo interfiram, interrompam ou, de outra forma, sejam um obstáculo à vontade que você declarou.

É muito importante que sua atitude durante a meditação seja de *permitir*, e não forçar, que a mente fique quieta; tanto quanto você não pode deitar na cama e se forçar a dormir. A iniciação do sono não é um processo ativo, mas passivo, onde você relaxa o controle mental que o mantém vigilante e alerta. Sua atitude em relação a si mesmo durante a prática deve ser gentil ao invés de punitiva. Ficar se xingando por deixar a mente divagar torna-se mais uma distração da meditação — e sua mente certamente irá divagar! Quando isso acontecer, simplesmente pense nisso como uma nuvem passando sobre o sol e, gentilmente, direcione sua atenção de volta para o foco de sua meditação.

Retendo Imagens Mentais

Vamos tomar uma técnica de meditação clássica como exemplo: reter uma única imagem em sua mente. Classicamente, você pode escolher um dos *tattvas*, como o triângulo equilátero vermelho (*tejas*). Logo depois de começar, você notará que a mente vai aplicar todo tipo de truques em você. A imagem vai saltar, mudar de cor, assumir proporções ridículas e envolver-se em todo tipo de malícia. Mais uma vez, quando isso acontecer, em vez de "fixá-la" mentalmente, ou ficar chateado com isso, você deve relaxar quanto a ela. Permita que a mudança de forma, mudança de cor, ou seja o que for, passe, e simplesmente reforce a imagem básica. Concentre-se na imagem por um determinado período de tempo, conte suas quebras e registre as outras condições do experimento, como quanta comida você tinha no estômago, seu nível de fadiga, as condições físicas de sua sala de meditação, quaisquer distúrbios psicológicos que podem formar o seu estado mental ao iniciar o exercício, e assim por diante.

Mantra

Outro tipo de meditação que você pode querer tentar é o uso de um *mantra* silencioso e rítmico. Escolha uma frase ou palavra multisilábica como "Ra-Hoor-Khuit" e repita-a de forma sustentada, rítmica e ininterrupta, ou seja, "Ra – Hoor – Khuit... Ra – Hoor – Khuit ... Ra – Hoor – Khuit...," e assim por diante. Insira uma pausa com aproximadamente o mesmo comprimento de cada uma das sílabas, para estabelecer um ritmo quádruplo consistente. Faça isso pelo período de tempo especificado e conte suas quebras. Qualquer mantram funcionará, mas você provavelmente desejará escolher algo com o qual você sinta certa ressonância pessoal.

Atenção Plena da Respiração

A prática da atenção plena da respiração é outra boa opção para a meditação. Isso realmente pode ser tão simples quanto focar em suas inspirações e expirações, mas eu acho que é mais eficaz se você sincronizar com respirações cronometradas. Por exemplo, você poderia usar a técnica clássica da "respiração quádrupla" descrita por Israel Regardie — basta fazer cada fase da respiração (inspiração — pausa — expiração — pausa) ter igual duração. A chave dessa prática é não tornar lenta demais cada fase, senão você vai se esforçar para respirar.

Uma técnica igualmente simples, mas consideravelmente mais poderosa, é chamada de *mahasatipatthana*. Esta prática envolve a observação da passagem da respiração enquanto silenciosamente comenta o que é observado. Não é exatamente um mantra, na medida em que não deve se transformar em ritmo cíclico; em vez disso, deve permanecer como uma observação ativa. Você começa acompanhando sua respiração, a uma velocidade e profundidade naturais, e cada vez que inspira, você diz em silêncio: "A respiração entra". Quando você expira, você diz em silêncio: "A respiração sai". Curiosamente, à medida que você progride com isso (provavelmente ao longo de muitas semanas de prática consistente), seus resultados geralmente mostram uma desidentificação progressiva com o seu ego. Por exemplo, você pode partir de simplesmente dizer: "A respiração está entrando; a respiração está saindo", para perceber que o que você está realmente observando é que há uma *sensação* de que a respiração está se movendo para dentro e para fora. Mais tarde, isso pode se transformar em uma consciência de que o que você está experimentando é meramente uma *percepção* de uma sensação dos ciclos da respiração. Isso é crucial: você muda o que está dizendo silenciosamente para si, com base no que realmente está percebendo; e se você seguir isso até a sua conclusão, você chegará a alguns lugares muito interessantes. Eu não quero estragar a experiência para você dando informações de antemão, então tente você mesmo. Veja como você experimenta a desidentificação do ego, e que conclusões você tira disso depois de muita prática.

Mesmo um meditador avançado irá atestar que é muito difícil conseguir que a mente cesse o pensamento consciente, mas as práticas encontradas no *Liber Turris*[22] de Crowley envolvem fazer exatamente isso. Aqui estão suas instruções principais:

> 0. Esta prática é muito difícil. O estudante não pode esperar por muito sucesso a menos que tenha dominado completamente o Āsana, e obtido sucesso muito definido nas práticas de meditação de *Liber E* e *Liber HHH*.
>
> Por outro lado, qualquer sucesso nessa prática é de um caráter excessivamente alto, e o estudante está menos sujeito a ilusões e auto ilusões nela do que em quase qualquer outra que Nós tornamos pública.
>
> 1. Primeiro Ponto. O estudante deve primeiramente descobrir para si a posição aparente do ponto em seu cérebro onde os pensamentos surgem, se houver tal ponto. Se não houver, ele deve buscar a posição do ponto onde os pensamentos são julgados.
>
> 2. Segundo Ponto. Ele também deve desenvolver em si mesmo uma Vontade de Destruição, até mesmo uma Vontade de Aniquilação. Pode ser que ela seja descoberta a uma distância incomensurável de seu corpo físico. No entanto, ela deve ser alcançada, ele deve se identificar com ela mesmo até a perda de si mesmo.
>
> 3. Terceiro Ponto. Então que esta Vontade observe vigilantemente o ponto onde os pensamentos surgem, ou o ponto onde eles são julgados, e que todo pensamento seja aniquilado conforme é percebido ou julgado.
>
> 4. Quarto Ponto. Em seguida, que todo pensamento seja inibido em sua concepção.
>
> 5. Quinto Ponto. Em seguida, que até mesmo as causas ou tendências que se não forem checadas resultam em pensamentos sejam descobertas e aniquiladas.

---

[22] Crowley, A. (1992). *Liber Turris vel Domus Dei* editado por I. Regardie em *Gems from the Equinox*. Scottsdale, AZ: New Falcon Publications.

6. Sexto e Último Ponto. Que a verdadeira Causa de Tudo seja desmascarada e aniquilada.

7. Isto é aquilo que foi dito pelos sábios da antiguidade sobre a destruição do mundo pelo fogo; sim, a destruição do mundo pelo fogo.

8. Que o Estudante se lembre de que cada Ponto representa uma consecução definida de grande dificuldade.

Há muito mais valor a ser encontrado neste liber, mas essas são as instruções básicas. Eu lhe encorajo a experimentar estas práticas quando você sentir que está preparado.

Práticas de Visualização

Aqui estamos falando de visualização em um sentido diferente do descrito acima. Essas práticas são mais ativas e complexas — semelhantes aos modernos exercícios de "imaginação conduzida".

O currículo da A∴A∴ foi concebido de maneira inteligente para que o Neófito e o Zelator realizem exercícios mentais essencialmente auto-orientados, baseados nas fórmulas iniciáticas desses graus. Estes exercícios são encontrados em *Liber HHH*[23], nas seções MMM e AAA, que correspondem às fórmulas do Neófito e do Zelator, respectivamente. Vou lhe dar uma amostra do exercício de MMM aqui, caso você queira experimentar. Se você tentar essa prática, sugiro que comece gravando a si mesmo lendo as instruções, pois obviamente seria uma distração tentar passar por essas visualizações enquanto olha para um livro a cada segundo. Eventualmente, você vai querer memorizar todo o conjunto de instruções. Sem dúvida, isso exigirá vários testes para obter os melhores resultados, e seu próprio nível de iniciação será um dos determinantes do seu nível de sucesso. Quem estiver familiarizado com *Liber Pyramidos* ou outras expressões da fórmula do Neófito reconhecerão alguns temas familiares aqui. Esta é a instrução central:

0. Fique sentado em teu Āsana, vestindo o robe de um Neófito, o capuz abaixado.

1. É noite, pesada e quente; não há estrelas. Nem mesmo um sopro de vento agita a superfície do mar, que é tu. Nenhum peixe brinca em tuas profundezas.

---

23 Crowley, A. (1992). *Liber HHH* editado por I. Regardie em *Gems from the Equinox*. Scottsdale, AZ: New Falcon Publications.

2. Que um Sopro ascenda e perturbe as águas. Isso tu também sentirás tocar sobre tua pele. Isso perturbará a tua meditação duas ou três vezes, após as quais tu deverias ter conquistado essa distração. Mas a menos que tu primeiro o sinta, esse Sopro não surgiu.

3. Em seguida, a noite é fendida pelo relâmpago. Isso também tu sentirás em teu corpo, que deve tremer e saltar com o choque, e isso também deve ser tanto sofrido quanto superado.

4. Após o relâmpago, repousa no zênite um ínfimo ponto de luz. E essa luz irradiará até que um cone perfeito se estabeleça sobre o mar, e é dia. Com isso teu corpo ficará rígido, automaticamente; e isso tu suportarás, recuando para dentro do teu coração na forma de um Ovo perfeito de escuridão; e dentro dele tu permanecerás por um tempo.

5. Quando tudo isso for executado perfeitamente e facilmente à vontade, que o aspirante imagine para si mesmo uma luta contra toda a força do Universo. Nisto ele só é salvo por sua pequenez. Mas no final ele é vencido pela Morte, que o cobre com uma cruz negra. Que seu corpo caia de costas com os braços estendidos.

6. Assim deitado, que ele aspire fervorosamente ao Santo Anjo Guardião.

7. Agora, que ele retome sua postura anterior. Duas e vinte vezes, ele imaginará que é mordido por uma serpente, até mesmo sentindo o veneno dela em seu corpo. E que cada mordida seja curada por uma águia ou um falcão, que abre suas asas acima de sua cabeça e derrama um orvalho curativo sobre ela. Mas que a última mordida seja uma angústia tão terrível na nuca que ele parece morrer, e que o orvalho curativo seja de tal virtude que ele se põe de pé.

8. Agora que sejam postas dentro do ovo uma cruz vermelha, então uma cruz verde, então uma cruz dourada, então uma cruz prateada; ou aquelas coisas que estas simbolizam. Aqui há silêncio; pois aquele que executou corretamente a meditação compreenderá o significado interno desta, e isso servirá como um teste de si mesmo e de seus semelhantes.

9. Agora que ele permaneça na Pirâmide ou Cone de Luz, como um Ovo, mas não mais de escuridão.

10. Então que seu corpo fique na posição do Enforcado, e que ele aspire com toda a sua força ao Santo Anjo Guardião.

11. A graça lhe tendo sido concedida, que ele comungue misticamente da Eucaristia dos Cinco Elementos e que ele proclame Luz em Extensão; sim, que ele proclame Luz em Extensão.

No restante deste capítulo, apresentarei algumas outras opções de exercícios de visualização extraídos de fora do currículo formal da A∴A∴. Todas essas práticas devem começar com um relaxamento e uma respiração rítmica como preparações.

O Professor Interior: Siga um caminho até uma floresta e veja uma figura se aproximando, que você concebe como o professor interior perfeito. Você pode pensar nele como um aspecto do Santo Anjo Guardião, um sábio mentor ou qualquer outra coisa que você queira. Independentemente disso, a chave é que você tem confiança na sabedoria que será dada a você. Quando o professor se aproximar, peça por um símbolo, uma palavra, uma ação ou outra instrução, com plena consciência de que esta instrução será de particular utilidade para você na sua atual etapa da Grande Obra.

O Amante Interior: Construa em sua mente e coração uma sequência de visualizações de todas as formas de amor que você já experimentou. Faça uma série de visualizações nas quais você tenta tocar o mais visceralmente possível (por exemplo) o abraço que uma vez recebeu de um amigo ou pai, o abraço de um amante e assim por diante — quaisquer que sejam as formas de amor que você já conheceu e pode se lembrar facilmente. Conforme você se move através da sequência, aumente a intensidade e a vivacidade dos sentimentos de amor, até que todo o seu ser seja absorvido por essa força. Sinta sua vasta capacidade de experimentar o amor e saiba que, na verdade, você tem acesso a essa força motriz a qualquer momento e pode gerá-lo sem nenhuma outra intervenção humana. Você pode querer conceber que a fonte desse amor é, em última instância, o próprio SAG.

O Tesouro Interior: Conceba que você está descendo nos recessos de sua mente — profundamente no inconsciente. Desça escadas ou desça um elevador — qualquer dispositivo visual que funcione para você. Lá você descobre uma antiga câmara em que há uma arca do tesouro. Você sabe que encontrará três objetos dentro. Você também sabe que cada um desses objetos, que podem ser familiares ou desconhecidos para você, transmitirá um ensinamento específico relevante para sua situação atual na vida. Pode ser uma sugestão sobre como superar um obstáculo; pode ser algo que lhe dê *insights* sobre seu estágio atual da

Grande Obra. Em todo caso, você deve chegar atentamente ao baú e ver quais objetos se apresentam para você. Não tente decidir antecipadamente o que vai encontrar. Tome nota cuidadosa do que eles são, então (dentro da meditação ou depois) considere o que esses símbolos podem significar para você. Como sempre, registre seus resultados no diário mágico.

Leitura Recomendada

Crowley, A. (2019). *Oito Palestras Sobre Yoga*. Editora Clube de Autores.

Crowley, A. (2009). *Liber E*, editado por J. Wasserman em *Aleister Crowley e a Prática do Diário Mágico*. Editora Madras.

Crowley, A. (2020). *Magick: Liber ABA*. Editora Penumbra. [Observação: dê atenção especial à Parte I, Misticismo]

Crowley, A. (1992). *Liber HHH*, editado por I. Regardie em *Gems from the Equinox*. Scottsdale, AZ: New Falcon Publications.

Crowley, A. (1992). *Liber Turris*, editado por I. Regardie em *Gems from the Equinox*. Scottsdale, AZ: New Falcon Publications.

11

PROJEÇÃO ASTRAL &
O CONTROLE DO CORPO DE LUZ

A projeção astral é uma das técnicas mágicas mais básicas e uma das mais importantes de dominar enquanto você progride no seu caminho. No sistema da A∴A∴, o Neófito é testado de maneira abrangente no domínio do "Corpo de Luz", embora ele ou ela provavelmente tenha experimentado tais coisas desde o início como Probacionista. Em seu excelente ensaio, "Notas para um Atlas Astral", Aleister Crowley escreve:

> O controle geral do Plano Astral, a capacidade de encontrar seu caminho por ele, de penetrar em santuários que são protegidos do profano, de formar tais relações com seus habitantes que possam lucrar aquisição de conhecimento e poder, ou comandar serviço; tudo isso é uma questão de consecução Mágica geral do estudante. Ele deve estar absolutamente à vontade em seu Corpo de Luz e torná-lo invulnerável. Ele deve ser perito em assumir todas as formas de Deuses, em usar todas as armas, sigilos, gestos, palavras e sinais. Ele deve estar familiarizado com os nomes e números pertinentes ao trabalho em mãos. Ele deve estar alerta, sensível e pronto para exercer sua

autoridade; porém cortês, gracioso, paciente e compreensivo.[24]

Considerações Gerais

Grande parte da discussão deste capítulo será de natureza prática, mas acho importante discutir um pouco da teoria sobre o processo de projeção astral e a natureza do próprio corpo astral.

Uma das questões que devem ser esclarecidas logo no início é a distinção entre o corpo etérico e o corpo astral. Essa distinção pode ser entendida em termos da Árvore da Vida. Como discutido anteriormente neste livro, a Árvore da Vida é uma representação simbólica não apenas do processo de criação do mundo material, mas também das partes que compõem a constituição psico-espiritual humana. Consequentemente, se você olhar para o modo como as Sephiroth na Árvore se manifestam sucessivamente, é evidente que a mente se manifesta antes do corpo. As esferas que compõe o ruach formam um modelo — um tipo de esqueleto — para a eventual manifestação do corpo físico em Malkuth. Assim como o corpo físico dos seres humanos é construído sobre este esqueleto astral de energia, o mesmo acontece com o mundo físico baseado em uma estrutura astral similar. Suas camadas mais densas são mais apropriadamente chamadas de mundo etérico; assim, a camada mais densa do nosso corpo energético — próxima do próprio corpo físico — é o corpo etérico. O corpo etérico se assemelha mais à forma física real do corpo, enquanto o corpo astral se parece com a própria mente. É mais rarefeito e capaz de assumir uma diversidade mais ampla de formas, não apenas aquelas que estão mais intimamente ligadas às formas físicas que são construídas sobre ele (como é o caso do corpo etérico).

A razão pela qual estou tomando tais dores para distinguir entre os corpos astral e etérico é que existem conjuntos de práticas bastante diferentes envolvidas em trabalhar com eles quando você empreende projeção astral ou etérica. Ao projetar etericamente, você estará em um "corpo" que se assemelha muito ao seu corpo físico, e a paisagem que você está explorando será como um esqueleto energético do seu ambiente físico real. Uma experiência de projeção etérica lhe dará a sensação de deixar seu corpo e andar pela sala, pela casa, pela vizinhança e assim por diante. Uma experiência de projeção astral, por outro lado, o levará a uma paisagem completamente diferente de seu ambiente físico, e possivelmente diferente de qualquer lugar material existente. Lembre-se, este é o domínio da própria mente — infinitamente plástico e capaz de se moldar em formas que simplesmente não existem no mundo físico.

---

[24] Crowley, A. (1997). *Magick· Liber ABA*, Hymenaeus Beta (Ed.). York Beach, ME: Samuel Weiser, Inc.

Testando Entidades e Confirmando o Plano

Vejamos algumas técnicas e ferramentas para que você possa começar (ou refinar) suas experiências. Existem alguns procedimentos gerais que você deve sempre observar. Crowley enfatiza repetidamente um ponto em particular em seus escritos sobre este assunto: a importância de testar todas as entidades que você encontrar. Nenhuma dessas entidades ficará ofendida se você não acreditar em quem elas são ou no que estão tentando lhe dizer. Então teste-as, usando os sinais ou fórmulas que você conhece, como dizer: "Faze o que tu queres há de ser tudo da Lei", ao qual eles devem responder com "Amor é a lei, amor sob vontade". Ou use os sinais de grau da A∴A∴, como o Sinal do Entrante com o Sinal de Silêncio como resposta. Você deve perguntar a qualquer entidade que apareça o nome dela e como escrevê-lo. Verifique a gematria do nome e a natureza do ambiente em que você se encontra, usando seu conhecimento das correspondências mágicas (vide o *777*) para ter certeza de que "chegou" no plano adequado. Por exemplo, se você invocou Júpiter e ainda assim se encontra em algum tipo de paisagem repleta de hermafroditas alaranjados, pode ter tomado uma curva à esquerda para Mercúrio. (A causa mais provável de tais ocorrências é uma invocação executada indevidamente ou energias estranhas residuais de um espaço banido indevidamente). Se você detectar um erro, tente descobrir sua origem e reinicie o experimento desde o início.

Metodologia de Trabalho

Ao preparar-se para realizar uma projeção astral ou etérica, é melhor que você não esteja muito cheio de comida, especialmente carne. A fadiga excessiva também deve ser evitada. Se você estiver no meio da projeção e se sentir cansado, seja mentalmente ou (o que parecerá) fadiga física, então é melhor terminar a sessão, ao invés de se esforçar demais persistindo. Sugiro também que você evite a liberação orgásmica durante cerca de um dia antes da sua projeção, pois parece que a energia vital que de outra forma seria descarregada via orgasmo é um "combustível" útil para as visões astrais.

Reserve uma hora ou mais, em que você não será perturbado; escolha um lugar tranquilo, de preferência o templo em que você está acostumado a trabalhar. Comece com um banimento básico — sugiro o RmP ou o Rubi Estrela para esse propósito. Para o seu primeiro experimento, tente a projeção etérica. Acomode-se em uma postura relaxada, faça algumas respirações rítmicas por alguns momentos e relaxe o máximo que puder. Então, imagine que você está transpirando energia pela frente de seu corpo físico (alguns professores sugerem que você veja isto emergindo de seu chakra manipura como um cordão prateado). Molde essa energia externalizada em uma forma que corresponda à do seu corpo físico. Agora você formou um duplo etérico. Em seguida, tente transferir sua consciência para este duplo etérico e comece a olhar ao redor da sala em que você está. Comece a ver com esses olhos, caminhe pela sala, olhe para os objetos, saia, ande pelo seu quintal e assim por diante. Apenas explore o mundo etérico e veja o que você descobre. Se você quiser se testar neste nível etérico de trabalho, você pode pedir para que um amigo fique em um local que você nunca conheceu ou que não conhece muito bem. Projete-se etericamente para aquele lugar e veja se então você pode contar ao seu amigo sobre detalhes que você não teria conhecimento de outra forma. Seu amigo pode confirmar ou negar a precisão da sua descrição.

Agora, vamos falar sobre as ferramentas e técnicas de projeção astral. Ela começa da mesma maneira. Você baniu, está sentado em uma postura relaxada e depois externaliza a energia à sua frente. Mais uma vez você molda ela em uma réplica de si mesmo. Eu acho que você vai encontrar melhores resultados se você se vestir com trajes mágicos que correspondem ao seu grau, ou o tipo específico de trabalho que você está fazendo. Por exemplo, se você quiser visitar uma sephira em particular na Árvore da Vida, você pode vestir-se com o robe da A∴A∴ que corresponde a essa sephira. Uma vez que você externalizou a energia, moldou da maneira que você quer, e transferiu sua consciência para o duplo astral, então (e aqui é onde a diferença entre o trabalho etérico e o astral entra em ação), comece a subir diretamente para cima com seu corpo astral.

O objetivo dessa técnica é enganar a mente para que ela se livre de seu apego ao corpo físico usando o dispositivo imaginário de elevar-se fisicamente cada vez mais alto. Não quer dizer necessariamente que o seu corpo astral esteja "indo" para qualquer lugar, por si só; é só que você precisa de algum tipo de dispositivo para sacudir suas percepções. Então suba em linha reta e continue, mais e mais, até que você se encontre em algum tipo de paisagem que você pode começar a explorar.

Uma vez que você chegou ao destino desejado, muitas vezes é útil realizar um RmP de invocação e talvez também um ritual do Pilar do Meio, para energizar o corpo astral para o trabalho que vem à frente. Em seguida, chame um guia e teste-o rigorosamente. Obtenha um nome, verifique as correspondências, teste com sinais e palavras e assim por diante. E então explore a região da melhor maneira possível.

Uma vez que você tenha feito toda a exploração que você vai fazer, agradeça e se despeça do seu guia. Então você pode retornar ao seu corpo. Mexa seus músculos e sinta-se solidamente de volta ao seu corpo. Você quer evitar o chamado *sangramento astral*, onde toda a sua energia não voltou ao corpo adequadamente; então tenha certeza que isso é fortemente visualizado e que você se sinta totalmente reunido com seu corpo físico. Você pode querer dar o Sinal do Silêncio com bastante consciência, imaginando-se como Harpócrates no ovo. Você também pode querer fazer outro RmP de banimento depois de voltar — apenas para se sentir mais seguro, e sair de toda a experiência sem qualquer influência persistente e indesejada de qualquer região específica que você estava explorando.

Solução de Problemas Comuns

Se você tiver problemas, como sentir-se assediado ou ameaçado por entidades que encontrar, tente ampliar a si mesmo em uma imensa e imponente forma do Deus Ra-Hoor-Khuit e mande a entidade embora de maneira poderosa. Ou você pode desenhar um grande pentagrama de banimento e projetá-lo contra a entidade ofensora. Ocasionalmente, você pode ir fundo demais em uma visão de algum tipo e ter dificuldades em encontrar o caminho de volta ao seu corpo físico. Uma coisa que Crowley sugere em tais circunstâncias é imaginar-se em uma carruagem gigante puxada por grandes corcéis, e então comandá-los a levá-lo de volta ao seu corpo. Isso pode parecer um pouco bobo, mas funciona. Sem dúvidas você desenvolverá outras técnicas para resolver problemas, à medida em que adquire experiência, mas estas devem ajudá-lo a começar.

Testando seu Sucesso

Como você verá no capítulo sobre os métodos e ferramentas da A∴A∴, o trabalho do caminho de *tav* durante o grau de Neófito da A∴A∴ envolve o desenvolvimento do controle do corpo astral. O Superior testará o Neófito usando várias técnicas, como por exemplo, um símbolo desconhecido pela pessoa que está sendo examinada, mas bem conhecido pelo examinador. A tarefa é verificar se eles podem detectar a natureza básica do símbolo por meio da inspeção astral. Você mesmo pode fazer isso se tiver um amigo que tenha alguma destreza mágica, ou pelo menos instruído o suficiente para escolher um sigilo ou um símbolo e entender seu significado básico. Eles devem escolher um símbolo com o qual você não tenha nenhuma familiaridade. Eles podem lhe dar o símbolo, e você faz *scry* nele imaginando que ele está inscrito em uma grande "porta" astral. Projete-se pela porta e veja o que você encontra. Se você fizer direito, então o que você encontrar lá — as correspondências, o tom do lugar e qualquer informação dada a você por entidades — corresponderá à natureza do sigilo, e seu amigo poderá confirmar isso. Outro teste é fazer com que um amigo que seja um magista competente invoque forças específicas em uma sala enquanto você não estiver presente; então você pode entrar e explorar o espaço usando os procedimentos descritos acima.

Este capítulo apenas arranha a superfície das muitas técnicas possíveis que você poderia usar para explorar os mundos astral e etérico, mas espero que isso seja suficiente para você começar, e talvez estimulá-lo a experimentar e ver o que você descobre. Como em muitas outras técnicas mágicas, sua prática persistente será bem recompensada.

Leitura Recomendada

Denning, M. & Phillips, O. (2010). *A Practical Guide to Astral Projection*. Woodbury, MN: Llewellyn Publications.

Muldoon, S. & Carrington, H. (2003). *Projection of the Astral Body*. Whitefish, MT: Kessinger Publishing, LLC.

12

PRÁTICAS DEVOCIONAIS

No *Livro da Lei*, lemos: "Sabedoria diz: sê forte! Então tu podes suportar mais alegria". [II:70] Uma ferramenta importante para nos fortalecermos de acordo com essa injunção é a execução diligente de práticas devocionais em nosso trabalho mágico diário. Este conselho não deve ser tomado levianamente — o êxtase espiritual pode sobrecarregar um vaso fraco ou desequilibrado. É crucial nos treinarmos de maneira gradativa e progressiva, e este capítulo revisará algumas das ferramentas disponíveis para este curso de trabalho.

A principal técnica envolvida pode ser resumida nas seguintes palavras: "Invoque com frequência. Inflama-te em oração." Embora isso possa parecer um conselho óbvio ou abaixo do esperado, acho que o que muitas vezes falta é justamente essa mesma devoção que alimenta grande parte do trabalho da Primeira Ordem da A∴A∴ à medida que progredimos em direção ao Conhecimento e Conversação do Santo Anjo Guardião. *Liber Astarte*[25] é a instrução principal sobre tais métodos, e não é nenhuma surpresa que ele apareça no plano de estudos do Philosophus, o grau correspondente a Netzach.

---

[25] Crowley, A. (1992). *Liber Astarte* editado por In I. Regardie em *Gems from the Equinox*. Scottsdale, AZ: New Falcon Publications.

Como mencionei no Capítulo 15, essa chama de devoção, aspiração e desejo é *dirigida*, em virtude do treinamento em raja yoga na A∴A∴, em direção àquele único objetivo do aspirante da Primeira Ordem — o C & C. Sem esse treinamento da mente, há muitos vetores de força disparando em direções diferentes. Por outro lado, sem a inflamação do ego através de práticas devocionais, há secura espiritual — a mente pode estar focada e afiada, mas a chama da aspiração está faltando. Nossos aspectos de Hod e Netzach devem trabalhar juntos nesse esforço, à medida que almejamos com força e precisão a Tiphereth e ao SAG.

Antes de explorarmos as técnicas mais formais dadas em *Liber Astarte*, vamos dar uma olhada em algumas práticas diárias simples que você pode achar úteis. A primeira é essencialmente uma prática de atenção plena — uma consciência de abraçar carinhosamente a realidade que nos é apresentada a cada momento. Isso não apenas nos lembra que toda experiência da vida é um aspecto de Nuit e, como tal, uma expressão perfeita do Todo; mas também nos permite, naquele momento, conscientemente nos identificar com aquela estrela em nosso centro, o *khabs*, ao invés da personalidade humana — o *khu* que nós tecemos ao redor dele.

A sabedoria ensinada aqui, que cada um de nós deve verificar por si só através da experiência, é que é apenas o nível da personalidade do nosso ser que julga, rejeita ou condena as experiências da vida. É somente aquela casca exterior que tenta se afastar das coisas que consideramos ofensivas ou repulsivas, e ir em direção àquelas coisas que achamos belas. Há de fato um profundo impulso na alma humana em direção à beleza que pode nos guiar em direção ao SAG. Contudo, devemos transcender a rejeição reflexiva do nível do ego das coisas que não se ajustam aos nossos preconceitos e à nossa estética, e à igualmente habitual e automática aceitação das coisas que agradam ao nosso ego.

O SAG construiu a realidade atual para ser a oportunidade perfeita para o seu crescimento; para ser *exatamente* a lição que você precisa em qualquer dado momento, para aperfeiçoá-lo no receptáculo perfeito para sua habitação. Se você afasta a realidade bem na sua frente, rejeitando esse aspecto de Nuit se manifestando em sua vida naquele exato momento, é como se você estivesse se recusando a se localizar em um mapa. Como você pode continuar executando sua vontade e seguir seu caminho em direção a um objetivo, se você se recusa a reconhecer sua localização atual como um ponto de partida? Abrace tudo que o universo oferece em sua vida diária, quer seu ego goste ou não. Desta forma, você maximizará sua capacidade de avançar de acordo com a vontade.

Outra prática diária útil é manter a atenção plena em todos os aspectos do amor que encontramos. Como veremos com nossa revisão de

Liber Astarte mais adiante neste capítulo, cada forma de amor que encontramos — seja de um parceiro, um pai, um amigo, uma criança, até mesmo de um estranho gentil — é um vislumbre do amor do SAG. Aqui, mais uma vez, isso toca nos aspectos mais iluminados do ruach que são simbolizados pela esfera de Tiphereth, o centro da consciência-do-ego espiritualmente despertada.

Agora, vamos dar uma olhada em algumas das práticas devocionais formais disponíveis para nós no currículo da A∴A∴. *Liber Had* e *Liber NU* são duas práticas que recomendo fortemente. Estas são essencialmente instruções tântricas sobre o cultivo da adoração das polaridades energéticas internas simbolizadas por essas duas "divindades". Você se identifica com um ponto de vista particular, seja de Had ou de Nu, e depois aspira atingir seu oposto (e complemento). Os métodos usados nesses libri têm muito a nos ensinar sobre o fortalecimento dos músculos da devoção. Você pode ler mais sobre essas práticas no capítulo sobre magick sexual.

Outra prática diária muito importante é *Liber Resh*. Como discutido no Capítulo 4, muitas pessoas assumem isso como uma prática de atenção plena — como uma maneira de "sintonizar" com a corrente Thelêmica ao longo do dia — e certamente esse é um benefício genérico do *Resh*. No entanto, existem algumas maneiras de aprofundar os aspectos devocionais desta prática que valem a pena eu mencionar. Em cada quadrante você está adorando uma manifestação do princípio divino simbolizado pelo sol. Assim, você tem uma oportunidade a cada quadrante de concentrar seu foco de adoração a uma dessas manifestações particulares — Ra ao amanhecer, Ahathoor ao meio-dia e assim por diante. Como acontece com qualquer invocação ou adoração como essa, quanto mais intensamente você se identifica com a forma-Deus, mais força mágica estará disponível para você.

A segunda parte de cada adoração em um quadrante em *Liber Resh* — a parte que começa com "Ultimal unidade demonstrada!" — é uma oportunidade para adorar o princípio divino e único *por trás* de todas essas manifestações multifacetadas do princípio solar. Podemos conceber isso de várias maneiras diferentes. Pode simplesmente ser uma adoração do sol físico no macrocosmo; ou poderíamos adorar esse aspecto solar, generativo, vivificante do *self* dentro de cada um de nós; ou podemos aproveitar isso como uma oportunidade para adorar nosso próprio SAG, simbolizado pelo sol.

O único limite aqui é a sua própria criatividade e "correto *ingenium*", enquanto você desenvolve sua linguagem de devoção interior e única. Este é, de fato, o objetivo central da prática devocional. Por meio da experiência, cultivamos um senso do divino; um senso de admiração e reverência em nosso relacionamento com o divino; e nós usamos isso como um trampolim para uma consecução além.

Agora vamos passar para nossa consideração sobre *Liber Astarte*. Embora ele seja formalmente designado para o Philosophus, até mesmo o Probacionista pode experimentá-lo. Nesta prática, belamente descrita por Crowley, você escolhe uma divindade — qualquer divindade que te chame a atenção — e desenvolve vários métodos de adoração para fortalecer os "músculos" da devoção. É como um teste, pode-se dizer, do eventual trabalho do C & C. Crowley dá instruções bastante detalhadas sobre o desenvolvimento de invocações e outras formas de adoração, como decorar o relicário da sua divindade, e assim por diante. Importantemente, ele também nos encoraja a lembrar que essa divindade é na verdade apenas um reflexo do divino. Se perdermos isso de vista, corremos o risco de nos identificarmos excessivamente com uma força parcial, ao invés da estrela espiritual única à nossa vista — o SAG.

Uma das principais práticas no *Liber Astarte* é o desenvolvimento de uma adoração sétupla (sete sendo o número de Netzach) em honra à divindade escolhida por você. Crowley descreve como as sete partes desta adoração refletem sete aspectos ou variedades de amor, assim:

> Primeira, uma Imprecação, como de um escravo para seu Senhor.
> Segunda, um Juramento, como de um vassalo para seu Suserano.
> Terceira, um Memorial, como de uma criança a seu Pai.
> Quarta, uma Oração, como de um sacerdote para seu Deus.
> Quinta, um Colóquio, como de um Irmão com seu Irmão.
> Sexta, uma Conjuração, como a um Amigo com seu Amigo.
> Sétima, um Madrigal, como de um Amante para sua Amada.
>
> E note bem que a primeira deve ser de reverência, a segunda de fidelidade, a terceira de dependência, a quarta de adoração, a quinta de confidência, a sexta de camaradagem, a sétima de paixão.

Como exemplo de como essas instruções podem se traduzir em práticas concretas, vamos dar uma olhada em alguns trechos do trabalho de Jane Wolfe com *Liber Astarte*, que ela iniciou em novembro de 1933, na Loja Ágape da O.T.O. Ela escolheu a deusa Hera — a esposa de Zeus na mitologia grega — para ser o foco de seu trabalho. Como Crowley recomenda, há sete estrofes na invocação de Hera de Wolfe, cada uma correspondendo a um dos sete aspectos do amor listados acima. Aqui está a segunda estrofe, que representa "um Juramento, como de um vassalo para seu Suserano":

> Hera, Invencível, Deusa Soberana!

A ti juro minha fidelidade e lealdade.
Grande Deusa de Força, Majestade e Poder!
A ti juro minha fidelidade e lealdade.
Tu que empunhas o Raio e o Relâmpago!
A ti juro minha fidelidade e lealdade.
Tu que fazes com que a Terra e Todos os que nela habitam tremam!
A ti juro minha fidelidade e lealdade.
Grande Senhora do Vento e da Tempestade!
Deusa Soberana cujo Brasão é fonte de Orgulho!
A ti juro minha fidelidade e lealdade.

Compare com a sexta estrofe da adoração, que representa "uma Conjuração, como a um Amigo com seu Amigo":

Hera, Amada Amiga!
Protetora-Chefe das Mulheres!
Guardiã do Parto e das Crianças!
Distribuidora de Fertilidade e Abundância!
Amante da Romã e da Videira!
Perceba a mim, uma mulher, andando em seu meio.
Eu preciso da Tua Orientação –
Que minha Mente possa estar aberta à Influência do Altíssimo;
Que meu Coração possa ser inundado de Amor;
Que minha Alma possa ser expurgada do Egoísmo;
Que meu Corpo possa ser Forte e Resiliente,
Todo o meu Ser, Firme e Flexível!
Para o Trabalho de minha Vontade!

Finalmente, considere a sétima estrofe da adoração de Wolfe, "um Madrigal, como de um Amante para sua Amada", bem como as linhas finais do clímax:

Hera, Ama! Esposa! Amante!
Tu Adorada e Adoradora!
Curva-te para perto de mim, Tu Amante, para que eu possa sentir Tua Respiração em meu rosto!
Teus Queridos, Deliciosos Perfumes em minhas narinas!
Ao Toque do Teu Corpo sou apanhada em um Arrebatamento de Prazer!
Tua Boca me lança pelo mundo!
Céu, Inferno e Firmamento Estrelado,
Tempo, Espaço e Eternidade,

Estão todos dissolvidos em Teu Abraço de Bem-
Aventurança!
E Teu Ser fundido no meu, leva-me através de Éons de
Tempo!
Para fora, para Fora no Grande Mar de Tudo-Que-É!
Eu estou entre os Deuses! Eu estou entre os Deuses!!
E eu faço a minha Vontade entre os Vivos!!
Amante! Esposa! Amada!
Três vezes, três vezes, três vezes amada HERA!!!

Cada um desses aspectos do amor transmite uma instrução na relação com o SAG. Ou seja, toda e qualquer forma de amor que percebemos e experimentamos em nossas vidas é um prenúncio do amor do SAG — uma sugestão ou vislumbre daquela arrebatadora união que nos espera. Crowley aborda essa ideia em *Liber Astarte* quando ele diz:

> Assim passa por todas as aventuras de amor, sem omitir uma; e a cada uma conclui: Quão pálido é este reflexo de meu amor por esta Deidade! Contudo de cada uma tu obterás algum conhecimento do amor, alguma intimidade com o amor, que te ajudarás a aperfeiçoar o teu amor. Assim, aprenda a humildade do amor de um, sua obediência do outro, sua intensidade de um terceiro, sua pureza de um quarto, sua paz de um quinto. Então tendo assim tornado teu amor perfeito, ele será digno daquele amor perfeito Dela.

Não importa quais práticas específicas você escolha empreender, tenho certeza de que você descobrirá que os componentes devocionais de seu trabalho mágico são uma fonte de beleza e poder. Espero que um dia estes caminhos de amor o levem ao abraço do seu próprio Santo Anjo Guardião.

Leitura Recomendada

Por Aleister Crowley:

Crowley, A. (1992). *Liber Astarte vel Berylii*, editado por I. Regardie em *Gems from the Equinox*. Scottsdale, AZ: New Falcon Publications.
Crowley, A. (1992). *Liber E*, editado por I. Regardie em *Gems from the Equinox*. Scottsdale, AZ: New Falcon Publications.

Crowley, A. (1992). *Gnostic Mass*, editado por I. Regardie em *Gems from the Equinox*. Scottsdale, AZ: New Falcon Publications.

Crowley, A. (1992). *Liber NU*, editado por I. Regardie em *Gems from the Equinox*. Scottsdale, AZ: New Falcon Publications.

Crowley, A. (1992). *Liber Had*, editado por I. Regardie em *Gems from the Equinox*. Scottsdale, AZ: New Falcon Publications.

Crowley, A. (1992). *Liber Resh vel Helios*, editado por I. Regardie em *Gems from the Equinox*. Scottsdale, AZ: New Falcon Publications.

Crowley, A. (1992). *Liber VIII*, editado por I. Regardie em *Gems from the Equinox*. Scottsdale, AZ: New Falcon Publications.

Por outros autores:

Swami Vivekananda. (1982). *Karma-Yoga and Bhakti-Yoga*. New York, NY: Ramakrishna-Vivekananda Center.

13

LIBER SAMEKH & A INVOCAÇÃO DO SANTO ANJO GUARDIÃO

Um ouvinte do meu podcast *Living Thelema* uma vez escreveu perguntando: "Em seu episódio sobre o SAG, você diz para 'invocar com frequência'. Existe um ritual de invocação específico?" Minha resposta a ele foi tão verdadeira e relevante quanto é hoje: o movimento gradual em direção à invocação climática do Santo Anjo Guardião é tão pessoal e individualizado, que não há como outro alguém lhe entregar um ritual pré-fabricado que lhe sirva perfeitamente. Deve ser um ritual *seu*, e será personalizado exatamente para refletir seu estado interior e suas necessidades espirituais. Ao longo de todo o caminho rumo ao Conhecimento e à Conversação, você estará reunindo ferramentas, rituais e todo tipo de elementos internos e simbólicos — muito personalizados e muito únicos para você. Pode ser difícil para o iniciante acreditar, mas quando você estiver pronto para o clímax do C & C, você terá uma boa ideia das ferramentas necessárias. Estas podem se basear em documentos existentes como *Liber Samekh* e *Liber VIII*, mas estes serão esqueletos para você vestir de carne; é improvável que eles sejam instruções maximizadas para seu uso pessoal letra-a-letra.[26] Não siga servilmente as instruções de qualquer outra pessoa nisto que é o mais profundamente pessoal de todos os trabalhos mágicos.

Quero começar sugerindo que você releia com cuidado o Capítulo 2, sobre o Santo Anjo Guardião. É importante ter uma sólida compreensão da natureza do SAG, e da relação entre o aspirante e o SAG à medida que este se desenvolve gradualmente através dos graus da Primeira Ordem da A∴A∴, para tirar o máximo proveito desta presente discussão.

De fato, precisamos "invocar com frequência" e "nos inflamarmos em oração". Em última análise, este é *quase* o único elemento essencial em termos de técnica. É a chave central de qualquer abordagem ao Conhecimento e Conversação. Qualquer invocação da Luz do seu Anjo — seja qual for a forma que ela tenha para você, repetida com amor e aspiração sempre intensificados, durante um período de tempo suficiente — provavelmente terá sucesso. Certamente, haverá fases do seu trabalho onde isso envolverá um ritual formal, mas nem sempre. A chave é o implacável foco na aspiração, dia-a-dia, momento a momento — invocando de maneira sincera o SAG da forma como você souber, e da forma que você for instruído.

Como você pode ter adivinhado pelo título deste capítulo, *Liber Samekh* será o foco principal da nossa discussão aqui. Não apenas o ritual é uma obra de arte, mas o comentário de Crowley sobre ele, em particular o Scholion que o acompanha, é uma das informações mais lúcidas, informativas e práticas sobre o verdadeiro trabalho interior de magick ritual que você pode encontrar. Ele descreve as visualizações em detalhes e explica como trabalhar cada uma das partes que compõe o ritual. É incrivelmente rico e bem executado, e eu recomendo vivamente que você estude *Liber Samekh* e o comentário completamente e repetidamente ao longo de sua carreira mágica.

Liber Samekh foi originalmente composto por Crowley para o uso de Frank Bennett (Frater Progradior) em sua própria invocação do SAG. Por conseguinte, é um excelente exemplo da abordagem de Crowley para ensinar os outros sobre este assunto. Aqui podemos ler algumas das discussões mais convincentes de Crowley sobre a natureza do SAG, e sobre a relação entre o SAG e o aspirante, embrulhados para um amado estudante sob sua supervisão.

O ritual começa com uma invocação adaptada a partir da Invocação Preliminar da *Goetia*. Uma das coisas mais notáveis dessa invocação é a maneira como a linguagem muda das primeiras linhas para as passagens finais. Inicialmente, o SAG é endereçado com "ti" e "tu",

---

[26] Crowley, A. (1992). *Liber Samekh* editado por I. Regardie em *Gems from the Equinox*. Scottsdale, AZ: New Falcon Publications.

sugerindo que o aspirante está em diálogo com uma entidade externa relativamente separada. Em contraste, as passagens finais deixam claro que o objetivo desejado de união com o SAG foi alcançado; ou, pelo menos, o pleno despertar do aspirante para a realidade da existência do Anjo e o início da comunhão consciente e voluntária.

Há uma invocação inicial ao Anjo, e então a maior parte do ritual é uma invocação sequencial, mas funcionalmente simultânea de todos os quatro elementos, culminando com uma coroação de todos sob a regência do espírito, o "quinto elemento", ou quintessência. Ou seja, estas são invocações sequenciais dos quadrantes, mas o efeito final quando o ritual é completado é que você invocou simultaneamente todos os quatro elementos e os coroou com o espírito.

Você deve se lembrar de que o propósito dos graus da Primeira Ordem da A∴A∴ é nos moldarmos como um receptáculo adequado para que o SAG o habite. Consequentemente, esse ritual é uma recapitulação — e uma integração completa e final — do trabalho que o aspirante já realizou de forma preliminar através dos graus da primeira ordem. Dentro do ritual, o magista vai a cada um dos quadrantes em sequência, traçando pentagramas de invocação e vibrando os chamados "nomes bárbaros" correspondentes à natureza daquele quadrante. A verdadeira chave desse estágio do ritual é se lançar da forma mais vívida e intensa possível na identificação com o elemento que está sendo invocado. Esta é uma recomendação geral importante para qualquer ritual, é claro, mas é mais importante aqui do que em qualquer outro lugar que eu tenha encontrado. Crowley discute isso em seus comentários em referência ao nível de dificuldade do ritual. Pode ser bastante desafiador manter a concentração e a intensidade de foco que esse ritual exige. Você se lança na incorporação das energias de cada quadrante o mais fortemente possível. Quando você volta ao centro, você deve tentar fazer exatamente a mesma coisa, mas com o elemento espírito – a aspiração ao próprio SAG, e o cultivo de completa receptividade para sua habitação.

O clímax desse ritual é um exemplo perfeito da utilidade da justaposição de opostos energéticos para amplificar o efeito de um ritual. Há uma extensão ativa infinita e ascendente do *self*, seguida de uma contração infinita e para dentro. Crowley diz que isso é quase como "se esconder" do Anjo dentro da "cidadela do *self*" mais interna. A alternância da identificação do magista com esses opostos eleva o *self* para além deles em um estado de consciência completamente diferente. Este é o pico ascendente das "faíscas do *self*" que completa o ritual e afeta uma comunhão consciente com o Anjo.

Em seu belo e bastante prático comentário correspondente à seção F do ritual, Crowley escreve:

> O Adepto agora retorna ao quadrado de Tiphereth de
> seu Tau, e invoca o espírito, voltado para Boleskine, pelos

Pentagramas ativos, o sigilo chamado de a Marca da Besta e os Sinais de L.V.X. [...] Então ele vibra os Nomes, estendendo sua vontade da mesma maneira que antes, mas verticalmente para cima.

Ao mesmo tempo, ele expande a Fonte daquela Vontade – o símbolo secreto do Self – tanto acima dele quanto abaixo dele, como se para afirmar aquele Self, dupla como é sua forma, relutante em concordar com sua falha em coincidir com a Esfera de Nuith. Agora que ele imagine, na última Palavra, que a Cabeça de sua vontade, onde sua consciência está fixada, abre sua fenda (o Brahmarandhra-Cakra, na junção das suturas cranianas) e emana uma gota de orvalho cristalino claro, e que esta pérola é a sua Alma, uma oferenda virgem para seu Anjo, expelida do seu ser pela intensidade desta Aspiração.[27]

Isso se refere à extensão ativa do *self*. Em seguida, devemos equilibrar isso com o recolhimento do *self* e a fase receptiva do clímax. Cito por extenso o comentário de Crowley aqui, porque esse material fala da própria natureza do Anjo em si, e da relação entre o adepto e o Anjo. Em passagens como essa, podemos apreciar plenamente o valor dos talentos poéticos de Crowley quando aplicados às descrições desse sutil trabalho interior — a linguagem é verdadeiramente transcendente. Os comentários a seguir correspondem à seção G do ritual:

O Adepto, embora retirado, terá mantido a Extensão de seu Símbolo. Agora ele repete os sinais como antes, exceto que ele faz o Pentagrama Passivo de Invocação do Espírito. Ele concentra sua consciência dentro de seu Símbolo Gêmeo do Self, e esforça-se para colocá-lo para dormir. Mas se a operação for realizada adequadamente, seu Anjo terá aceitado a oferta de Orvalho, e tomado com fervor no símbolo estendido da Vontade em direção a Si. Isto então Ele agitará veementemente com vibrações de amor reverberando com as Palavras da Seção. Mesmo nos ouvidos físicos do adepto, ressoará um eco, mas ele não poderá descrevê-lo. Parecerá mais alto que o trovão e mais suave que o sussurro do vento noturno. Será ao mesmo tempo inarticulado e significará mais do que ele jamais ouviu.

---

[27] Crowley, A. (1992). *Liber Samekh* editado por I. Regardie em *Gems from the Equinox*. Scottsdale, AZ: New Falcon Publications.

Agora que ele lute com toda a força de sua Alma para resistir à Vontade de seu Anjo, escondendo-se na cela mais próxima da cidadela da consciência. Que ele se consagre para resistir ao ataque da Voz e da Vibração até que sua consciência desmaie em Nada. Pois se lá permanecer não-absorvido até mesmo um único átomo do falso Ego, esse átomo mancharia a virgindade do Verdadeiro Self e profanaria o Juramento; então esse átomo deve estar tão inflamado com a aproximação do Anjo que deve sobrecarregar o resto da mente, tiranizá-la, e se tornar um déspota insano para a ruína total do reino.

Mas, tudo estando morto para os sentidos, quem será capaz de lutar contra o Anjo? Ele intensificará o estresse de Seu Espírito para que Suas leais legiões de Leões-Serpentes saltem da emboscada, despertando o adepto para testemunhar a Vontade deles e varrê-lo com o entusiasmo deles, de forma que ele conscientemente comungue deste propósito, e veja em sua simplicidade a solução de todas as suas perplexidades. Assim, então, o Adepto deve estar ciente de que ele está sendo varrido através da coluna de seu Símbolo da Vontade, e que o Seu Anjo é, de fato, ele mesmo, com intimidade tão intensa que se torna identidade, e isso não em um único Ego, mas em todo elemento inconsciente que compartilha daquela ascensão múltipla. Este arrebatamento é acompanhado por uma tempestade de luz brilhante, quase sempre, e também em muitos casos por uma explosão de som, estupenda e sublime em todos os casos, embora seu caráter possa variar dentro de amplos limites.

A onda de estrelas dispara da cabeça do Símbolo da Vontade, e se espalha pelo céu em galáxias cintilantes. Essa dispersão destrói a concentração do adepto, cuja mente não pode dominar tal multiplicidade de majestade; como regra, ele simplesmente se afunda chocado na normalidade, para não lembrar nada de sua experiência, senão uma vaga impressão vívida de completa liberação e arrebatamento inefável.

A repetição o fortalece para perceber a natureza de sua consecução; e seu Anjo, o elo outrora criado, o frequenta e o treina sutilmente para ser sensível à sua Santa presença e persuasão. Mas pode ocorrer, especialmente após o sucesso repetido, que o Adepto não seja lançado de volta à sua mortalidade pela explosão da onda de Estrela, mas identificado com um "Leão-Serpente" em particular, continuando consciente por meio dele até encontrar seu lugar apropriado no Espaço, quando seu self secreto floresce como uma verdade, que o Adepto pode então levar de volta à Terra com ele. Esta é apenas uma questão secundária. O principal objetivo do Ritual é estabelecer a relação do self subconsciente com o Anjo de tal maneira que o Adepto esteja ciente de que o seu Anjo é a Unidade que expressa a soma dos Elementos daquele Self, que sua consciência normal contém inimigos estranhos introduzidos pelos acidentes do ambiente, e que seu Conhecimento e Conversação de Seu Santo Anjo Guardião destrói todas as dúvidas e enganos, confere todas as bênçãos, ensina toda a verdade, e contém todos os deleites. Mas é importante que o Adepto não descanse na mera inexprimível realização de seu arrebatamento, mas desperte para fazer com que a relação se submeta à análise, para traduzi-la em termos racionais, e assim ilumine sua mente e coração em um sentido superior ao entusiasmo fanático como a música de Beethoven está para os tambores de guerra da África Ocidental.

Deixando de lado o óbvio etnocentrismo da última frase, parece que o que Crowley está tentando transmitir é que Conhecimento e Conversação, uma vez alcançado, é de pouca utilidade se o único efeito é inflamar o adepto e inspirar o êxtase espiritual. Esse é certamente um aspecto útil dele (e uma ferramenta importante para o trabalho futuro), mas você precisa fazer algo com esse conhecimento. Você precisa encontrar uma maneira de expressar essa experiência inefável em termos racionais, para que seu trabalho no mundo possa ganhar forma, ser estimulado e enriquecido por sua experiência. Você sai para o mundo como uma pessoa transformada — um adepto recém-formado — armado com a verdade obtida através do Conhecimento e Conversação; mas você não pode fazer isso com plena eficácia se você não traduziu o inefável para o racionalmente expressável.

Tendo atingido o clímax desse ritual e atingido (pelo menos momentaneamente) a comunhão consciente com o Anjo, o ritual prossegue até o fechamento, que é chamado de Consecução. Como observei anteriormente, a linguagem agora é de *identidade* com o Anjo, como segue:

> Eu sou Ele! o Espírito Não Nascido! tendo visão nos pés:
> Forte, e o Fogo Imortal!
> Eu sou Ele! a Verdade!
> Eu sou Ele! Que odeia que o mal deva ser feito no Mundo!
> Eu sou Ele, que relampeia e troveja!
> Eu sou Ele, de quem provém em Abundância a Vida da Terra!

Eu sou Ele, cuja boca sempre flameja!
Eu sou Ele, o Criador e Manifestador à Luz!
Eu sou Ele, a Graça dos Mundos!
"O Coração Cingido com uma Serpente" é meu nome!

Aqui há outra consideração prática muito importante. Está claro pelas instruções que esse ritual deve ser realizado no Corpo de Luz; isto é, é realizado no corpo astral do magista, em vez de simplesmente realizado fisicamente, como poderíamos fazer em nossos rituais rotineiros diários. No entanto, a fim de aprender o ritual, você quase certamente precisará praticá-lo fisicamente — realmente movendo-se para os quadrantes e seguindo as instruções em termos de posturas, pentagramas e assim por diante. No entanto, uma vez que ele tenha sido dominado fisicamente, é muito importante realizá-lo no Corpo de Luz. Em parte, isso ocorre porque a substância astral do *self* está intimamente conectada com a linguagem de símbolos através da qual o Anjo se expressa; mas também, os "músculos" mágicos que você constrói através da execução repetida deste ritual no Corpo de Luz serão de grande utilidade para você em uma ampla gama de contextos.

Vamos rever alguns pontos práticos em termos de construção e implementação de um retiro formal para o Conhecimento e Conversação. Em fontes clássicas sobre o assunto — como os textos de Abramelin — há uma expectativa de solidão quase completa por meses, e um templo construído especificamente para realizar o trabalho. Uma das grandes dádivas de Crowley para os magistas modernos foi a compreensão de que é preciso haver um caminho para progredir no caminho da consecução e ainda assim ser funcional no mundo moderno. A maioria de nós não têm o luxo de ser independentemente ricos, de nos retirarmos do mundo, sem ter que trabalhar por meses, e comprar a Mansão Boleskine! Se você contemplar os requisitos estabelecidos em *Liber Samekh* e *Liber VIII*, será bastante simples hibridizar essas práticas e integrá-las em sua rotina diária — pelo menos por um tempo — antes de passar para um retiro completo e formal com um recolhimento real em solidão.

Liber Samekh foi projetado para ser realizado durante onze meses, enquanto *Liber VIII* é um trabalho de noventa e um dias. Ao hibridizá-los, você pode, por exemplo, ter um período preparatório de várias semanas ou meses com uma intensidade de desempenho gradualmente crescente. Você pode ir de uma vez por dia, a duas vezes por dia, a quatro vezes por dia, acumulando gradualmente semana a semana até que finalmente no clímax você pode passar uma semana ou mais em retiro completo. Com um pouco de planejamento antecipado, isso é bastante viável, mesmo no mundo movimentado e complexo de hoje.

Quando você chega ao retiro solitário em si, é extremamente útil ter um assistente que possa trazer comida, lidar com emergências externas e estar presente para responder a qualquer solicitação. Ficou sem velas? Seu assistente está lá para buscar mais! No entanto, sugiro que você evite até mesmo contato visual com esse assistente, a fim de manter seu foco no trabalho em mãos. Comunique-se através de anotações escritas, se necessário, e tome providências para banhos, refeições e outras necessidades, para que você e seu assistente nunca estejam no mesmo lugar ao mesmo tempo.

Naturalmente, um templo construído propositadamente é ideal para isso, embora poucos de nós tenham esse luxo. No entanto, você pode achar muito difícil tentar um retiro dentro de sua moradia normal, com seus filhos correndo por aí atrás de uma porta fina. Nesse sentido, peço-lhe que encontre uma habitação separada de algum tipo — talvez um centro de retiro, uma cabana alugada isolada ou até mesmo um quarto de hotel. Não se desespere se você parecer incapaz de encontrar um cenário ideal. Lembre-se, Karl Germer alcançou o Conhecimento e Conversação enquanto estava em um campo de concentração, sem nada como ferramentas mágicas convencionais ou um templo, e armado apenas de pura aspiração. Assim, enquanto todas essas armadilhas da invocação do Anjo, e as preparações elaboradas do espaço e dos materiais certamente aumentam o trabalho, elas são, em última análise, meramente ferramentas. É o *trabalho interior* que é crucial.

Se você persistir neste trabalho, invocando com frequência e se inflamando em oração para o Anjo; se você ouvir interiormente a comunicação das ferramentas e formas rituais à medida que for se preparando em direção ao trabalho final, você terá sucesso. Persistência é noventa e cinco por cento do trabalho. Eu nunca vi ninguém persistir no sistema da A∴A∴ e não ter sucesso. Todos os "fracassos" que testemunhei envolveram aspirantes que pararam de fazer o trabalho, de uma forma ou de outra. Eles pararam de fazer as práticas diárias, desistiram do caminho, ou sucumbiram aos seus egos e não seguiram o sistema como foi exposto. Mas eu nunca vi alguém *persistir* no trabalho e falhar. Nunca duvide de si mesmo a esse respeito. Persista, com inteligência, coragem e devoção, e você alcançará!

14

MAGICK SEXUAL & MISTICISMO SEXUAL

Muitas tradições espirituais ao longo da história incluíram instruções esotéricas sobre o uso da sexualidade como um sacramento — como um modo de criar um elo com o divino — e sobre a aplicação da força sexual a objetivos mágicos. Várias tradições tântricas e taoístas bem conhecidas, por exemplo, têm apresentado essas abordagens, e dentro de Thelema temos um conjunto diversificado de práticas, instruções e imagens que podemos acessar em muitos dos textos explicativos de Crowley e em nossos Livros Sagrados. É amplamente sabido que a O.T.O. ensina certos segredos da magick sexual, mas não discutirei nenhum segredo da O.T.O. neste capítulo. O que *vou* discutir são minhas observações das fórmulas gerais da magick e do misticismo sexual presentes em muitas tradições que estudei, inclusive (e, é claro, especialmente) Thelema. Este é um assunto vasto e, como com muitas técnicas mágicas, você poderia passar a vida inteira estudando apenas esse assunto e não esgotaria suas possibilidades. Vamos apenas arranhar a superfície neste capítulo, mas acho que a discussão aqui será útil à medida que você segue suas experiências nesse sentido.

A palavra *tantra* significa "tecer" ou "tecimento". A implicação é que as práticas tântricas, as práticas sexuais mágicas e místicas em discussão aqui, envolvem uma tecelagem da experiência do êxtase divino como ocorre nos, e através dos, seres humanos. A magick e o misticismo sexuais são sobre viver plenamente no mundo, e em nossos corpos. Isto é tão quintessencialmente thelêmico e tão agradavelmente pós-cristão! Já se foi a visão dualista do corpo como um aspecto pecaminoso ou menor de nossa natureza. Aqui no nosso tantra thelêmico, não só somos permitidos, mas *encorajados*, a viver plenamente em nossos corpos e experimentar o êxtase como manifestação do divino, não como algo separado dele.

A magick sexual é, antes de mais nada, *magick*. Como tal, baseia-se nas mesmas definições e processos que associamos a qualquer outra técnica mágica. Ou seja, a magick sexual requer o uso da força adequada, aplicada através de um meio adequado, utilizando as técnicas mais eficazes, para o fim desejado. Uma definição útil de uma operação mágica eficaz é que o magista "profere" o nome de Tetragrammaton (*yod heh vav heh*) em todos os quatro mundos cabalísticos simultaneamente. Os Quatro Mundos são, naturalmente, *Atziluth*, *Briah*, *Yetzirah* e *Assiah*. Colocados no contexto do trabalho sexual, temos *yod* — a própria força primordial, aquele poder generativo universal que podemos simbolizar pela varinha ou pela lança; e *heh*, o receptáculo para esse poder, a alma superior do magista, a taça ou o graal. Estes são os níveis Atzilúthico e Briático, respectivamente, e eles são em um sentido muito real a força que alimenta a operação. Em seguida vem *vav*, o mundo de Yetzirah — o uso da mente para moldar a força e o objetivo desejado, eventualmente imprimindo a vontade sobre o talismã. Por fim, temos o *heh* final, o mundo de Assiah, que é o talismã ou a eucaristia, no qual fixamos o poder de tudo o que aconteceu antes na operação.

Eu mencionei acima que Thelema é particularmente adequada para o trabalho tântrico, e você não precisa procurar muito para encontrar alguma evidência forte disso. O *Livro da Lei*, como entendido através dos comentários de Crowley, é repleto de valiosa instrução sobre magick e misticismo sexuais, tanto na teoria quanto na prática. Recebemos um panteão específico de divindades Thelêmicas — as polaridades de Nuit e Hadit, e Ra-Hoor-Khuit como resultado de sua união. Essas divindades estão maduras e prontas para o uso como imagens vivas e portais dos processos internos da magick e do misticismo sexual. Por exemplo, no Capítulo Um, lemos sobre "a consciência da continuidade da existência", e essa passagem evoca o aspecto da experiência tântrica em que tecemos juntos todo o êxtase divino do próprio universo — o universo experimentando a si mesmo através de nosso êxtase — como Nuit diz, que a alegria dela é ver nossa alegria. Este é apenas um dos muitos exemplos. Para exemplos adicionais e discussões relevantes, sugiro que você leia os comentários de Crowley sobre o Capítulo Um, versículos 12, 51, 52 e 63; Capítulo Dois, versículos 26 e 70; e Capítulo Três, versículos 55-57. A linguagem, a teoria e a prática do tantra thelêmico estão incruados em nosso sistema, desde o começo. Nós não precisamos impor doutrinas, dogmas ou nomes divinos de quaisquer outras fontes, incluindo sistemas tântricos tradicionais. Já temos um conjunto vital e poderoso de ferramentas dentro do nosso próprio panteão Thelêmico.

Pré-requisitos

Vamos dar uma olhada em alguns pré-requisitos importantes para o uso efetivo das técnicas de magick e misticismo sexuais. Primeiro, você precisa ser capaz de controlar sua mente — demonstrar algum domínio de raja yoga. Segundo, você precisa ter cultivado a habilidade de direcionar a força mágica usando esse controle mental, de uma maneira precisa. Terceiro, você precisa de um sistema de símbolos internamente consistente que inclua avatares emocionalmente carregados das polaridades universais que tradicionalmente teriam sido chamados de Shiva e Shakti. Em Thelema, temos Hadit e Nuit, A Besta (ou Caos) e Babalon, e assim por diante. Por "emocionalmente carregados", quero dizer que você precisa ter uma conexão com os conjuntos de símbolos de tal forma que você possa efetivamente se inflamar em adoração e êxtase sempre intensificados enquanto se esforça para unir esses opostos. Você tem que ser capaz de cultivar um anseio poderoso e apaixonado — de Hadit por Nuit e de Nuit por Hadit — para realmente conectar esses conceitos a suas contrapartes energéticas internas; do contrário, é um sistema seco, meras palavras no papel.

Além disso, você precisa ter conhecimento profundo de seus próprios padrões de excitação sexual, como é provavelmente evidente. Com este conhecimento, você pode obter uma certeza, através da experiência vívida, da verdade de que o divino e o extático são um. Este processo gradual é o de identificar o êxtase sexual com a própria divindade e, inversamente, identificar a divindade com o êxtase. O êxtase torna-se acessível como um fenômeno geral, independente do que pensávamos anteriormente como sendo apenas "sexual". Então, quase de uma forma pavloviana, você gradualmente, progressivamente, cada vez mais, tem a experiência interior de que Deus é realmente sexy e o sexo é verdadeiramente santo! Eventualmente, essas duas ideias se tornam inseparáveis. Você encontra êxtase em todos os fenômenos, como somos intimados a fazer no *Livro da Lei*. Isso se abre como uma realidade para você quando vive plenamente sua vontade e se envolve plenamente na vida; você é de fato um participante ativo no processo do universo experimentando a si mesmo. Encontrar esse êxtase na vida cotidiana é um verdadeiro presente. E o misticismo sexual thelêmico, como descrito aqui, nos abre para este tesouro.

Outro pré-requisito útil é um relacionamento mágico com um parceiro sexual, incluindo um sistema de símbolos compartilhado. Deveria ser evidente a partir da discussão acima que quanto mais os dois parceiros estão alinhados em termos dos nomes e poderes que eles associam com certas energias, e suas correspondentes experiências internas, mais poderosa a magick pode ser. Ter uma relação sexual existente com o parceiro de magick sexual também é benéfico, pois você terá um vocabulário físico, emocional e sexual bem desenvolvido. Finalmente, é vital ter uma boa comunicação com o seu parceiro sobre todas essas coisas — a nível mágico, a nível emocional e a nível de relacionamento — porque, se houver tensão entre os parceiros em qualquer um desses níveis, você compromete o efeito do trabalho.

Estágios de Treinamento: Purificação, Consagração & Iniciação

O treinamento nas técnicas da Magick e do Misticismo Sexuais thelêmicos pode ser dividido em três estágios, aos quais eu vou me referir como purificação, consagração e iniciação. Na primeira fase de *purificação*, você está limpando seu relacionamento com a própria força sexual — o princípio sexual, generativo e vivificante que habita em todos os seres humanos. Em nossa cultura, e em muitas outras culturas nos últimos séculos, tem havido uma imensa quantidade de vergonha e culpa associada à sexualidade. Mesmo aqueles de nós que se consideram liberados sexualmente, thelemitas podem descobrir que têm alguns complexos residuais de vergonha e culpa que precisam ser erradicados. Assim, a fim de compreender plenamente, experimentar e expressar a divindade da força sexual e do impulso sexual, primeiro precisamos lavar — purificar — aqueles fragmentos residuais de vergonha e culpa que podem se apegar a nós. Uma abordagem para essa purificação pode envolver sessões de meditação nas quais você traz à mente todos os tipos de aspectos claramente positivos e agradáveis do conceito de generatividade: plantas em crescimento, o sol ou imagens tiradas da mitologia que são, para você, vibrantemente vivas, saudáveis e vivificantes, com um toque de intensidade sexual. Exemplos seriam as divindades Afrodite, Pã ou Príapo, e assim por diante. Essencialmente, você está reprogramando aqueles aspectos de si mesmo que podem ter sido indevidamente influenciados pelos complexos de vergonha e culpa instilados pela negatividade da sociedade em relação ao sexo. Você está reprogramando suas associações para que a sexualidade possa ser experimentada vividamente como uma força vital e positiva em todos os seus aspectos. A definição real de uma coisa pura é que ela é apenas *ela mesma* e não está contaminada com nenhum elemento estranho. E, de fato, você quer que a força sexual seja puramente ela mesma, para que você, o magista sexual, possa ter um relacionamento correto com ela.

A próxima fase do treinamento envolve a *consagração* da força sexual aos seus objetivos desejados. O que você está realmente treinando aqui é a capacidade de direcionar a força sexual para se unir a ideias e / ou entidades específicas. Você está treinando sua mente para aproveitar a força que você purificou e dirigi-la, sob vontade, de maneiras muito específicas. Uma das práticas mais fundamentais (e fortemente recomendadas) é dedicar todo o seu êxtase a Nuit; mais especificamente, devotando o êxtase do orgasmo a Nuit, vendo isso como uma oferenda a Ela, e permanecendo na consciência de que o êxtase Dela está no seu. Devo dizer que, ao longo de muitos anos de prática, descobri em mim, e em meus estudantes, que esse é um dos meios mais poderosos disponíveis para fortalecer e aguçar a própria vontade. Você pode consagrar sua força sexual a outros objetivos, é claro, da mesma maneira que foca a mente no objetivo de qualquer outro tipo de cerimônia mágica. O poder da força sexual pode ser direcionado para se unir a qualquer outra ideia relacionada ao objetivo de sua operação. Se você está fazendo um trabalho enoquiano, por exemplo, e quer ter uma experiência mais vívida e vital da entidade que está invocando, pode dedicar a energia da liberação sexual a esse objetivo. A chave aqui é "apaixonar-se" pelo objeto do ritual, experimentar a totalidade do trabalho como um namoro e romance, culminando em união extática com a própria ideia da entidade em questão.

Seguem aqui alguns exercícios práticos que podem ser úteis à medida que você navega nos estágios de purificação e consagração de seu treinamento. Comece empreendendo uma série de meditações nas quais você contempla as forças geradoras na natureza, ou símbolos sugestivos dessas forças, tais como uma árvore em crescimento, o processo infinito da evolução da espécie humana, o DNA, o sol, o lingam e a yoni cósmicos, a lança e o graal — o que for que te inspira nesse sentido. Medite sobre esses temas até ter cultivado a capacidade de criar uma atmosfera sagrada por meio dessas imagens. Quando isso se tornar fácil, comece a trazer sentimentos sexuais — lembranças de experiências e sentimentos sexuais passados. Torne esses sentimentos tão vívidos quanto possível, permanecendo inteiramente no espaço sagrado criado pela contemplação das ideias anteriores.

Continue esta prática regularmente durante várias semanas ou mais. Através deste emparelhamento repetido e gradualmente intensificado do sagrado e do êxtase, você chegará a uma consciência do fato de que eles são *um e o mesmo*. Parecerá quase como se os centros de prazer do cérebro estivessem sendo permanentemente alterados inundando-os com imagens sagradas. Quando esta é uma realidade experiencial para você, e não meramente uma ideia metafísica, você está pronto para passar para o próximo estágio: viva cada dia devotando todo o prazer, todo êxtase, mais especificamente seu êxtase sexual, a Babalon ou Nuit. Faça isso regularmente por um mês inteiro, pelo menos. Faça com que essas ofertas devocionais sejam tão intensas e frequentes quanto possível. Pode ser útil, durante o clímax sexual ou outros momentos extáticos, visualizar um grande graal no qual você derramará o líquido dourado do seu êxtase. Depois de várias semanas dessa prática, você pode estar pronto para avançar para o próximo estágio de seu treinamento.

A fase final é a da *iniciação* — a fórmula completa do misticismo e da magick sexuais. Idealmente, este trabalho é realizado por dois magistas que passaram pelas etapas preliminares de purificação e consagração, multiplicando assim a força gerada. Quando ambos os parceiros são treinados dessa maneira, eles são mais capazes de realizar a tarefa no mundo de Yetzirah; isto é, usando a mente para canalizar a força na direção apropriada para o fim apropriado. Uma vez que os componentes físicos da eucaristia — os fluidos sexuais combinados — são projetados pela natureza para levar adiante a vontade na forma da vida da espécie, a matéria prima do seu trabalho está pronta para ser um receptáculo de força de vontade. É como se você estivesse permitindo que seu *self* "antigo" morresse, enviando a vontade na forma do resultado desejado do ritual. Com o eventual consumo da eucaristia, ou seu uso como um agente consagratório para talismãs ou sigilos, esse resultado desejado está "fixo" como um modelo para uma nova vida que segue adiante. Você pode até pensar no magista como um computador recebendo um novo programa de software no qual baseará sua operação; o software, é claro, é a vontade do magista "morto" que foi marcado pela Eucaristia. Você está apenas adicionando a marca do objetivo mágico desejado, e dominar a tecnologia de como fazer isso é a tarefa central nesta terceira fase que estou chamando de iniciação. Discutiremos este aspecto do treinamento em mais detalhes posteriormente no capítulo.

Misticismo Sexual Thelêmico

Se você esteve lendo nas entrelinhas até agora, eu acho que você não ficará surpreso em me ouvir dizer que uma base firme e uma verdadeira identificação com o poder do misticismo sexual thelêmico é um pré-requisito para a magick sexual thelêmica plenamente empoderada. Isso não significa que seja a *única* armadilha para a poderosa magick sexual, de modo algum, mas você será maximamente eficaz em seu uso da força sexual somente se você se conectou conscientemente com sua divindade inerente. Ela então se torna um dos combustíveis mais potentes para se inflamar no ritual, qualquer que seja seu objetivo ritual.

O corpo dos escritos thelêmicos deixados para nós por Crowley tem um tremendo potencial — poder inerente real — de nos sintonizar com o poder vital e vivificante de nossa força sexual. Se você passar uma quantidade significativa de tempo imerso na cultura thelêmica e participar regularmente de ritos thelêmicos, como a Missa Gnóstica e outros, provavelmente desenvolverá um sistema simbólico profundamente arraigado, maduro para ser usado no misticismo e na magick sexuais. Você desenvolverá conexões emocionais e energéticas com os conceitos de Nuit, Hadit e Ra-Hoor-Khuit, por exemplo; e à vontade em si como uma expressão da individualidade que flui através da força sexual e de outros canais. Você se tornará "programado" para vincular certos símbolos, frases, imagens e nomes divinos a essas experiências intrapsíquicas, e isso traz verdadeiro poder mágico.

Vejamos alguns exemplos de materiais maravilhosos no sistema da A∴A∴, para que você possa ter uma ideia da utilidade deles em seu trabalho com o misticismo sexual thelêmico. O primeiro deles é a seção SSS do *Liber HHH*. Esta prática em particular é atribuída ao Practicus da A∴A∴. Ela aparece nesta fase particular de treinamento na A∴A∴ para desenvolver em cima do trabalho com pranayama feito no grau de Zelator. O pranayama é um potente estimulador da kundalini. Aqui no grau de Practicus, o aspirante pratica as técnicas do SSS como uma aceleração desse trabalho da kundalini. No SSS, Crowley coloca as imagens e energias associadas a Nuit e Hadit nos pólos opostos da espinha (os conceitos correspondentes nas abordagens tântricas tradicionais seriam Shakti e Shiva, respectivamente). Ele começa com uma citação de *Liber VII*, Cap. I (vv. 36-40):

> Tu és uma coisa bonita, mais branca do que uma mulher na coluna desta vibração. Eu atiro verticalmente para cima como uma seta, e me torno aquele Acima. Mas é a morte, e a chama da pira. Ascenda na chama da pira, Ó minha Alma! Teu Deus é como o vazio frio do céu supremo, no qual tu irradias tua pequena luz. Quando Tu me conhecerdes, ó Deus vazio, minha chama expirará totalmente em teu grande N.O.X.

Ele então passa a descrever a técnica:

> 0. Fique sentado em teu Āsana, de preferência o do Raio. É essencial que a coluna vertebral esteja na vertical.

> 1. Nesta prática, a cavidade do cérebro é a Yoni; a medula espinhal é o Lingam.

> 2. Concentre teu pensamento de adoração no cérebro.

> 3. Agora comece a despertar a coluna vertebral desta maneira. Concentre teu pensamento de ti mesmo na base da coluna vertebral, e mova-o gradualmente para cima um pouco de cada vez. Por meio disso, tu te tornarás consciente da coluna vertebral, sentindo cada vértebra

como uma entidade separada. Isso deve ser alcançado da maneira mais completa e perfeita antes que a prática posterior seja iniciada.

4. Em seguida, adore o cérebro como antes, mas imagine para ti mesmo seu conteúdo como infinito. Considere-o como sendo o útero de Ísis, ou o corpo de Nuit.

5. Em seguida, identifica-te com a base da coluna vertebral como antes, mas imagine para ti mesmo sua energia como infinita. Considere-o como sendo o falo de Osíris ou o ser de Hadit.

6. Estas duas concentrações 4 e 5 podem ser impelidas até o ponto de Samādhi. No entanto, não perca o controle da vontade; não deixa que Samādhi seja teu mestre aqui.

7. Então agora, estando consciente tanto do cérebro quanto da coluna vertebral, e inconsciente de tudo que não seja isso, imagina a fome do um pelo outro; o vazio do cérebro, o desejo da coluna vertebral, assim como o vazio do espaço e a falta de rumo da Matéria. E se tu tiveres experiência da Eucaristia em ambos os tipos, isso ajudará na tua imaginação aqui.

8. Que essa agonia cresça até ser insuportável, resistindo a cada tentação pela vontade. Tu não procederás até que todo o teu corpo esteja banhado de suor, ou esteja suando sangue, e até que um grito de angústia intolerável seja forçado de teus lábios fechados.

9. Agora que uma corrente de luz, de azul escuro salpicado de escarlate, passe para cima e para baixo na coluna vertebral, golpeando como se fosse sobre ti mesmo que estás enrolado na base como uma serpente. Que isso seja extremamente lento e sutil; e embora seja acompanhado pelo prazer, resista; e embora seja acompanhado pela dor, resista.

10. Isto continuará até que tu estejas exausto, nunca relaxando o controle. Não avance até que tu possas realizar esta seção 9 durante uma hora inteira. E retira-te da meditação por um ato de vontade, passando para um Prāṇāyāma gentil sem Kumbhakham, e meditando sobre Harpócrates, o Deus silente e virginal.

11. Então por fim, estando bem preparado de corpo e mente, estável em paz, sob um céu favorável de estrelas, à noite, em um clima calmo e quente, tu podes acelerar o movimento da luz até que ele seja absorvido pelo cérebro e pela coluna vertebral, independentemente da tua vontade.

12. Se nesta hora tu deves morrer, não está escrito: "Bem-aventurados são os mortos que morrem no Senhor"? Sim, bem-aventurados são os mortos que morrem no Senhor![28]

Essas belas e poéticas meditações e contemplações aumentam a identificação do aspirante com os opostos em si e na natureza, como "personificados" por Nuit e Hadit. Em última análise, é claro, o objetivo é o Conhecimento e Conversação do Santo Anjo Guardião, e o amado com quem nos unimos é este SAG; mas esses exercícios alimentam o fogo da própria força vital e nos ajudam a fortalecer nossa capacidade de direcionar essa força para esse objetivo espiritual.

Liber NU[29] é outra instrução que pode ser bastante útil no desenvolvimento de sua prática sexual mística no contexto do panteão Thelêmico. Embora grande parte dessa instrução não seja explicitamente sexual, ela serve para cultivar as conexões devocionais e emocionais necessárias ao panteão; e como discutido acima, este é um pré-requisito importante para o tantra thelêmico. Aqui estão algumas passagens relevantes:

Medita sobre Nuit como o Contínuo Resolvido em Nenhum e Dois como as fases de seu ser.

Medite sobre os fatos de Samādhi em todos os planos, a liberação de calor na química, a alegria na história natural, Ānanda na religião, quando duas coisas se unem para se perder em uma terceira.

Que o Aspirante reverencie ao máximo a Autoridade da A∴A∴ e siga Suas instruções, e que ele preste um grande Juramento de Devoção a Nuit.

---

[28] Crowley, A. (1992). *Liber HHH* editado por I. Regardie em *Gems from the Equinox*. Scottsdale, AZ: New Falcon Publications.

[29] Crowley, A. (1992). *Liber NV* editado por I. Regardie em *Gems from the Equinox*. Scottsdale, AZ: New Falcon Publications.

Que o Aspirante viva a Vida de maneira Bela e Agradável. Pois esta liberdade ele conquistou. Mas que cada ato, especialmente de amor, seja inteiramente dedicado à sua verdadeira amante, Nuit.

Que o Aspirante anseie por Nuit sob as estrelas da Noite, com um amor dirigido por sua Vontade Mágicka, não meramente procedendo do coração.

O Resultado desta Prática na vida subsequente do Aspirante é enchê-lo de alegrias inimagináveis: dar-lhe certeza sobre a natureza do fenômeno chamado morte, dar-lhe paz indizível, descanso e êxtase.

Magick Sexual Thelêmica

Tendo revisado alguns dos principais textos-fonte thelêmicos relacionados ao misticismo sexual e ao trabalho da kundalini, vamos passar para uma discussão mais explícita da magick sexual. O que segue são algumas técnicas úteis que eu encontrei em várias tradições, na forma de um esboço de como um ritual de magick sexual pode ser realizado. Isto será aplicável ao trabalho solitário, bem como a rituais com um parceiro. Como eu disse no início do capítulo, muito do que se segue é baseado em princípios que seriam aplicáveis a *qualquer* trabalho mágico efetivo, seja sexual ou não.

Como acontece com qualquer trabalho mágico, o primeiro passo é identificar o objetivo do ritual. Este processo deve incluir um auto-exame minucioso para quaisquer fatores conscientes ou inconscientes que estão indo contra o propósito do trabalho. Se você tiver alguma ambivalência sobre realmente obter o resultado do trabalho, isso comprometerá a eficácia do ritual. Considere se as condições práticas estão em vigor para a manifestação do objeto do trabalho; como com toda magick, você primeiramente precisa colocar Malkuth em ordem para que as condições sejam favoráveis. Como se diz: você deve preparar o templo para deus habitar nele. Você também pode querer realizar uma divinação sobre as condições do trabalho e seu provável resultado. Discuta quaisquer preocupações, ressentimentos ou preocupações emocionais não declaradas entre você e seu parceiro. Coloque tudo isso na mesa e fora do caminho antes de avançar com o trabalho. Em qualquer operação mágica, mas particularmente em magick sexual, pensamentos e emoções intrusivos e que distraem podem desviar a força do alvo pretendido.

Se você decidir continuar com o trabalho, realize os preparativos usuais. Como acontece com a maioria dos rituais que seguem a tradição cerimonial ocidental, você pode escrever uma invocação à deidade particular que escolheu para simbolizar as forças invocadas e selecionar sigilos, talismãs, mantras, cores, incensos e correspondências semelhantes. Como de costume, o *777* e os Livros Sagrados de Thelema são boas referências para consultar a respeito.

Quando estiver pronto para começar o ritual em si, passe alguns minutos simplesmente relaxando e conectando-se emocionalmente com seu parceiro. Isso ajudará a garantir que qualquer desconexão pessoal resultante de um dia atarefado no trabalho, não passando muito tempo juntos ultimamente, e assim por diante, não seja um obstáculo. Tome banho ritualisticamente, vista suas vestes mágicas conscientemente e realize banimentos padrão do templo, como o Ritual Menor de Banimento do Pentagrama ou Hexagrama, o Rubi Estrela ou outros, conforme apropriado. O próximo passo é a consagração do templo e a ativação do poder para o templo usando rituais gerais de invocação ou outros procedimentos, como o Hino da Missa, o primeiro Chamado Enoquiano, o Safira Estela, pranayama ou o Exercício do Pilar do Meio.

Em seguida, prossiga para invocações específicas ligadas ao objeto do trabalho — elas podem ser ritualizadas ou poéticas — e depois faça uma proclamação do propósito do trabalho. Tendo colocado tudo isso em movimento, e tendo todas as coisas organizadas em termos de seus sigilos ou talismãs e do próprio espaço do templo, tire da mente a ideia de que você está fazendo um ritual e simplesmente use todas as habilidades eróticas disponíveis, seja sozinho ou com um parceiro, para se inflamar no ato do amor.

Volte sua atenção para seus sigilos, mantras ou outros símbolos escolhidos na sala, para fornecer um simples foco mental no objetivo do ritual, sem muita intrusão de detalhes. Isso também permite que você mantenha uma quantidade razoável de atenção em seus padrões de excitação, e o ato sexual em si, para manter essa chama ardendo.

Você descobrirá que é mais eficaz se permanecer no coito por pelo menos uma hora, antes de avançar para o clímax. Quando você e seu parceiro estiverem prontos, liberte todo o poder do clímax extático como se fosse uma oferenda ao objeto do ritual. Se você personificou o objeto de um ritual em termos de uma divindade, isso pode ser experimentado como se você estivesse fazendo amor com a divindade em si — como se você os tivesse segurado como seu amado durante todo o ritual e o clímax é uma oferta para eles. Complete o trabalho formal com o consumo do elixir como uma eucaristia, ou usando-o para ungir sigilos ou talismãs. Você então fecha o espaço ritual, incluindo a cobertura de qualquer talismã ou sigilo para proteger sua carga, e realiza os banimentos finais. Como sempre, registre os resultados em seu diário mágico o mais rápido possível após a conclusão do trabalho.

Então, como você pode ver, realmente não há nada terrivelmente diferente na *estrutura* de um ritual de magick sexual comparado a qualquer outro tipo de ritual que use os elementos do design cerimonial clássico; mas o combustível para o fogo, o mecanismo para inflamar a vontade e alimentar as invocações, e a resultante união espiritual com o objetivo desejado, são todas realizadas por meios especificamente sexuais. A prática da Magick e do Misticismo Sexuais thelêmicos é um caminho poderoso e extático para a consecução, e eu o encorajo fortemente a explorá-lo nos moldes que estabeleci neste capítulo. Tenho grande confiança de que você não se ressentirá de receber essa lição de casa!

Leitura Recomendada

Por Aleister Crowley:

Crowley, A. (1996). *The Law is for All*. Tempe, AZ: New Falcon Publications.
Crowley, A. (1992). *Liber HHH*, editado por I. Regardie em *Gems from the Equinox*. Scottsdale, AZ: New Falcon Publications. [Observação: a seção SSS em especial]
Crowley, A. *Amrita, The Elixir of Life*. Manuscrito não-publicado.
Crowley, A. (1992). *Liber NU*, editado por I. Regardie em *Gems from the Equinox*. Scottsdale, AZ: New Falcon Publications.
Crowley, A. (1992). *Liber Had*, editado por I. Regardie em *Gems from the Equinox*. Scottsdale, AZ: New Falcon Publications.

Por outros autores:

Avalon, A. (1974). *The Serpent Power*. New York, NY: Dover Publications.
Chia, M. (2009). *A Cura do Amor Pelo Tao: Como Aperfeiçoar a Energia Sexual Feminina*. Editora Cultrix.
Chia, M. & Winn, M. (1998). *Segredos Taoístas do Amor: Cultivando a Energia Sexual Masculina*. Editora Roca.
Feuerstein, G. (1998). *A Sexualidade Sagrada*. Editora Siciliano.
Kraig, D. (1999). *Modern Sex Magick*. St. Paul, MN: Llewellyn Publications.
Mumford, J. (2003). *Êxtase Através do Tantra*. Publicações Europa-América.
Van Lysebeth, A. (1994). *Tantra, o Culto da Feminilidade*. Summus Editorial.

PARTE DOIS:

PERSPECTIVAS SOBRE O CAMINHO DA CONSECUÇÃO

15

Os Métodos e Ferramentas
da A∴A∴

*Mas eu queimei dentro de ti como uma chama
pura sem óleo. À meia noite eu era mais brilhante
que a lua; durante o dia eu excedi totalmente o
sol; nos atalhos do teu ser eu chamejei, e dissipei
a ilusão.*[30]

Não faltam materiais publicados sobre o sistema da A∴A∴, em termos de sua abordagem global e de seus métodos de treinamento. Isto certamente foi intencional, uma vez que Crowley pretendia que os métodos e materiais da A∴A∴ fossem amplamente acessíveis e, com o tempo, fossem amplamente replicados. Há muito material disponível sobre o que é o sistema, mas é raro encontrar uma discussão convincente e prática sobre por que e como o sistema funciona. Desta forma, espero que, até o final deste capítulo, você terá uma noção melhor de por que as tarefas, ferramentas e métodos da A∴A∴ são organizados da maneira como são, por que eles se desdobram de uma certa maneira ao longo dos graus da A∴A∴ e como eles te levam ao Conhecimento e Conversação do Santo Anjo Guardião e além.

---

[30] Crowley, *Liber LXV*, Cap. V, v. 9.

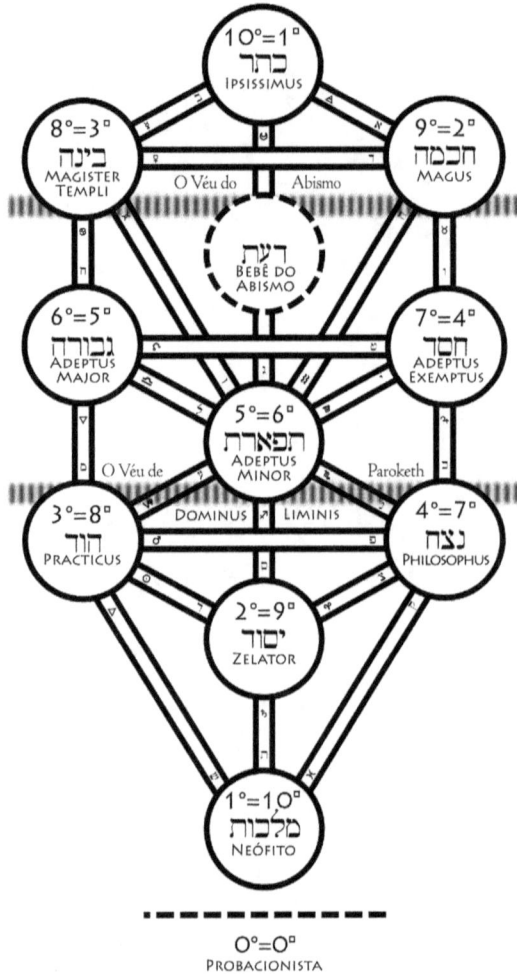

$10°=1°$
כתר
IPSISSIMUS

$8°=3°$
בינה
MAGISTER
TEMPLI

$9°=2°$
חכמה
MAGUS

O Véu do   Abismo

דעת
BEBÊ DO
ABISMO

$6°=5°$
גבורה
ADEPTUS
MAJOR

$7°=4°$
חסד
ADEPTUS
EXEMPTUS

$5°=6°$
תפארת
ADEPTUS
MINOR

O Véu de   Paroketh
DOMINUS   LIMINIS

$3°=8°$
הוד
PRACTICUS

$4°=7°$
נצח
PHILOSOPHUS

$2°=9°$
יסוד
ZELATOR

$1°=10°$
מלכות
NEÓFITO

$0°=0°$
PROBACIONISTA

Os Graus da A∴A∴.

Certamente há uma tecnologia específica aqui, mas ela tende a ser discutida em termos de uma análise de grau a grau, como a maneira como as tarefas e a natureza de cada grau são atribuídas aos quatro elementos, ou às sephiroth correspondentes. Consideraremos também dessa perspectiva, mas quero ir além dessa abordagem e mudar o foco para o tipo de treinamento que está ocorrendo ao longo do caminho. Eu dividi o sistema abaixo de Tiphereth em cinco "trilhas" de treinamento — essencialmente, cinco tipos diferentes de ferramentas que trabalham em conjunto para conduzir você ao Conhecimento e Conversação. Essas cinco trilhas de treinamento se desdobram simultaneamente nos graus da primeira ordem (de Probacionista a Dominus Liminis). Vou descrever brevemente as cinco trilhas e, em seguida, vamos percorrê-las e discuti-las em mais detalhes. Obviamente, não posso discutir todas as tarefas da A∴A∴ aqui. Em vez disso, enfatizarei as principais práticas que exemplificam as cinco trilhas de treinamento e mostrarei como elas se complementam no caminho do aspirante.

Trilha Um: O desenvolvimento de habilidades e técnicas mágicas.
Trilha Dois: O treino da mente — focá-la, esvaziá-la, torná-la e mantê-la receptiva.
Trilha Três: A estimulação e ativação dos chakras e a elevação da kundalini.
Trilha Quatro: Práticas devocionais.
Trilha Cinco: O equilíbrio da constituição psico-mágica.

Antes de os observarmos em detalhes, deve-se enfatizar que tudo no sistema A∴A∴ abaixo de Tiphereth — tudo que leva ao grau de Adeptus Minor $5°=6□$ — é dedicado exclusivamente à consecução do C&C do SAG. É fácil perder isso de vista, devido à natureza diversa das tarefas atribuídas, e às muitas tradições que são tecidas em conjunto no sistema. Além disso, todo aspirante tem seus próprios preconceitos e predisposições que levam à miopia mágica. Em todo caso, o objetivo do sistema não é acumular um saco de técnicas mágicas não relacionadas, mas tornar-se plenamente você mesmo. Você deve atingir o C&C do SAG, para que possa descobrir com certeza sua Verdadeira Vontade. Então, você deve realizar essa vontade com força e precisão.

A **Trilha Um** é o desenvolvimento de habilidades e técnicas mágicas. Esta trilha é ativamente trabalhada desde os primeiros estágios da A∴A∴ — desde o Grau de Probacionista.

Probacionista
É provável que o Probacionista esteja experimentando um espectro completo de técnicas mágicas, mas no momento da passagem para Neófito (assumindo que o ano de probação tenha sido completado com sucesso) haverá uma ênfase ainda mais específica nas ferramentas mágicas tradicionais. É um pouco como aprender um alfabeto. Você simplesmente tem que aprender o básico, e deixá-lo formar uma base para tudo que você faz depois. Aqui o foco está nas formas dos rituais do pentagrama e hexagrama (Menor, Maior, Supremo, e assim por diante) bem como no desenvolvimento de competência com os rituais de invocação e banimento elementares, planetários e zodiacais resultantes deles.

Neófito

O Neófito essencialmente está formulando seu próprio "atlas astral", se você preferir. Também pode haver experimentação com o sistema Enoquiano (embora isto não seja especificamente atribuído até o Grau de Practicus) como também várias técnicas salomônicas e goeticas.

O que está essencialmente acontecendo aqui, por definição, é que grande parte da instrução tradicional que teria ocorrido na antiga *Segunda* Ordem da Aurora Dourada está sendo entregue ao Neófito logo na porta de entrada, com apenas a preparação do Probacionista como preliminar. Essas habilidades são desenvolvidas desde o início do sistema — mas por quê? Essa é a pergunta que vou fazer em cada etapa do treinamento. Por que aqui? Por que agora? Qual é o objetivo de treinar esse conjunto específico de habilidades?

Pode não parecer imediatamente óbvio por que a habilidade de executar corretamente um ritual do pentagrama ou hexagrama, ou qualquer uma dessas outras técnicas, está necessariamente relacionada ao caminho em direção ao Conhecimento e à Conversação. Considere isso: se você não consegue projetar um ritual para invocar efetivamente um aspecto fundamental da natureza, como um elemento particular ou uma influência planetária específica; se você não puder projetar e executar um ritual como este com competência, e se tornar um recipiente adequado para a invocação e utilização de uma força em particular — como você pode projetar o derradeiro ritual de invocação — o do seu próprio SAG? O básico simplesmente precisa ser dominado. Certamente, aprender qualquer forma de ritual específica, como um ritual do hexagrama, é em si de pouca importância; mas, como uma ferramenta para desenvolver sua capacidade de invocar, conter com segurança e direcionar a força mágica, é inestimável.

O Neófito também é treinado e testado no controle do Corpo de Luz, e nas técnicas relacionadas de *scrying* e a chamada projeção astral. O Neófito é testado pelo Superior dele nestes procedimentos, para assegurar que tenha desenvolvido uma habilidade adequada com o Corpo de Luz, a fim de explorar com competência os reinos astrais. Essa habilidade é importante porque a capacidade de falar a linguagem do símbolo, que é a linguagem natural do mundo astral — e da mente subconsciente — está diretamente relacionada à crescente capacidade do aspirante de receber conscientemente as várias comunicações do SAG. Enquanto inicialmente no caminho do aspirante, esses impulsos provavelmente serão mais ou menos subconscientes — falando através de sonhos e flashes intuitivos de vários tipos — quanto mais conscientemente alguém puder falar e entender essa linguagem, mais próximo estará da comunicação consciente com o Anjo. Afinal, a comunicação consciente com o Anjo, à vontade, é mais ou menos a própria definição de C&C de sucesso.

Practicus

O Practicus avança, trabalhando com a divinação. Por quê? Como a prática da divinação está conectada ao C&C? Tenha em mente que a divinação é mais um método de usar a mente consciente para receber impressões sutis de um conjunto de símbolos, e se você não pode sentar com um conjunto de símbolos universais como o Tarô ou o I Ching e obter algo apreensível e útil a partir deles, como você pode começar a sintonizar-se com as impressões muito, muito sutis que virão até você, nesta fase de treinamento, do SAG? Como você pode construir o tipo certo de radar, com o nível necessário de sensibilidade, se você não pode executar algo tão básico quanto uma leitura de Tarô?

Philosophus

O Philosophus está encarregado de dominar a evocação e trabalhar com talismãs. Como isso leva ao C & C? Pense sobre o que realmente é a evocação: é a capacidade de externalizar a força mágica, particularizada em uma forma específica e tipo de energia de sua escolha. Por exemplo, a evocação de um espírito em particular em um triângulo requer a capacidade de acessar uma fonte de energia específica e usar efetivamente os "músculos" espirituais corretos para trazê-lo à manifestação. Quer você veja tal ato como puramente psicológico, ou como uma interação com uma entidade externa real, você ainda precisa manifestar algo concreto à sua frente; e ao fazer isso você está fortalecendo os músculos que permitirão que você interaja de forma convincente, vibrante e eficaz com o SAG quando chegar a hora. Não pretendo sugerir que a natureza do C & C será exatamente a mesma que a de conversar com seu espírito Goético médio; entretanto, os músculos fortalecidos pelo aperfeiçoamento das habilidades de evocação serão diretamente aplicáveis ao eventual trabalho do C & C.

Da mesma forma, a capacidade de criar e consagrar talismãs poderosos é uma preparação importante para o C & C. Qual é a natureza de um talismã? É um objeto físico imbuído de uma força específica escolhida pelo magista. Se você pode conceber e consagrar competentemente um talismã, de modo que possa canalizar uma força específica para um objeto específico, e esse objeto pode manter esse poder e pode ser útil para você — essa habilidade certamente será útil à medida em que você se aproxima do C&C. Afinal, o que você é, senão um talismã da força do seu Anjo? Toda a sua vida, seu próprio ser, seu corpo físico, de fato, todo processo vivo em andamento deve ser um talismã da natureza do seu Anjo. Se você não pode imbuir um talismã físico com uma força específica tão simples quanto, digamos, Mercúrio, como você pode tornar todo o seu ser um talismã consciente da influência do seu Anjo?

A **Trilha Dois** é o treinamento da mente para focá-la, esvaziá-la, torná-la e mantê-la receptiva.

Aqui temos outro conjunto de tarefas que provavelmente será abordado a partir do Grau de Probacionista. Embora seja possível escolher qualquer prática que se queira como Probacionista, é muito importante ter alguma exposição aos princípios básicos de *asana* (posturas) e *dharana* (práticas de concentração). Através destas práticas de *raja yoga*, o aspirante está começando a desenvolver a habilidade de acalmar e focar a mente, e treiná-la para se tornar receptiva a impressões sutis. Além disso, por meio do uso de meditações reflexivas e do estudo dos Livros Sagrados, o aspirante fortalecerá sua capacidade de obter uma compreensão mais profunda de arcanos importantes de todos os tipos. Por que isso é importante? Talvez seja bastante óbvio que, se você não consegue fazer com que sua mente fique quieta — se você ainda não consegue aguentar a agitação do pensamento cotidiano e permitir que sua mente se torne receptiva a impulsos sutis para algo tão simples quanto meditar sobre uma linha de texto — se você não consegue manter sua concentração em um triângulo vermelho por alguns minutos — como você pode fazer com que sua mente fique quieta o suficiente, e livre o suficiente do bate-papo interior, para a "meditação" definitiva do derradeiro trabalho do C&C?

Essas práticas de raja yoga continuam nos graus da Primeira Ordem, é claro, culminando no Dominus Liminis. Por exemplo, *Liber Turris* é designado nos graus de Practicus e Philosophus para fortalecer a capacidade de destruir pensamentos em sua origem no cérebro. *Liber Yod*, para o Dominus Liminis, serve como treinamento para trazer a totalidade da mente para um único ponto de intensidade focalizada. Todas essas práticas, colocadas aqui, assim como o aspirante está "no limiar de casa" vindo em direção a Tiphereth, são inteiramente consistentes com o objetivo do Dominus Liminis de harmonizar todo o trabalho feito na Ordem até agora; mirar com um só objetivo o Conhecimento e Conversação do Santo Anjo Guardião. Se você não consegue fazer com que sua mente se concentre sem distração em um único ponto — se você não pode trazer tudo de si mesmo, tudo o que você descobriu ser, como um único vetor unificado de força mágica — você provavelmente terá grande dificuldade em se mover eficientemente para o C&C.

Finalmente, temos as práticas do *Liber Jugorum*, que desenvolvem o controle do pensamento, da palavra e da ação do aspirante. O Practicus tenta controlar a fala; o Philosophus a ação, e o Dominus Liminis o pensamento. Por quê? Se você não pode controlar seu discurso na vida cotidiana e simples, como você pode compor e entregar a invocação mais perfeita para o seu Anjo? Se você não pode controlar a ação em sua vida cotidiana, como você pode controlar sua ação para criar o ritual perfeito para invocar seu Anjo? Se você não consegue controlar o pensamento em sua vida cotidiana — se você não consegue manter-se afastado de um certo tipo de pensamento, ou se atrair para outro tipo — como você pode, naquele momento supremo de foco, direcionar toda a sua atenção para o SAG? As práticas de controle do *Liber Jugorum* fortalecem muitos músculos mágicos necessários para o sucesso final na Grande Obra.

A **Trilha Três** envolve o estímulo e a ativação dos chakras, e a elevação da kundalini — a força regeneradora, divina e vivificante, que reside em todo ser humano. Através de várias práticas, essa força vital pode ser intensificada e aplicada de maneiras específicas e direcionadas a processos transformativos no corpo, na mente e nos centros sutis de energia com os quais trabalhamos.

Muitos Probacionistas trabalharão com asana, e esta prática é preliminar para o trabalho mais avançado da kundalini. O teste formal em asana não é requerido até o grau de Zelator, onde deve-se sentar perfeitamente imóvel em frente ao superior por uma hora antes de ser aprovado. Quando há facilidade suficiente com o asana, é apropriado começar a trabalhar com o pranayama — o controle da respiração. Isso também pode começar já no grau de Probacionista, mas o teste formal não ocorre até o de Zelator. Uma das coisas importantes a se observar sobre esse teste de pranayama é que os resultados desejados (geralmente descritos como "transpiração agradável" e "rigidez automática") são, de fato, sinais precoces da atividade da kundalini. Estes são apenas os estágios iniciais, mas é evidente que mesmo no nível de Zelator, o trabalho está sendo feito para iniciar o fluxo da kundalini, e os resultados concretos estão começando a se manifestar. Na prática, esses resultados iniciais auxiliam na crescente conscientização dos estados de energia em êxtase no aparato da mente / corpo e na direção consciente dessa energia para os fins desejados.

Este processo é grandemente amplificado através das práticas dadas na Seção SSS de *Liber HHH*, que é atribuída ao grau de Practicus da A∴A∴. Essa linda e poderosa prática — essencialmente uma instrução de tantra Thelêmico — envolve o movimento consciente de energia entre a base da espinha e o cérebro. O aspirante concebe esses pólos opostos como sendo Nuit e Hadit, e constrói uma espécie de "cortejo" entre eles. Depois de muita prática prolongada, geralmente no decorrer de muitos dias ou mais, o aspirante leva o trabalho ao clímax quando esses pólos são finalmente autorizados a se unir em êxtase. Qual é a utilidade dessa prática em termos de nosso treinamento? Além dos consideráveis benefícios místicos, qualquer prática desse tipo, quando o aspirante se torna um recipiente consciente de força mágica, e aprende a dirigi-la de maneira precisa, está treinando importantes músculos mágicos. Até mesmo o ritual mágico tem esse efeito. Embora possa não ser auto-evidente que qualquer cerimônia mágica efetiva tenha efeitos relacionados à kundalini, ainda que sutis, descobri que esse geralmente é o caso. Afinal, em tais rituais, você está se tornando uma bateria de força — incorporando-a, controlando-a e direcionando-a. E a natureza dessa força, em termos gerais, é idêntica àquela que estamos chamando de kundalini — a própria essência da energia criadora que dá vida. Não importa como podemos particularizar essa força em um determinado ritual por meio de procedimentos adicionais, ainda precisamos nos conectar à fonte.

Assim como nas outras trilhas de treinamento, o processo de elevar a kundalini é de fundamental importância no sistema da A∴A∴. Em um sentido muito real, a kundalini é o combustível que potencializa todas as transformações que empreendemos nesse sistema. Todas as transformações voluntárias do *self* recebem mais poder e mais potência graças a essa energia ser elevada e aplicada da maneira pretendida. Além disso, e muito importante, o êxtase que ocorre quando essas práticas relacionadas à kundalini são trazidas à sua conclusão é, em si mesmo, transformador, curativo e evolucionário; sua natureza é potencializar a transformação do humano em mais-do-que-humano. A experiência desse êxtase "divinizado" é tão importante no caminho para o C & C que não pode ser exagerada. Quando terminamos este trabalho na Primeira Ordem da A∴A∴, nossa consciência da natureza divina de nosso próprio êxtase deveria ser tão aguda e tão vívida que a própria ideia de Deus — a ideia de nosso SAG — é a coisa mais sexy que podemos imaginar. Da mesma forma, o sexo é percebido como inseparável da santidade — é, de fato, verdadeira adoração. Essas transformações de nossas concepções básicas e experiências do *self*, da força vital e da sexualidade como uma encorporação da força divina são fundamentais no progresso em direção ao C & C (consulte o Capítulo 14 para saber mais sobre isso).

A **Trilha Quatro** é a prática devocional — o *bhakti yoga* do sistema da A∴A∴. Enquanto este trabalho é especialmente atribuído ao grau de Philosophus correspondente a Netzach, a aspiração, a devoção, o fogo, a paixão pelo caminho em si, e o progresso em direção à união com o Anjo não são novidades para o aspirante. De fato, é altamente improvável que um iniciado progrida até o grau de Philosophus sem ser alimentado por intensa devoção e aspiração o tempo todo. Tenho certeza que se você refletir sobre o que primeiro o atraiu para o caminho mágico — o que o tornou vivo para você — você pode ver que havia um elemento de devoção e aspiração que estava chamando você, não importa como você possa tê-lo experimentado na época. Toda a verdade e a beleza que o arrebataram, o mistério que continuamente se desenrola e você busca, o canto da sereia que te convida a seguir adiante — todos esses são simplesmente um ou outro aspecto do Santo Anjo Guardião ativo em sua vida e consciência. Quando Joseph Campbell diz "siga sua felicidade", ele não está brincando. Este é um processo de descobrir o que faz você se tornar vivo, o que faz você amar, o que o mantém buscando o próximo mistério diante de você.

Como observei anteriormente, esses músculos de devoção e aspiração são cultivados de maneira mais incisiva no grau de Philosophus, o que corresponde a Netzach; pois é neste exato momento, quando você está quase pronto para começar o trabalho formal do C & C, que você deve acender totalmente o fogo da aspiração. Todos os músculos da devoção devem estar ativos e totalmente desenvolvidos. A principal instrução devocional formalmente designada para o Philosophus é *Liber Astarte*. Este é um trabalho belamente construído no qual essencialmente se cria um sistema religioso dedicado à deidade escolhida. Está claro pelas instruções do livro que o ponto aqui é adquirir prática na arte da adoração — exercitar e fortalecer os músculos da devoção, de modo que num futuro muito próximo, enquanto você empreende o trabalho de C & C, você possa direcionar essa capacidade recém-fortalecida para o seu próprio SAG. Isso faz muito sentido, já que, por definição, é improvável que o Philosophus tenha total contato consciente com o SAG, e provavelmente precisará de outros deuses, símbolos e imagens como "substitutos". Na prática, essa necessidade tende a diminuir rapidamente à medida que o aspirante se aproxima das experiências culminantes dos graus de Dominus Liminis e Adeptus Minor, e o SAG os instrui cada vez mais em todos os aspectos essenciais de sua verdadeira religião, ao tomarem seu lugar como profeta de seu próprio Anjo.

A **Trilha Cinco** é o equilíbrio da constituição psico-mágica. Podemos pensar nisso como nos prepararmos como um graal — um graal para a habitação da luz do Anjo. Se o nosso desenvolvimento for desequilibrado, nosso graal tombará. Se não conseguirmos nos construir em um recipiente sólido e sem frestas, nosso graal vazará. A força segue a forma e devemos nos tornar a forma perfeita que, por sua concepção, invoca a força desejada — a luz do SAG.

Uma maneira de conceituar o processo de alcançar essa forma equilibrada é a passagem pelos graus elementais da Primeira Ordem da A∴A∴. Em cada grau, o aspirante constrói uma arma simbólica para simbolizar e concretizar as mudanças internas ocorridas nesse grau. Essas armas elementares correspondem, é claro, aos quatro elementos da terra, ar, água e fogo, mas também podemos entendê-los no contexto das quatro funções da psique de Carl Jung: sensação, intuição, pensamento e sentimento, respectivamente. O pantáculo (disco) é a arma da terra, Malkuth e sensação; a adaga é a arma do ar, de Yesod e da intuição (a intuição espiritual manifesta-se primeiro através do subconsciente, que é atribuído a Yesod); a taça é a arma da água, de Hod e do pensamento; e a varinha é a arma do fogo, de Netzach e do sentimento, aspiração e desejo. Além disso, no grau de Dominus Liminis, o lampião mágico é construído como um símbolo da coroação do espírito sobre os outros quatro elementos. Todas essas coisas — os quatro elementos, as quatro funções da psique, as quatro armas — são representativas do desenvolvimento equilibrado da constituição psico-mágica. Atravessando esses graus de uma maneira gradual e equilibrada, podemos de fato nos tornar em um graal perfeito para a luz do SAG, pois o deus não habitará em um templo inadequadamente preparado.

Para encerrar, deixe-me oferecer uma imagem final para sua consideração, para ilustrar o processo abrangente dos graus da Primeira Ordem: a do lampião mágico em si, já discutido acima no contexto do grau de Dominus Liminis. Com asana e pranayama, começamos o esforço de transformar o corpo físico — o *design* físico da lâmpada. As práticas da kundalini mais avançadas e o êxtase divinizado que cultivamos compõem o óleo que é o combustível do lampião. Através do uso correto de nosso intelecto, escolhemos os padrões corretos, as decorações simbólicas e as dimensões para o funcionamento adequado do lampião. Nossa devoção e aspiração servem como a centelha que finalmente acende o lampião. Todos esses componentes devem estar no lugar e funcionando adequadamente, para que todo o lampião cumpra sua finalidade. Assim, todos os cursos de treinamento dos graus da Primeira Ordem devem ser devidamente dominados. Com estas tarefas devidamente executadas, esperamos que o Anjo resida com amor e devoção, e com a chama da Verdadeira Vontade brilhando intensamente em nossos corações. Pois "esperar-Te é o fim, não o começo".[31]

Como Começar na A∴A∴

Pelos seus frutos os conhecereis.[32]

Desde a morte de Karl Germer (o sucessor de Crowley como o Chefe da Ordem) em 1962, não houve um governo *universalmente*

---

[31] *Liber LXV,* Cap. II, v. 62.

[32] *Mateus* 7:15-20.

reconhecido da A∴A∴. Depois da morte de Germer, vários reivindicadores surgiram, cada um com seus próprios líderes e suas próprias histórias (às vezes um pouco emaranhadas). Você notará meu uso do termo "grupo reivindicador" nesta discussão. O termo "linhagem", que seria uma escolha óbvia em outras tradições espirituais análogas, tornou-se tão politizado que agora, em alguns círculos, é sinônimo de ilegitimidade. No entanto, está muito claro que existem vários grupos que afirmam ser a A∴A∴, daí o termo "grupos reivindicadores".

A única manifestação da A∴A∴ pela qual posso atestar *pessoalmente* em termos de sua legitimidade histórica, da competência de seus líderes e da ligação de sua Tríade administrativa com as raízes espirituais da Ordem (os chamados "Chefes Secretos"). é aquela cujas informações de contato aparecem abaixo. Observe, no entanto, que *não* estou condenando o trabalho de outros grupos que alegam representar a A∴A∴. Tenho bons amigos em vários desses grupos e é claro que eles são aspirantes sinceros fazendo um trabalho eficaz e importante. De longe, a coisa mais importante para mim é simplesmente que o *sistema* da A∴A∴ está prontamente disponível para os aspirantes que são chamados para o caminho.

Houve alguma confusão sobre a relação entre a O.T.O. moderna e os vários grupos reivindicadores da A∴A∴. Desde os primórdios da O.T.O. moderna em meados da década de 1970, houve iniciados de múltiplos grupos reivindicadores da A∴A∴ ativos dentro da O.T.O. Alguns anos atrás, *algumas* pessoas na administração da O.T.O. se alinharam abertamente com um grupo reivindicador em particular, e começaram a anunciar seu endereço de contato. Este é um direito deles e eu honro a escolha deles como um ato de consciência pessoal. No entanto, o fato é que no momento existem muitos iniciados de outros grupos reivindicadores da A∴A∴ ativos na O.T.O., em todos os níveis de afiliação e liderança da O.T.O. É importante entender isso, porque nos últimos anos algumas declarações foram feitas (por indivíduos, não pela O.T.O. em si), o que pode confundir aqueles que aspiram aderir à A∴A∴, levando-os a acreditar que o grupo reivindicador que foi promovido ativamente pela O.T.O. é a única opção viável para aqueles que também são iniciados na O.T.O. Isso simplesmente não consiste com os verdadeiros fatos da situação. Observe que minha apresentação desses fatos não reflete de forma alguma uma crítica aos que administram a O.T.O. — eles têm autoridade para governar a O.T.O. da maneira que julgarem adequada, e tenho muito respeito por seu trabalho nesse sentido.

Se você for chamado para o trabalho da A∴A∴, encorajo-o a fazer sua própria pesquisa e chegar a suas próprias conclusões sobre qual caminho específico é melhor para você. Em última análise, sua consecução espiritual pessoal — os frutos de seu próprio trabalho — serão o melhor indicador da sabedoria de sua escolha.

A∴A∴
P.O. Box 215483
Sacramento, CA, 95821
Estados Unidos da América
www.onestarinsight.org

16

TARÔ & O CAMINHO DA INICIAÇÃO

Provavelmente o mal-entendido mais comum sobre o Tarô é que ele é meramente uma ferramenta para divinação. O que muitas vezes falta é que a razão dele ser um sistema tão magnífico para divinação é que ele é um *mapa simbólico completo* de todos os processos transformativos no universo, e em cada indivíduo que percorre o caminho da consecução espiritual. Quando você pensa sobre isso, é fácil perceber que seria impossível para qualquer sistema ser ideal para divinação, a menos que incorpore todas essas leis da natureza. Afinal, se você tem uma pergunta em mente, mas há certos aspectos da vida e da consciência que são simplesmente inacessíveis ou inexprimíveis em um sistema de divinação, esse sistema não será abrangente o suficiente para fornecer uma resposta completa.

Meu propósito aqui, entretanto, não é revisar o uso do Tarô como uma ferramenta de divinação (embora eu sugira um *layout* e uma estratégia interpretativa no final deste capítulo). O propósito é examinar as maneiras pelas quais o Tarô funciona como um mapa simbólico das transformações que ocorrem em você à medida em que *você* percorre o caminho da consecução. Mais particularmente, discutirei os processos transformadores que se desenrolam, representados nos trunfos do Tarô de Thoth correspondentes aos caminhos da Árvore da Vida que levam ao Conhecimento e Conversação do Santo Anjo Guardião. Eu não vou

143

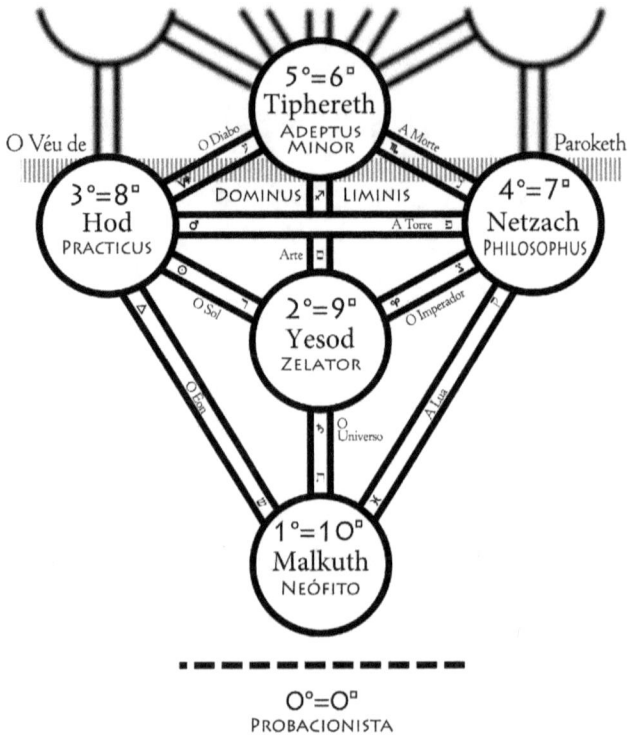

Os Trunfos do Tarô e os graus da A∴A∴ abaixo de Tiphereth.

entrar em muitos detalhes sobre as imagens específicas nas cartas, então eu sugiro que você tenha o seu baralho de Thoth à mão enquanto você lê este capítulo.

Como você já deve saber, a totalidade do Tarô pode ser mapeada na Árvore da Vida. As sephiroth descrevem estados estáticos de consciência e são atribuídas às cartas menores e às cartas da côrte do Tarô, enquanto os caminhos são atribuídos aos trunfos e mostram os processos transformadores relacionados à interação das sephiroth que eles conectam. Grande parte de nossa discussão neste capítulo terá foco no papel dos trunfos como "mediadores" entre suas sephiroth adjacentes, as transformações correspondentes ocorrendo nos iniciados da A∴A∴. O sistema de consecução da A∴A∴, naturalmente, também se baseia na Árvore da Vida, com cada sephira correspondendo a um grau de iniciação, e tanto a sephira quanto os caminhos que as conectam

144

mostrando as tarefas relevantes daquele grau. Em cada grau, o iniciado realiza tarefas correspondentes a essa sephira específica, bem como aos caminhos que levam ao *próximo* grau. Por exemplo, como um Neófito, suas tarefas refletirão a natureza de Malkuth, bem como do caminho de *tav* que se conecta ao próximo grau, de Zelator, em Yesod. Mantenha este esquema em mente enquanto você lê sobre os vários processos discutidos aqui.

Como em qualquer discussão sobre a Cabala e o Caminho do Retorno, é importante ter em mente que você sentirá a influência desses processos em muitos pontos da sua vida. Por exemplo, considere a esfera de Geburah, que corresponde a Marte, força e vontade. Você terá muitos momentos de "Geburah" em sua vida — tempos de intensa energia e poder, ou (menos construtivamente) agressão e raiva. Mas nosso foco aqui está no desdobramento do caminho da A∴A∴, onde sua "localização" espiritual pode ser mapeada para uma única sephira específica em qualquer ponto da sua vida, correspondendo ao seu grau na ordem.

Vamos revisar brevemente a natureza das sephiroth abaixo de Tiphereth; isto é, as sephiroth pelas quais você passará no seu progresso através dos graus de Neófito a Dominus Liminis da A∴A∴, e daí para Adeptus Minor e o C & C do SAG. Malkuth é atribuído ao grau de Neófito, o elemento terra, o corpo físico e o universo material. Yesod é atribuído ao grau de Zelator, e corresponde aos processos autônomos e subconscientes na mente e no corpo, e ao poder sexual generativo presente em cada ser humano. Hod, que corresponde ao grau de Practicus, é essencialmente o intelecto humano. Netzach, correspondente ao grau de Philosophus, está associada com a emoção, aspiração e desejo. O Véu de Paroketh, abaixo de Tiphereth, representa o verdadeiro "véu" psicológico e espiritual que protege a entrada da Segunda Ordem da A∴A∴ e corresponde ao grau de Dominus Liminis ("Senhor do Limiar").

Neófito: Malkuth e o Caminho de Tav
A natureza da tarefa do Neófito corresponde à esfera de Malkuth e ao caminho de *tav* — a carta do Universo. Como observado acima, o simbolismo de Malkuth é o do mundo material, e Yesod a mente subconsciente (que é o nosso mecanismo perceptivo inicial para o mundo astral). O Neófito deve trabalhar para aumentar sua percepção das forças sutis que interpenetram o mundo material e verdadeiramente experimentar que essas mesmas forças são o substrato da existência material.

145

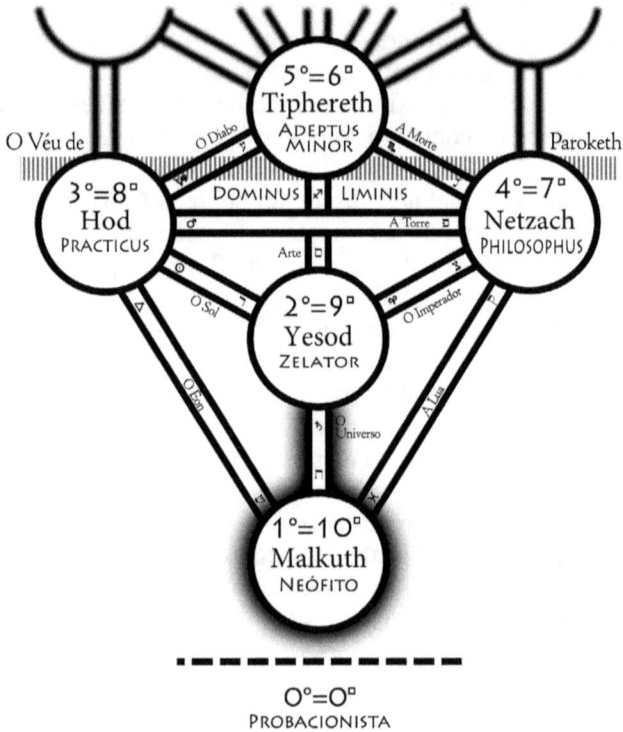

O Caminho de Tav (O Universo)

O caminho de *tav* e do trunfo do Universo corresponde ao muladhara chakra e, consequentemente, vemos no trunfo a kundalini enrolada. A mente universal é de fato uma *força* — é o poder criativo do próprio universo, e essa força se manifesta na *forma*. Forma é um conceito relacionado a Saturno e à Terra, ambos atribuídos à carta do Universo. Aqui, despertamos nossos sentidos para a percepção da mente como força viva. Estas são as realidades do mundo formativo de Yetzirah, que estão se abrindo para nós enquanto percorremos o caminho de *tav*. Frequentemente, nessa fase, os iniciados começam a descrever o aumento da percepção de formas astrais e, de fato, essa capacidade de controlar o "Corpo de Luz" é uma habilidade específica que está sendo treinada e testada no grau Neófito.

A figura central da carta do Universo tem as pernas na forma de uma cruz e, como você deve se lembrar, "cruz" é o significado da letra hebraica *tav*, que também alude aos quatro elementos. Ela está parcialmente velada — esse é o véu através do qual devemos espiar para ver além das formas materiais ao nosso redor e perceber o substrato astral sob elas. Este é o véu da natureza em si — essa barreira formada pelos hábitos condicionados de olhar para o universo material — impedindo-nos de ver a realidade mais profunda por trás dele. Esta não é uma doutrina dualista em que o mundo físico é "mau" e o espiritual "bom". Em vez disso, o mundo material é visto como um véu cuja forma pode revelar-nos verdades mais profundas e, assim, o mundo é visto como uma verdadeira manifestação do divino. Como mencionado acima, a serpente kundalini é mostrada neste trunfo, atribuída ao muladhara chakra, e o Neófito está começando a empreender a ativação do muladhara e o despertar da kundalini através de várias práticas meditativas e mágicas (consulte o Capítulo 15). Veremos como essa força serpentina se desenvolve à medida que revisamos os outros trunfos que levam ao C & C do SAG.

Zelator: Yesod, e os caminhos de Shin e Resh

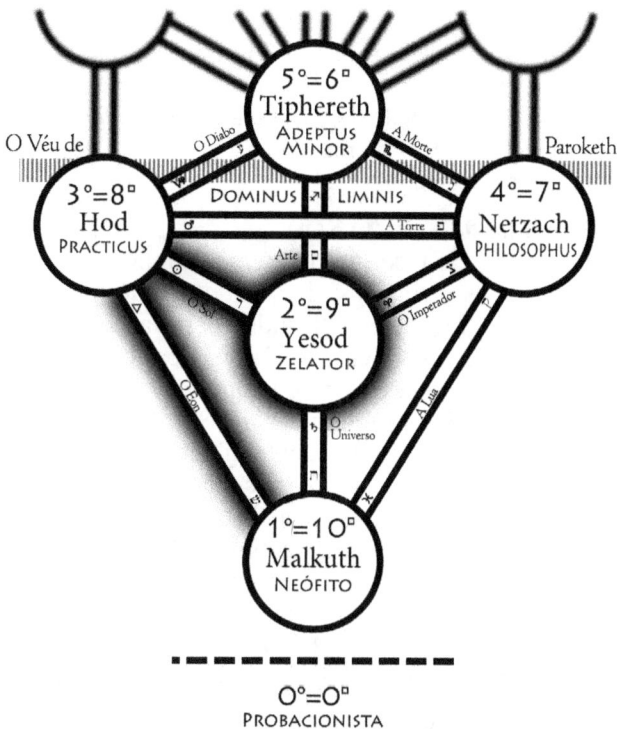

De acordo com o esquema geral de treinamento da A∴A∴, o trabalho do Zelator estará intimamente ligado aos princípios incorporados por Yesod, mas também se relacionará com os caminhos que levam a Hod e ao grau de Practicus — *shin* (O Êon) e *resh* (O Sol). Você se lembrará de que Yesod corresponde ao subconsciente, à generatividade sexual e aos processos autonômicos. Em Yesod, a natureza e função do inconsciente pessoal — verdadeiramente a "fundação" da psique — é clarificada. O Zelator inicia um movimento consciente e voluntário de forças sutis através do pranayama e práticas relacionadas. A voz do SAG é cada vez ouvida, atendida e compreendida mais, em linguagem simbólica, se não ainda direta e conscientemente. O iniciado gradualmente está se tornando mais consciente da conexão entre a mente subconsciente e essa intuição espiritual. Sonhos e lampejos intuitivos tornam-se conjuntos de símbolos importantes, e o iniciado alcança um estado de consciência tradicionalmente conhecido como a "Visão da Maquinaria do Universo". Embora isso pareça um pouco grandioso para um mero Zelator, essa visão é verdadeiramente a abertura da capacidade do iniciado de *sentir* a mente universal em ação, à medida que ela flui como uma fonte subterrânea para nossa consciência individual. Isso não é um mero entendimento intelectual de que toda consciência é um todo interconectado. Muitos aspirantes são capazes de compreender o conceito desde o início. Em vez disso, o que estamos falando aqui é uma percepção experiencial, um *conhecimento* exato, de que a mente universal opera de maneiras sutis, porém poderosas, na vida e na consciência individuais.

O Caminho de Shin (O Êon)

O trunfo do Êon corresponde ao caminho de *shin* e conecta Malkuth, a esfera dos elementos, dos sentidos e do mundo físico, com Hod, a esfera do intelecto. Olhando para a carta, você notará imediatamente que ela é um hieróglifo virtual dos conceitos incorporados pela Estela da Revelação e, portanto, também da cosmologia central do Êon de Hórus. Nuit, Hadit e Heru-Ra-Ha estão todos simbolizados na carta. Nuit arqueada acima; Hadit como o globo alado; e Heru-Ra-Ha nas formas gêmeas, ativa e passiva, correspondentes a Ra-Hoor-Khuit e Hoor-Paar-Kraat. Esta carta mostra a força do novo êon inundando o mundo, seu povo e sua cultura. O caminho de shin dentro de cada pessoa é aquele canal de força transformadora que revoluciona as estruturas do indivíduo, assim como o mundo como um todo. Essa é a força eônica fluindo para você — seu Hod e Malkuth internos. Ele traz você para o novo Êon, dissolvendo as formas desgastadas e as estruturas limitadoras dentro de sua mente e corpo.

Esta carta é atribuída ao fogo e, de fato, ela se comporta de acordo. O fogo transforma, reestrutura e revoluciona tudo o que toca. Versões mais antigas da carta tinham um anjo chamando os mortos para que despertem — talvez a melhor tentativa do antigo êon de descrever a influência do SAG — mas no novo êon nós temos uma visão mais clara da situação. Sabemos que não precisamos ser "redimidos" da morte ou estar obsessivamente focados na natureza aparentemente catastrófica da morte, como teria sido percebida no antigo êon. Em vez disso, encontramos símbolos de regeneração e transformação da vida que são acessíveis a nós em todos os momentos de nossas vidas. O iniciado de Yesod, aspirando à esfera de Hod e ao grau de Practicus, deve chegar a um acordo com essas transformações em si mesmo.

O Caminho de Resh (O Sol)

A carta do Sol corresponde ao caminho de *resh*, que conecta Yesod a Hod. Como observamos com a carta do Êon, o trunfo do Sol também possui uma importância macrocósmica e microcósmica. O sol físico é luz e vida, e traz visão e clareza ao mundo físico. Assim, o sol dentro de nós brilha em nosso próprio intelecto; nossa capacidade mental racional (Hod) pode nos ajudar a atravessar a obscuridade, a confusão e as nuvens de ilusão que podem habitar em nosso subconsciente. Uma das coisas que os seres humanos devem enfrentar no novo êon é o impacto de vários milhares de anos de condicionamento cultural enraizados em religiões dualistas e baseadas no pecado. Cada um de nós deve reverter esse condicionamento, permitindo que o sol interior brilhe em nossa mente subconsciente, trazendo a luz do SAG para nos liberar e libertar. Isso se reflete nas imagens da carta — o próprio sol e as crianças dançando na terra verde — todas belas imagens de uma verdadeira liberdade interior. Elas são desavergonhadas e alegres. Esta é uma descrição da liberdade de consciência que pode ser alcançada por cada um de nós quando passamos com sucesso pela provação deste caminho.

A carta do Sol também é atribuída ao chakra Anahata no centro do coração; e a abertura do chakra Anahata permite que o verdadeiro *ágape*, o amor livre e a aceitação da unidade dos seres, surja. Nós não estamos mais vivendo na restrição, medo e vergonha que tantos que vieram antes de nós tiveram que enfrentar. Apenas um Zelator que atingiu esta consciência está realmente preparado para passar para Practicus.

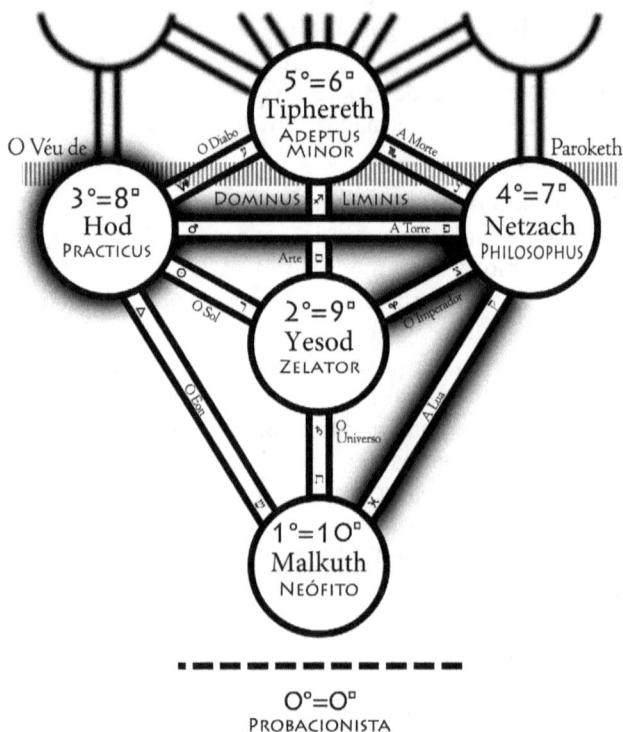

O grau de Practicus corresponde à esfera de Hod, e nesta discussão atual, os símbolos-chave mais importantes de Hod são os de uma taça e a água que ela contém. Você notará que a arma do Practicus é a taça mágica, e o elemento ao qual a esfera de Hod é atribuída é a água. O iniciado de Hod está chegando a um reconhecimento mais profundo de que a mente *individual* é um recipiente para a força *universal*. A mente individual é um recipiente que dá forma *e* um espelho reflexivo do macrocosmo, assim como a superfície da água em um copo reflete as formas acima dela. O iniciado de Hod, através de várias práticas, está começando a dominar a direção consciente dessa força universal em direção a objetivos mágicos específicos. Se você entende que a mente e a constituição humana é um microcosmo, então você começará a ver porque este é um passo necessário para ser capaz de realmente controlar e direcionar a força mágica. Quando desenvolvemos uma relação de trabalho funcional entre aspectos do eu e os aspectos correspondentes do (assim chamado) mundo exterior, temos uma maior capacidade de manipular essas forças no mundo exterior, de acordo com a nossa vontade.

O Caminho de Qoph (A Lua)

Além de trabalhar com as forças incorporadas por Hod, o Practicus também deve percorrer os caminhos que levam a Netzach. O primeiro deles é o caminho de *qoph*, atribuído ao trunfo da Lua, que conecta a esfera de Malkuth (o mundo físico e o corpo) com a esfera de Netzach (desejo, emoção e aspiração). Esse caminho representa a transição entre as realidades segura, familiar e relativamente concreta de nossas vidas físicas e a realidade irracional, ardente e emocional simbolizada por Netzach. Este estado psicológico potencialmente inquietante está em evidência na representação da própria carta da Lua. É uma passagem noturna através da escuridão, do desconhecido, do vago e nebuloso — os aspectos assustadores das partes desconhecidas de nós mesmos — o mundo inconsciente. A letra hebraica *qoph* refere-se à "parte de trás da cabeça" e com certeza é onde as funções cerebrais primitivas e reativas estão localizadas. O Practicus deve dominar o medo que reside naquele aspecto animalesco da mente, a fim de prosseguir no caminho em direção ao Conhecimento e à Conversação. O SAG é um prenúncio da vida além do mundo físico, mas enfrentar essa nova vida nos força a nos aventurarmos na escuridão de aspectos desconhecidos de nós mesmos.

O Caminho de Tzaddi (O Imperador)

O próximo caminho é o de *tzaddi*, correspondente ao trunfo do Imperador, que conecta a esfera de Yesod (instinto, generatividade) e a esfera de Netzach (desejo, aspiração). O trabalho desse caminho envolve canalizar as forças residentes em Yesod em direção ao objetivo espiritual do C & C. A letra hebraica *tzaddi* significa "anzol" (consulte *Liber Tzaddi* para obter muita sabedoria sobre o papel do iniciador a esse respeito). O Imperador na carta é aquela força dentro de nós — aquele iniciador interno — que eleva as energias instintivas de Yesod e as direciona para nossos objetivos espirituais. *Tzaddi* (como um verbo) significa "contemplar", e um dos métodos de dominar este processo de transformação é o caminho contemplativo do raja yoga, que está profundamente enraizado no trabalho do Practicus da A∴A∴.

O Caminho de Peh (A Torre)

O terceiro e último caminho relevante para o Practicus é o de *peh*, o trunfo da Torre. Um dos maiores obstáculos para o progresso espiritual é a calcificação de ideias antigas e desgastadas do *self*.

Devemos ser psicologicamente flexíveis e mutáveis o suficiente para permitir que nossa própria evolução aconteça. O caminho de *peh* conecta Hod (intelecto) com Netzach (desejo, aspiração). Apropriadamente, o trunfo da Torre mostra o fogo de Netzach explodindo e destruindo, remodelando e transformando as velhas e desgastadas ideias que se tornaram calcificadas em Hod. As ideias derrubadas do *self* caem da torre como figuras geométricas. O caminho de *peh* é também atribuído ao chakra svadisthana. Você se lembrará de que o muladhara chakra foi ativado com o trunfo do Universo e o anahata chakra ativado com o trunfo do Sol. A ativação do svadisthana chakra com a Torre completa uma tríade importante: a força vital é liberada de sua raiz (muladhara) e submetida à regência do *ágape* (anahata). Só então é seguro amplificar ainda mais a força em virtude das potências sexuais do svadisthana.

Philosophus e Dominus Liminis: Netzach, o Véu de Paroketh e os Caminhos de Ayin, Nun e Samekh

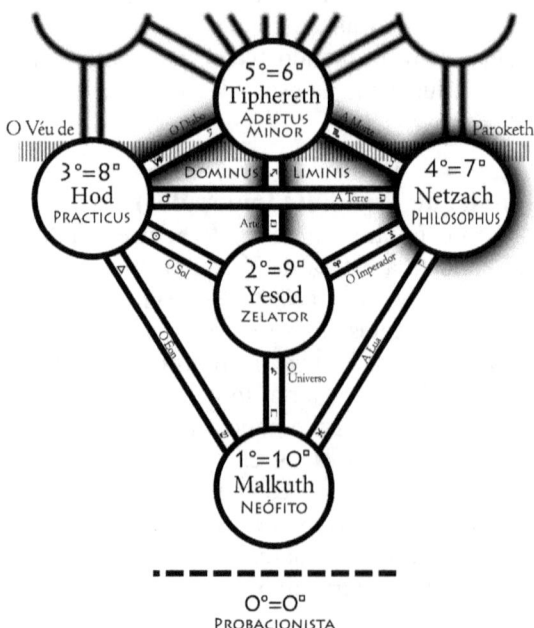

O aspirante deve, em seguida, atingir o grau de Philosophus, correspondente a Netzach, seguido pelo grau de "portal" de Dominus Liminis, correspondente ao véu de Paroketh que fica abaixo de Tiphereth. O trabalho nesta fase também pertence aos três caminhos finais ao se aproximar de Tiphereth e do C & C do SAG: os caminhos de *a'ayin* (o Diabo), *nun* (Morte) e *samekh* (Arte).

Vamos começar com uma consideração do trabalho de Netzach. Netzach representa desejo e aspiração. É o fogo e a força da emoção que é o complemento do intelecto formador de Hod. Assim, o trabalho do Philosophus envolve o uso correto dessa força aspiracional e devocional. Esta é uma fase extremamente importante do trabalho. O *Liber Astarte*, que é a prática central de bhakti yoga do Philosophus, serve para acionar o "motor" aspiracional e fortalecer os músculos da devoção. Neste ponto, nós nos conectamos com o grau de Dominus Liminis, onde tudo o que aconteceu antes é harmonizado, sintetizado e dirigido com uma intensidade feroz e unidirecionada para o Conhecimento e Conversação.

Esta é uma oportunidade perfeita para nossa aspiração vacilar. Quando nos desafiamos a manter uma aspiração constante e vigilante, o ego tem alguns truques para brincar conosco e nos testará de maneiras insidiosamente eficazes. Uma das maneiras de fazer isso é desmoronar em si. Começamos a duvidar de nossa própria capacidade de ter sucesso; nós travamos e nos deprimimos. O melhor conselho que posso oferecer sobre este ponto é simples, mas não é fácil: apenas não pare de se *mover*. Não pare de trabalhar. Como se vê, o oposto de ficar preso é... ir para algum lugar! Se você continuar se movendo, continuará progredindo.

O Caminho de A'ayin (O Diabo)

Uma das formas fascinantes que essa estagnação pode tender a se manifestar é simbolizada pelo trunfo do Diabo. O Diabo representa aqueles aspectos da vida que parecem feios, ameaçadores e malignos; e a tarefa de trabalhar com a energia transformadora do Diabo envolve enxergar além da *aparência* do mal. Isto é, devemos nos treinar para realmente saber que a realidade aparentemente hedionda diante de nós (da perspectiva do ego) é, de fato, uma lição do SAG. Devemos aprender a perceber que tais aspectos abomináveis da vida se manifestaram para lidarmos e aprendermos com eles. Se nos distrairmos com a resposta automática do ego a essas coisas, tendemos a acreditar que qualquer coisa que o ego não gosta é ruim e qualquer coisa que o ego goste é boa. A lição da carta do Diabo é, portanto, perceber a presença daquele iniciador interno, o SAG, em toda a realidade manifesta. Podemos ver essa verdade na natureza do caminho do *ayin*, que conecta o intelecto de Hod com o centro da consciência espiritualmente desperto em Tiphereth. Ele descreve a tensão entre o que a mente está habitualmente nos empurrando para perceber e o que o verdadeiro centro do *self* espiritual está tentando nos ensinar. O aspirante deve internalizar essa lição antes que a consecução do C & C seja possível.

O Caminho de Nun (Morte)

Em seguida, vamos voltar nossa atenção ao trunfo da Morte. Corresponde ao caminho de *nun*, conectando Netzach, a esfera da emoção, desejo e aspiração, com Tiphereth, o centro espiritual iluminado. Superficialmente, esse caminho (e, na verdade, o trunfo em si) parece negativo porque, no estágio pré-adepto, a maioria dos humanos percebe a morte como um fim catastrófico. A natureza do processo transformador do caminho de *nun* é que o ego deixa de lado a ideia da morte catastrófica. Assim como aconteceu ao trabalhar o caminho do diabo, o ego deixa de lado a ideia do mal e o transforma em algo espiritualmente útil. O verdadeiro mistério do trunfo da Morte é que a morte física não é um fim, mas uma transformação da forma. Como verbo, *Nun* significa "brotar". A relevância aqui é óbvia: toda mudança e toda catástrofe aparente da destruição é um mistério de regeneração e de novo crescimento, à medida que formas antigas desaparecem para dar lugar a novas formas. Toda a vida está sendo constantemente transformada e, se nos identificamos com uma forma calcificada sólida, a percebemos como uma morte catastrófica; mas, se nos identificarmos com o *próprio* processo de transformação — se nos identificarmos com a evolução eterna do desdobramento de todas as coisas — então haverá majestade, maravilha e beleza nesse processo. Essa forma particular de transcendência do ego é outro elemento essencial no progresso em direção ao C & C.

O Caminho de Samekh (Arte)

O trunfo final que consideraremos em nossa atual discussão é a carta da Arte, correspondente ao caminho de *samekh*. *Samekh* conecta Yesod, o centro generativo, sexual, instintivo e subconsciente, a Tiphereth, o *self* espiritual desperto. A palavra hebraica *samekh* significa "escora" ou "suporte" e corresponde a Sagitário, a flecha. Esse caminho entre Yesod e Tiphereth está profundamente enraizado em símbolos que se relacionam com a elevação do *self* — o disparo da flecha da aspiração em direção a Tiphereth. Curiosamente, não nos aproximamos de Tiphereth da sephira correspondente ao grau elementar anterior (Netzach); em vez disso, nós atiramos direto no pilar do meio da Árvore. Como Yesod é atribuída à Lua e Tiphereth ao Sol, um dos mistérios aqui codificados é que o C & C é, em um aspecto, uma união do Sol e da Lua dentro de nós. Isto é, a consciência lunar receptiva e reflexiva de Yesod está ligada ao brilho solar espiritualmente desperto de Tiphereth, abrindo as nossas mentes, tanto a nível consciente como inconsciente, à influência do SAG. Outro importante processo simbólico relevante aqui é representado pelo nome "VITRIOL" na carta da Arte. Isso se traduz mais ou menos como: "Visite o interior da terra e, pela retificação, você encontrará a pedra oculta". Essa pedra oculta é a pedra da Verdadeira Vontade e da verdadeira *Self*idade alcançada em virtude do C & C. É a Quintessência, a Pedra dos Filósofos e o Summum Bonum.

Que estes trunfos do Tarô sagrado sejam faróis para iluminar seu caminho em direção ao Santo Anjo Guardião.

Amostra de Método de Divinação
(Adaptado a partir dos princípios
da psicologia junguiana)

1. Embaralhe as cartas cuidadosamente. Todas as cartas devem estar voltadas para a mesma direção (ou seja, quando eventualmente dispostas, nenhuma carta será exibida de cabeça para baixo).

2. Formule uma pergunta sobre uma situação em sua própria vida, ou a vida da pessoa para quem você está realizando a divinação. A pessoa para quem a leitura está sendo feita, seja você ou outra pessoa, é chamada de *consulente*.

3. Peça ao consulente que mantenha a questão em mente e corte as cartas em três montes e, em seguida, junte-as novamente em um monte só.

4. Em seguida, pesque uma série de seis cartas do topo do baralho. Cada carta corresponderá a um aspecto particular da consciência do consulente ou a forças externas que afetem a questão atual. Coloque as cartas, conforme são pescadas, conforme descrito abaixo.

As cartas e seus significados são os seguintes:

O Ego: a personalidade cotidiana e a percepção consciente do consulente. (Nos *layouts* tradicionais de divinação, essa carta é chamada de *Significador*.) Esta carta indicará a natureza da visão do consulente sobre a situação ou seus traços de personalidade que são usados para lidar com o assunto. Coloque na sua frente, na extrema esquerda.

O Obstáculo: A natureza básica do principal obstáculo na situação. Ou seja, a principal força externa que interfere negativamente na questão atual. Coloque à direita da carta do ego.

A Solução Consciente: Uma sugestão de algo que o consulente pode decidir tentar, ou uma atitude a adotar, ao abordar a questão. Coloque à direita da carta do Obstáculo.

A Influência do Self: influências profundas e espiritualmente informadas sobre o consulente, refletindo sua verdadeira natureza. Essa influência mostra o que o consulente, *em seu cerne*, está realmente tentando realizar. Frequentemente, essas influências são menos dirigidas por necessidades e desejos egóicos e refletem um impulso interno em direção à integridade, cura ou equilíbrio na psique. Coloque acima da carta da Solução Consciente.

Influências da Sombra: Influências na situação com base em tendências ou impulsos inconscientes no consulente. Estas geralmente serão vistas como qualidades negativas ou indesejáveis na pessoa, mas na verdade elas podem conter chaves importantes para resolver a situação. Coloque abaixo da carta da Solução Consciente.

O Desenlace: Uma sugestão de resultado final da situação, com base nas influências atuais visíveis no *layout*. Coloque à direita da carta Solução Consciente.

5. Use os vários livros listados abaixo, ou outros recursos interpretativos, para contemplar o significado de cada carta. Tente tecer uma "história" baseada em todos esses significados. Não se preocupe se for difícil no começo. Você descobrirá que sua capacidade de obter interpretações úteis aumentará com a prática repetida.

6. Tenha em mente que todas as divinações são meramente sugestivas de soluções e resultados, e você sempre tem o poder de fazer a diferença por suas ações e atitudes.

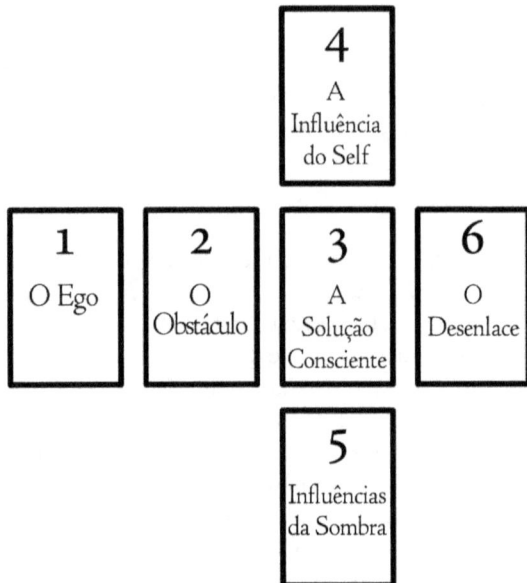

```
                    ┌──────────┐
                    │    4     │
                    │    A     │
                    │ Influência│
                    │  do Self  │
                    └──────────┘
┌────────┐ ┌────────┐ ┌────────┐ ┌────────┐
│   1    │ │   2    │ │   3    │ │   6    │
│        │ │   O    │ │   A    │ │   O    │
│  O Ego │ │Obstáculo│ │ Solução│ │Desenlace│
│        │ │        │ │Consciente│ │        │
└────────┘ └────────┘ └────────┘ └────────┘
                    ┌──────────┐
                    │    5     │
                    │Influências│
                    │da Sombra │
                    └──────────┘
```

Leitura Recomendada

Por Aleister Crowley:

Crowley, A. (1993). *The Book of Thoth*. Stamford, CT: U.S. Game Systems, Inc.

Por outros autores:

Case, P. (1989). *The Book of Tokens*. Los Angeles, CA: Builders of the Adytum, Ltd.

DuQuette, L. (2003). *Understanding Aleister Crowley"s Thoth Tarot*. York Beach, MA: Weiser Books.

Nichols, S. (1988). *Jung e o Tarô*. Editora Cultrix.

Seckler, P. (2012). *The Kabbalah, Magick, and Thelema. Selected Writings Volume II*. D. Shoemaker, G. Peters & R. Johnson (Eds.) York Beach, ME: The Teitan Press.

Seckler, P. (2016). *The Thoth Tarot, Astrology, & Other Selected Writings*. D. Shoemaker, G. Peters & R. Johnson (Eds.) Sacramento: Temple of the Silver Star.

Wang, R. (1983). *Qabalistic Tarot: A Textbook of Mystical Philosophy*. York Beach, MA: Weiser Books.

17

A Iniciação & o Tetragrammaton

Qualquer operação mágica provavelmente falhará a menos que o magista tenha aproveitado os poderes de toda a cadeia da criação — da mais alta luz inefável até o próprio mundo físico. Isso também vale para o processo de iniciação, onde o candidato é, em muitos sentidos, o talismã do trabalho, e as forças em jogo devem ser mobilizadas em todos os Quatro Mundos para poder carregar adequadamente esse talismã. Neste capítulo, discutirei a aplicação da fórmula do Tetragrammaton (o nome divino Yod-Heh-Vav-Heh) à execução adequada do ritual mágico, e especialmente ao próprio processo de iniciação.

De acordo com as teses de Crowley no prefácio de *Magick in Theory and Practice*, podemos definir a iniciação como o processo de aplicar uma força apropriada (o próprio ritual) a um objeto "inerte" (o candidato) para lhe dar uma trajetória mágica específica (geralmente um estímulo para movê-lo em direção a uma consciência superior ou para algum outro objetivo mágico pretendido). Em um sentido fundamental, a iniciação é definida por seus resultados. Dada uma corrente potente e ininterrupta de poder através dos Quatro Mundos (a "pronúncia" do Tetragrammaton), esses resultados *ocorrerão*, pois essa corrente se baseia em sua harmonia com as leis da natureza.

No entanto, como dito acima, essa força mágica deve ter um veículo adequado para sua manifestação. Em termos de iniciação pessoal, este veículo é, naturalmente, o candidato. Como podemos garantir que estamos preparados para esse influxo de força? Para responder a essa pergunta, tomemos como exemplo a derradeira iniciação mágica, a do Conhecimento e Conversação do Santo Anjo Guardião. No modelo cabalístico que forma a base do sistema da A∴A∴ (consulte os Capítulos 15 e 17), o aspirante deve moldar a si mesmo em um verdadeiro "graal" — um receptáculo equilibrado e sadio capaz de dar forma e suportar a intensidade da luz do SAG. Este graal é forjado a partir da consecução equilibrada dos graus elementares, correspondendo às quatro sephiroth abaixo de Tiphereth. Coroado pela experiência do SAG em Tiphereth, o pentagrama microcósmico se torna completo. Paradoxalmente, ao atingir o C & C, o adepto assume a tarefa de aspiração ao verdadeiro e supremo graal, a superna Taça de Babalon. Mantenha essa ideia do graal em mente enquanto você lê o que segue.

Muitas vezes pensamos na iniciação em termos de processos rituais formais, mas uma reflexão mais profunda revela que, de fato, a iniciação ocorre de muitas formas, dia a dia, através de nossas próprias experiências na vida. Eu construí um modelo do processo iniciático baseado na fórmula do Tetragrammaton. Este modelo inclui estágios iniciáticos formais e "informais", e eu delinearei cada estágio abaixo.

Estágio 1: Yod / Atziluth
O Estágio Um corresponde ao mundo de Atziluth. Antes que qualquer verdadeira iniciação possa ocorrer, o elo com as mais altas fontes espirituais deve ser forjado. Em um sentido absoluto, é claro, esse elo está sempre presente — todo ser humano existe como uma manifestação dessa semente espiritual — porém, se quisermos estender completamente a influência do mais elevado ao nosso trabalho iniciático, devemos nos ligar conscientemente ao poder Atzilutico, e trazê-lo para baixo através dos outros três mundos.

Formalmente, esta ligação é forjada pelo projeto e execução do ritual pelo magista; isto é, os próprios oficiais do ritual. Deve haver alguma forma de invocação geral dos mais altos poderes espirituais, ou pelo menos dos poderes Atziluticos relevantes para o contexto do ritual. No contexto de um ritual, isso consistiria naquelas partes da abertura cerimonial que invocam tais forças: invocações gerais como a invocação preliminar da Goetia (a invocação de "Não Nascido"), um exercício como o Pilar do Meio ou invocações semelhantes. Independentemente dos procedimentos específicos envolvidos, o resultado é o mesmo: um elo é forjado com Atziluth, os "Chefes Secretos", a "Terceiro Ordem" e assim por diante. Os nomes são muito menos importantes do que os poderes que eles incorporam.

Como aludido acima, a ligação *informal* com Atziluth é a presença eterna da estrela dentro de cada iniciado — o yechidah da Cabala, o Self da psicologia junguiana, o Santo Anjo Guardião da tradição thelêmica. Quer o iniciado esteja ou não consciente dessa ligação, ela é um pré-requisito para sua própria vida e, portanto, certamente essencial para qualquer processo iniciático.

Estágio 2: Heh / Briah

Uma vez que a ligação Atzilutica tenha sido conscientemente forjada, passamos do geral para o específico. Isto é, ativamos os poderes e energias específicos, únicos para o propósito do trabalho. No ritual formal, isso inclui forças específicas elementais, planetárias e similares, invocadas através de qualquer número de combinações de procedimentos, como rituais do pentagrama e hexagrama, encenações dramáticas, sigilos, incensos, poesia e similares. Em essência, nós particularizamos a fonte de energia Atzilutica ao nível Briático da psique do candidato. Já que a consciência Briatica, em qualquer indivíduo, é teoricamente sinônimo da influência do SAG, estamos essencialmente recrutando a ajuda explícita do SAG do candidato no trabalho em questão. Ritualmente, isto é realizado através do Juramento Mágico. Mesmo que o candidato não tenha ligação *consciente* com o seu SAG, ao se alinhar com o conteúdo do Juramento, ele coloca todo o seu ser em acordo com o propósito do ritual de iniciação, sob os auspícios de seu SAG.

O mundo Briatico é o nível da vontade universal, chiah, refletida e informada pela intuição espiritual de neshamah. É essa forma mais verdadeira de instrução, o neshamah, que desce à consciência do candidato na "persona" do SAG. Toda vez que permitimos que essa força invada nossa ação consciente, alinhando nossa vontade pessoal com a vontade universal, estamos de fato nos iniciando em um novo caminho de serviço. Este é o estágio de *heh* das iniciações informais da vida — a ação e a presença do SAG em todos os nossos pensamentos, palavras e ações.

Estágio 3: Vav / Yetzirah

Para compreender *conscientemente* esta intuição espiritualmente informada, devemos aprender a falar sua língua, e essa linguagem é o mundo dos símbolos e das metáforas. O estágio *vav* da iniciação envolve a tradução desta linguagem simbólica em símbolos compreensíveis pelo intelecto humano comum. Quanto mais o candidato trabalhar para desenvolver uma linguagem interna de símbolo, mais fácil será se beneficiar do influxo dessas energias durante e após a iniciação. Isso não quer dizer que as iniciações devem ser entendidas intelectualmente para serem eficazes. As sementes plantadas inconscientemente através de processos iniciáticos criam raízes independentemente de nossa apreensão delas. No entanto, quanto mais pudermos integrar conscientemente o que nos é ensinado pelo neshamah, mais poderemos viver nossas vidas de acordo com aquela vontade mais verdadeira. Quando Abramelin descreve o Anjo escrevendo em "orvalho" sobre uma "placa de prata" (Yesod / Yetzirah), podemos entender que isso significa a capacidade reflexiva e receptiva de nossa própria mente subconsciente. Inicialmente, nos estágios pré-adeptado, essas comunicações podem vir na forma de sonhos, "flashes" intuitivos, trabalhos criativos e o início mais sutil da ativação dos chakras. À medida que o aspirante se aproxima da condição de adepto, sua capacidade de "decodificar" essas comunicações do SAG torna-se progressivamente mais forte. Quando essas habilidades perceptivas *são fortes o suficiente*, a porta para a comunhão plena e consciente com o SAG se abre (embora o novo adepto possa passar o resto de sua vida fortalecendo o relacionamento).

Todos os comentários acima se aplicam às iniciações "informais" da vida discutidas aqui. Em termos de ritual de iniciação formal, o estágio *vav* envolve o uso explícito de símbolos visíveis, movimentos, mudanças de luz, sons, discursos, poesia, música e muitos outros meios para ativar e tornar receptiva a mente inconsciente do candidato, e impressionar o objeto do trabalho sobre ela. Se você tiver alguma experiência de trabalho formal de iniciação, você imediatamente lembrará dos símbolos usados. Após uma reflexão adicional, você provavelmente observará que os símbolos específicos usados realmente incorporam a tradução do objeto do trabalho nesta linguagem do inconsciente. Além de quaisquer símbolos físicos reais usados, uma equipe de iniciação treinada pode ser capaz de usar seus próprios poderes de visualização e de criar símbolos internos para canalizar a própria força Yetziratica a serviço do objetivo iniciático. Ou seja, a "mente" coletiva da equipe de iniciação cria um ambiente psíquico otimizado para a apreensão por parte do candidato dos objetivos da operação. Quanto mais "espessa" for essa atmosfera psíquica, mais provável é que ela realmente carregue e cause impacto no talismã do trabalho — o candidato — assumindo que os procedimentos anteriores o tornaram adequadamente receptivo.

Estágio 4: Heh-final / Assiah

A cristalização de todos os estágios acima no mundo de Assiah é simultaneamente o estágio mais concreto, mas também o mais sutil de todo o processo. Essencialmente, este é o estágio em que fixamos todas as mudanças precedentes no veículo físico e externamos nossa experiência interior na vida diária. O pensamento precede a palavra e a palavra precede a ação. Se Aztiluth e Briah representam o pensamento, e Yetzirah exemplifica a palavra simbólica resultante desse pensamento, então Assiah é o ato inevitável que resulta desse processo. Exatamente como esta ação será executada fica a cargo da sutil arte do magista. Quem pode dizer como determinada pessoa aplicará seu recém-

162

descoberto gênio criativo ao mundo externo, ou como um candidato em uma iniciação específica concretizará os ensinamentos descobertos? Esses são os frutos das iniciações informais da vida.

No ritual formal, esse estágio assiatico é encenado por vários meios, incluindo estimulação física dos chakras, administração de eucaristias, aplicação de robes ou emblemas ao candidato, e assim por diante. Iniciadores adequadamente treinados são capazes de usar a força de suas próprias visualizações e outros trabalhos internos para auxiliar nessa "fixação" dos efeitos no corpo físico do candidato. Afinal de contas, a consagração eficaz de um talismã exige explicitamente que o magista tenha a capacidade de levar esse poder ao nível assiatico — e no nosso exemplo, o candidato é esse talismã.

Exercício

Este exercício foi projetado para ter um efeito primordial sobre a psique, bem como fertilizar o solo para que as sementes sejam plantadas. O uso consciente deste exercício pode ajudá-lo a construir as pontes necessárias através dos Quatro Mundos, a fim de realizar uma meta pessoal ou mágica específica. Ele utiliza imagens e energias que podem permitir que você ative conscientemente aqueles aspectos da psique (e além) que correspondem ao Tetragrammaton. Você notará algumas semelhanças com o exercício tradicional do Pilar do Meio. O presente exercício certamente poderia ser ampliado e intensificado pela vibração dos nomes divinos apropriados em cada um dos centros. Se você incluir essas vibrações, é altamente recomendável que você conclua com uma das "circulações" descritas por Regardie e outros (uma dessas circulações envolve ver a energia descendo na frente da aura ao expirar, e subindo pelas costas da aura ao inspirar).

Você pode querer gravar a si mesmo descrevendo esses passos em voz alta, para uso posterior como um exercício de imaginação auto-orientado.

Primeiro Passo: Escolha um objetivo transformador, seja ele concebido como pessoal / psicológico ou mágico. Em seguida, escolha um símbolo vívido e específico para representá-lo — essencialmente um talismã interno. A imagem do Graal é recomendável neste contexto, pois nosso propósito aqui é principalmente o de nos transformarmos em um veículo perfeito para o divino. Símbolos alternativos incluem o Ankh, a Estrela de Babalon, o Hexagrama Unicursal, imagens da Estela e assim por diante. Deixe sua imaginação e seu sistema de símbolos pessoal guiá-lo nisto. Separe um ou mais períodos de meditação sobre este símbolo, enquanto simultaneamente visualiza o objetivo desejado. Você deve incluir o máximo de detalhes visuais e emocionais possíveis, para que o símbolo se torne cada vez mais carregado com o poder inato e a necessidade do resultado desejado. *Sinta-se* vivendo a nova realidade, despejando essa intenção no símbolo.

Segundo Passo: reserve cerca de trinta minutos em que você não seja interrompido. Sente-se no seu *asana* favorito. Comece a respiração suave e rítmica. Continue por 5-10 minutos até que esteja bem relaxado e imóvel, dentro e fora.

Terceiro Passo: YOD. Visualize uma estrela no céu, a mais brilhante do firmamento. Veja ela se tornar seu próprio centro da coroa. Intensifique essa visualização à medida que aspirar à mais elevada e mais exaltada concepção de divindade que você possa imaginar. Ao fazer isso, o centro da coroa brilha mais e mais brilhante com brilho branco. Você está se conectando à vontade universal, o fogo primitivo, o *yod* de YHVH.

Quarto Passo: HEH. Veja a luz descer como um feixe a partir da coroa, enchendo o centro da garganta com um branco ligeiramente menos brilhante. Se você estabeleceu relações conscientes com o seu SAG, use as fórmulas que o SAG lhe ensinou para solicitar ajuda nesse esforço. Se você ainda não está conscientemente em comunicação com o seu SAG, simplesmente *saiba* que está pedindo ajuda ao Anjo.

Quinto Passo: VAV. Agora visualize o graal ou outro símbolo no centro do coração. Veja a luz branca descer do centro da garganta para o graal no coração, infundindo o centro do coração, e o próprio símbolo, com luz amarelo-ouro. Então, veja este símbolo infundido pela luz dourada descer até o centro genital, onde ele muda para uma exuberante cor violeta. Conceba que ele está "afixado" no subconsciente. Pode até parecer um tipo de "clique", na parte de trás da cabeça, na região do tronco cerebral.

Sexto Passo: HEH-FINAL. Sinta o símbolo se dissolver em faíscas branco-e-douradas de luz carregada que, em um único ciclo de respiração, circulam por todo o corpo. Cada célula é preenchida com a luz, enquanto todo o processo é encerrado em Assiah — ancorado no nível físico.

Sétimo Passo: Permaneça em repouso enquanto você renova as visualizações vívidas descritas no início deste exercício. Quando estiver pronto, gradualmente volte à consciência normal. Registre os resultados em seu diário mágico. Repita conforme apropriado — recomendo pelo menos uma vez por semana durante várias semanas.

Conclusão

Espero que a presente discussão e exercícios o levem a uma maior exploração e desenvolvimento de seu próprio sistema de símbolos internos. A meditação sobre a fórmula do Tetragrammaton, e sua correspondência com suas próprias experiências durante o ritual em geral, e a iniciação em particular, certamente o ajudarão a tornar-se aquele graal do qual falamos — um verdadeiro e adequado receptáculo para a luz.

18

Os Chakras

Dadas as origens antigas da doutrina dos chakras e sua influência considerável em uma ampla variedade de tradições, não é nenhuma surpresa que existam inúmeras maneiras de contemplar o sistema de chakras no contexto da transformação pessoal. Consequentemente, nos limitaremos a um certo ponto de vista em nossa discussão dos chakras neste capítulo. Essencialmente, exploraremos os chakras como um meio de compreender os estágios de transformação pessoal no caminho mágico thelêmico, ao invés de como centros de energia no corpo por si. Na minha opinião, há tanta ênfase na ideia de "centros de energia" na discussão popular que perdemos a importância maior do modelo transformador discutido aqui. Utilizaremos atribuições sephiroticas baseadas naquelas dadas no *777* de Crowley (coluna 118) com algumas de minhas próprias adaptações. Além disso, vamos nos basear fortemente no trabalho de Joseph Campbell, que tem muito de valor a acrescentar à nossa compreensão do sistema.

As etapas de transformação discutidas aqui se aplicam (quando consideradas em grande escala) ao desenrolar da Grande Obra e ao sistema da A∴A∴ de Probacionista a Ipsissimus; e eu revisarei as atribuições dos chakras a sephiroth específicas. No entanto, é importante notar que quando digo que um chakra está relacionado a uma sephira em particular, não estou sugerindo que um despertar deste chakra seja sinônimo com a obtenção do grau da A∴A∴ correspondente. Em vez disso, estou descrevendo o grau em que, num dado momento de consciência, o "circuito" é suficientemente completo para termos vislumbres de níveis de consciência e percepção expandidos. Nós geralmente não ficamos nesse estado por muito tempo. À medida que avançamos no caminho do retorno, conseguimos permanecer nesses estados por mais e mais tempo; mas especialmente nos estágios iniciais do trabalho, nós rapidamente "descemos" para os chakras inferiores enquanto lidamos com os meandros da vida diária. Eu posso dizer com virtual certeza que não existe um adepto no mundo que às vezes não regride a um estado de espírito reativo / animalesco em resposta às tensões cotidianas mundanas. Isso é simplesmente o corpo humano engatando sua resposta de luta ou fuga, impingindo-se à consciência, e isso vai acontecer, não importa quão alto você tenha escalado a montanha da consecução.

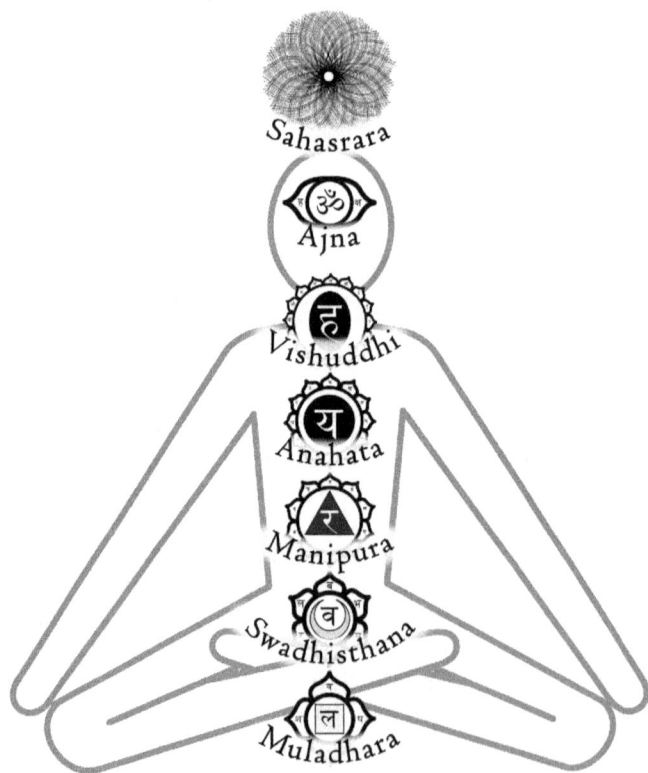

Os Chakras

Como muitos de vocês sabem, no sistema de iniciação da O.T.O. existem certas atribuições dos graus aos chakras e, por razões óbvias, não vou discutir aqui as especificidades dos graus da O.T.O. Os iniciados da O.T.O. podem desejar rever o diagrama em *The Equinox*, Volume III, Número 10, que dá as correspondências entre os chakras e os graus na tríade do Homem da Terra, como uma sobreposição simbólica adicional para nossa discussão neste capítulo.

Muladhara

Começamos, é claro, com o chakra *muladhara*, que significa "base raiz". Isso é Malkuth. A psique está essencialmente inerte. A natureza básica dessa consciência é de uma força amarradora — a força amarradora da matéria e da ilusão da existência puramente material. Aqui os obstáculos para o crescimento são um desejo de segurança física, um apego à ilusão de estabilidade ou segurança física. Somos guiados principalmente pelas respostas ao medo. Este é o cérebro animalesco com seu instinto de sobrevivência primitivo. Para transcender esse estado, precisamos nos desidentificar do impulso de sobrevivência como o principal centro de nosso foco. Compare isso com a tarefa do Neófito da A∴A∴ de controlar o corpo de luz. Ao realizar essa tarefa, que corresponde ao caminho de *tav*, expandimos nossa consciência para transcender a crença limitante de que somos nossos corpos físicos. Você pode facilmente ver como isso se relaciona com a provação do muladhara descrita acima.

Joseph Campbell dá uma imagem convincente para essa luta, tirada dos vários mitos relacionados a dragões. Como você sabe, em muitos desses mitos o dragão está guardando algum tipo de tesouro, e tipicamente isso envolve uma mulher e/ou um tesouro de algum tipo. Considere que a virgem corresponde a Yesod, a vida sexual, a vitalidade, a força divina dentro de nós; e o ouro a Anahata, o centro de Tiphereth, o ouro da individualidade espiritual desperta. Que imagem interessante! O dragão, simbolizando a absorção na matéria e o apego às coisas materiais, está nos impedindo de acessar o poder regenerativo de Yesod e o adeptado iluminador de Tiphereth.

Svadisthana

Em seguida, temos o chakra *svadisthana*. Isso se traduz, a grosso modo, como "seu refúgio favorito", ou "seu lugar favorito", e atribuo ele a Yesod. O nível de funcionamento aqui ainda é essencialmente egoísta. Enquanto a consciência de muladhara é egoísta em seu foco na sobrevivência física, em svadisthana nós ampliamos nossa preocupação para incluir a sobrevivência através da perpetuação de nossa progênie através da reprodução sexual. É claro que, no nível animal de consciência, estamos absortos na vontade de nosso DNA de sobreviver e se perpetuar. Como animais humanos neste estado não-desperto, estamos na maior parte do tempo conscientes de querer sexo por prazer, ou produzir descendentes para assegurar a sobrevivência da família, para satisfazer expectativas sociais ou de identidade, e assim por diante.

O obstáculo típico aqui é uma excessiva obsessão pelo sexo. A teoria da libido de Freud estava, é claro, preocupada com manifestações psicopatológicas nesse nível de consciência. Para transcendê-lo, devemos "soltar" os músculos da repressão/obsessão sexual e permitir que a força sexual busque seu objetivo mais elevado — a transformação da psique em seus aspectos superiores. Em outras palavras, temos que perceber que o objetivo real dessa força dentro de nós, esse poder regenerativo, é transformar-nos de animais em seres humanos plenamente realizados e, eventualmente, em deuses.

Entendida corretamente, a consciência de svadisthana pode ser o nosso primeiro vislumbre do poder divino na vida. Nós ainda não a reconhecemos como estando *dentro* de nós necessariamente, mas é nosso primeiro encontro psicologicamente significativo com a divindade. No grau da A∴A∴ que corresponde a Yesod, o Zelator trabalha para intensificar a consciência e o fluxo da força sexual/vital através das práticas iniciais de pranayama.

Manipura

O próximo chakra é o *manipura*, que significa "cidade das joias". Eu atribuo ele tanto a Hod quanto a Netzach. Enquanto svadhisthana é um reflexo desse estágio de consciência focado no impulso sexual, no manipura estamos focados no impulso de possuir *poder*. Isso ainda é egoísta, mas o foco é poder pessoal dentro de um contexto social. Ele leva em conta a existência de uma comunidade, mas o objetivo ainda é poder pessoal, domínio sobre o rebanho, ser o animal alfa do bando. Campbell até se refere a esse estado mental como o "yoga da guerra". Quando desenvolvido corretamente, ele serve a um propósito mais evoluído relacionado ao chakra vishuddhi (mais sobre isso adiante), mas para a maioria dos humanos, na maioria das vezes, é simplesmente um impulso para controlar nosso ambiente social.

Eu observei que o manipura é atribuído a Hod e Netzach. Talvez seja significativo que o caminho que conecta essas sephiroth seja o caminho de *peh* (a Torre), onde vamos entrar em guerra com nossas próprias concepções limitadoras e formas desgastadas de consciência, a fim de reconstruí-las em algo mais saudável e funcional. Para transcender esse estado, precisamos encontrar uma maneira de nos centrarmos em nosso próprio poder, sem a necessidade de controlar ou dominar os outros para sobreviver; para superar a ilusão dos outros como entidades que devem ser subjugadas. Em outras palavras, nos movemos para o despertar do chakra anahata.

Anahata

Devemos fazer uma pausa para observar que os três chakras discutidos até agora — muladhara, svadhisthana e manipura — representam níveis de consciência essencialmente primários e animalescos. Até este ponto, uma pessoa que vive predominantemente fora desses estágios de consciência mal excede o funcionamento de um animal inferior. As transformações que ocorrem a partir deste ponto nos permitem tornarmo-nos verdadeiramente humanos e, eventualmente, sobre-humanos.

Anahata significa "não batido" ou "não atingido". E quando algo é "não atingido"? Quando há *apenas uma coisa*. O despertar do chakra anahata traz a consciência da unidade da experiência e da consciência humanas. *Ágape*. Anahata representa aquela consciência desperta da interconexão espiritual de todos os seres. Esta é a consciência por trás da saudação "namaste", na qual aqueles que trocam as palavras reconhecem a divindade comum um no outro. No entanto, nesse estágio ela ainda é vivenciada em relação a outras pessoas que são percebidas como seres externos e separados. Nós ainda não evoluímos para o lugar onde há uma experiência completa da unidade da consciência — mas pelo menos nos tornamos conscientes do conceito! A palavra tradicional do chakra anahata é AUM, significando que todas as outras palavras são meramente fragmentos desta Grande Palavra, assim como todas as formas manifestas são apenas fragmentos do Uno.

No sistema da A∴A∴, o Conhecimento e Conversação do Santo Anjo Guardião em Tiphereth nos leva à consciência de nosso relacionamento com o Santo Anjo Guardião; mas até mesmo o Adeptus Minor não está totalmente e permanentemente consciente da união com o Santo Anjo Guardião. Isso requer muito trabalho adicional — o trabalho das outras sephiroth atribuídas a anahata em nosso esquema aqui, Chesed e Geburah, assim como a tríade superna de Kether, Chokmah e Binah.

No entanto, o adepto de Tiphereth entrou em uma relação consciente real com o amado, com o Anjo. Está "cara a cara" com o Anjo, como em um casamento, mas ainda é *percebido* como um relacionamento entre si-e-outro.

Vishuddhi

Em seguida, temos o chakra *vishuddhi*, que significa "purgação". Essencialmente, é uma purificação das obsessões do ruach, essencial para a obtenção da consciência superna; isto é, para o cruzamento do Abismo e a transcendência das limitações da vida humana e da consciência humana. Quando o chakra vishuddhi está "fechado", podemos atribuí-lo a Da'ath — o falso "conhecimento" que ainda está ligado à consciência do ego, em oposição à consciência transcendente. A abertura de vishuddhi corresponde ao cruzamento do Abismo e à consequente consecução de Binah.

Algo muito interessante está acontecendo com a energia de manipura aqui. Você se lembrará de que o manipura estava essencialmente voltado para o mundo, usando sua energia para conquistar e ganhar poder sobre os outros. Mas agora, corretamente entendida e corretamente aplicada, essa energia — essa energia conquistadora, esse yoga da guerra — é voltada para dentro e trazida para a transformação do *self*. Esta é a guerra interna, tradicionalmente chamada de "virada de Shakti". Nós nos afastamos da concepção errônea de que nossa força destrutiva deveria ser usada contra os outros para nossos propósitos de poder, e chegamos à consciência iluminada de que a guerra *primária* a ser combatida é contra nossas próprias concepções limitadoras do *self*. Isso representa a plena consecução da consciência de vishuddhi.

Ajna

O próximo chakra é *ajna*, que significa "comando" ou "convocação". Ajna é atribuído à esfera de Chokmah. Campbell diz que isso é como ver Deus, mas atrás de um painel de vidro. A alma humana está finalmente diante da divindade, mas ainda há uma separação. Deste ponto de vista, estamos singularmente posicionados para experimentar todo o ego que construímos, desenvolvemos e vivemos, mas também podemos vislumbrar os mundos além dele. Neste estado limiar, temos um pé na consciência do ego e o outro no mundo divino.

Em Chokmah, o grau de Magus no sistema da A∴A∴, obtemos consciência de nossa palavra (*logos*) — a única fórmula de nossa existência que é nosso único elo com a vontade universal. Mas ainda estamos a um passo da identidade completa com a unidade. Afinal, para ter um logos que você entrega ao mundo, você ainda tem que postular uma distinção entre a coisa que entrega a palavra e a coisa que a recebe. Este ainda não é o nível de unidade que veremos em nosso exame do chakra *sahasrara* adiante.

Uma nota final a respeito de ajna: Assim como a força de manipura é elevada para impingir em vishuddhi, de modo que o desenvolvimento interno toma o lugar da agressão externa indevida; assim também aqui, a força de svadhisthana — a expressão externa da força vital como sexo físico — é introvertida como devoção extática ao divino interior. Então, aqui novamente, nós elevamos um aspecto de um dos chakras "animalescos" e o aplicamos a um centro superior.

Sahasrara

Sahasrara significa "mil pétalas". Aqui, nós conseguimos completai a união com o amado, o SAG, o Tudo, Deus (preencha o espaço com o seu termo favorito). Não há separação; este é o ponto de Kether. Aqui somos libertados da escravidão da matéria, e o cadáver de Malkuth é corretamente visto como a imortalidade do espírito puro. Como se diz, Kether está em Malkuth. Curiosamente, algumas representações do chakra sahasrara apresentam os corpos de shava — o que significa cadáver — de costas um para o outro com Shiva — que, é claro, é a divindade. Podemos entender isso como uma declaração sobre a relação próxima entre morte e imortalidade.

O mestre Sufi Mansur al-Hallaj, do século IX, tem uma história que ilustra muito bem a natureza dessa transição de ajna para sahasrara, onde passamos de ver Deus através de um painel de vidro para sermos Deus. Houve uma vez uma mariposa que era atraída toda noite em direção a uma chama acesa em uma lanterna cercada por painéis de vidro. Noite após noite, a mariposa batia o corpo contra o vidro em desesperado anseio — vendo o objeto de sua devoção logo ali, mas incapaz de alcançá-lo. Então, um dia, a porta da lanterna foi deixada aberta, e a mariposa conseguiu voar para a chama, onde foi aniquilada em êxtase. E nesse momento de aniquilação — que da nossa perspectiva humana ligada ao ego, é o momento de sua morte — ela realmente alcançou seu objetivo de união com a chama. *Tornou-se* a chama, tornou-se Deus.

Há um ensinamento de que, após a consecução de sahasrara, o iniciado retorna a anahata, para permanecer no amor naquele lugar em que percebemos a divindade em relação ao mundo, compartilhando simultaneamente da consciência divina e da humana. Lembre-se da jornada do herói, onde o herói saiu para matar o dragão e obteve a recompensa ou o tesouro. O herói não vai simplesmente embora com o ouro e a garota para sossegar e aproveitar o tesouro só para si. O herói volta à sociedade e compartilha o tesouro. Assim também, o abrangente caminho da Grande Obra é caracterizado por este serviço à humanidade. Crowley fala sobre isso em termos comparáveis quando diz que o Magister atravessa o Abismo, alcança a consciência superior e é então lançado na esfera de seu trabalho no mundo — a esfera mais adequada aos seus dons manifestos. Assim, o caminho da consecução individual é, em última análise, idêntico ao caminho do serviço à toda a humanidade. O que inicialmente parece ser uma jornada de herói em prol do desenvolvimento individual revelou seu propósito mais profundo: é o caminho para a imersão na consciência do Todo e a devoção de tudo o que somos ao serviço dessa consciência.

19

O Papel do Ego

na Grande Obra

O ego humano é, propositalmente e necessariamente, uma ferramenta de trabalho essencial para todo magista. Antes de prosseguirmos em nossa exploração do papel do ego na Grande Obra, é extremamente importante entender que, quando uso o termo ego aqui, estou usando-o no sentido adotado por Carl Jung. Não é usado em sentido pejorativo, como quando dizemos que alguém tem "o ego inflado" ou que são "egoístas". O ego, conforme discutido aqui, é simplesmente o *self* cotidiano, o centro primário de consciência que você carrega com você nas atividades cotidianas. Ego significa simplesmente "eu". É o "eu" que vai ao mercado, que vai ao trabalho, que gosta e não gosta das coisas, que conscientemente percebe beleza, medo e dor, e assim por diante.

Nos estágios da Grande Obra que antecedem o pleno adeptado — isto é, antes do Conhecimento e Conversação do Santo Anjo Guardião — o estado característico da consciência é de identificar-se primariamente com o ego como o centro do *self*. Essa perspectiva é gradualmente derrubada através dos graus da Primeira Ordem da A∴A∴, mas a maioria dos magistas na fase pré-adeptado, se identificam primariamente com o ego, quer eles percebam isso ou não.

Em contraste, temos o que Jung chamou de Self (eu vou capitalizar este termo para distingui-lo de "self" quando usado como uma referência geral casual a "si"). Este é o verdadeiro centro do nosso ser. Na fase pré-adepto, estamos geralmente inconscientes; mas através do trabalho orientado à introspecção da psicoterapia, e certamente através do caminho mágico e místico quando corretamente seguido, nós abrimos a percepção consciente deste Self. A abertura dessa consciência em um contexto secular e psicoterapêutico pode incluir trabalhar com símbolos oníricos, desenvolver a intuição, traçar uma narrativa simbólica observando as sincronicidades que ocorrem em nossas vidas e processos semelhantes. Dentro de nosso trabalho esotérico, a Cabala e os outros sistemas de símbolos formam uma estrutura vital para nossas interações com nosso próprio inconsciente e, portanto, abrem o caminho para a conexão com o Self.

O estabelecimento desta conexão consciente entre o ego e o Self é o objetivo central do trabalho na tradição psicanalítica junguiana, mas é também uma maneira de olhar o caminho da Grande Obra — um modo de transformação que os magistas buscam de maneira mais profunda do que o seu analisando médio (o termo técnico para a pessoa que está passando por psicanálise). De qualquer forma, é a criação desse assim chamado "eixo Self-ego" que dá forma à maior parte de nossa discussão aqui.

Neste capítulo, usarei não apenas a terminologia do modelo junguiano da psique — "ego", "Self" e "sombra" e coisas semelhantes — mas também a linguagem análoga da psicologia cabalística. Para nossos propósitos aqui, ego = ruach e Self = neshamah. Estas não são analogias perfeitas, mas estão próximas o suficiente para nossa discussão (veja as figuras adiante).

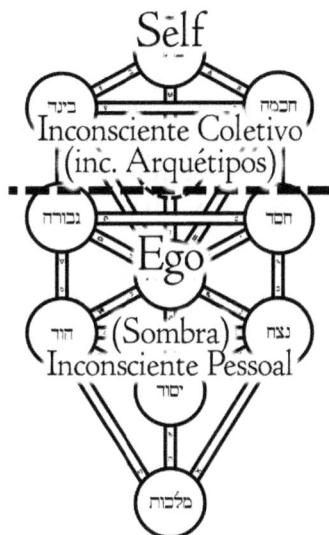

O Modelo Junguiano da Psique na Árvore da Vida

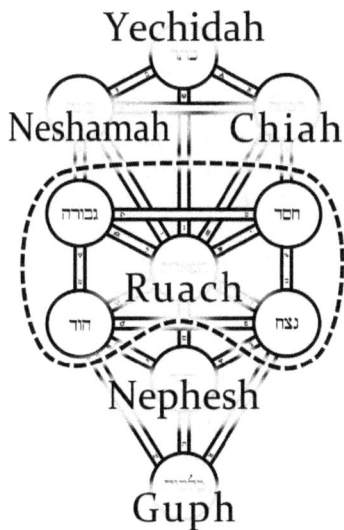

As "Partes da Alma" Cabalísticas na Árvore da Vida

Vamos começar observando o funcionamento diário do ego. A que finalidade ele serve? Como ele nos ajuda, e como ele pode nos prejudicar? O mais importante aqui é entender que o ego é o mecanismo perceptivo pelo qual interagimos construtivamente com o mundo exterior. Ele é completamente necessário para essa interação; sem ele, ficamos impotentes para exercer nossa vontade sobre a realidade física que nos cerca. Consequentemente, em nenhum momento o magista realmente se envolve em uma "destruição do ego" permanente. Em vez disso, através da Grande Obra, viemos a compreender o papel e função adequados do ego. Colocamos ele em relacionamento adequado com o Self e, em última análise, somos capazes de nos *identificar* com o Self mais profundo, o centro real de quem somos — a estrela ou *khabs*.

O ego é a lente através da qual percebemos o mundo exterior. É necessariamente individualizado e, portanto, limitado em sua visão. A informação que ganhamos pela ilusão útil de nos vermos como um ser separado — a ilusão de um mundo interno e externo — nos permite funcionar nesse mundo exterior. Seríamos incapazes de levar uma vida construtiva se estivéssemos sempre imersos na consciência cósmica indiferenciada. Apenas imagine tentar fazer suas compras *nesse* estado de espírito!

Um dos mecanismos importantes do funcionamento do ego — isto é, uma das maneiras em que ele realmente serve como uma lente para observar o mundo — é por meio das projeções psicológicas que praticamos todos os dias. Em certo sentido, toda percepção é uma projeção psicológica, na medida em que estamos impondo conjuntos de símbolos, categorias e outros rótulos à massa de percepções que nos chegam; ela será sempre filtrada e interpretada pelo ego. No entanto, podemos fazer um trabalho muito importante de aumentar nossa compreensão do nosso ego e seu papel na Grande Obra, examinando mais de perto essas projeções psicológicas — especialmente quando nos projetamos em *outras pessoas*.

Em uma projeção negativa, o ego se protege julgando as falhas dos outros, em vez de submeter-se à dolorosa introspecção necessária para seu próprio crescimento real. Numa projeção positiva — como idealizar um ente querido — o ego anseia por união com algo que percebe como externo a si mesmo e, assim, perde a oportunidade de reconhecer a completude inerente da alma. Então, em ambos os casos, estamos presos na dicotomia self-outro. Em um caso, é uma energia julgadora negativa e, no outro, está renegando um aspecto de nossa própria divindade — uma parte de nossa própria integridade. Nós caímos na armadilha de acreditar que precisamos nos unir com algo exterior para sermos completos e saudáveis. Em ambos os casos, estamos confrontando a sombra.

A sombra, em termos junguianos, é quase literalmente como uma sombra projetada pelo ego — a silhueta formada pelas áreas onde a luz do autoconhecimento *não brilha*. São todas aquelas coisas que não aceitamos como nós mesmos — todos aqueles aspectos não reconhecidos ou rejeitados do self, tanto positivos quanto negativos. Crowley fornece alguns comentários interessantes sobre esse fenômeno no *Liber Aleph*. Aqui estão alguns trechos importantes dos capítulos intitulados "Sobre Certas Doenças dos Discípulos" e "Sobre a Vigilância de Falhas na Casa", que fluem juntos em um único tópico de discussão.

> ... Nós nos tornamos aquilo que nos obceca, seja através do Ódio Extremo ou do Amor Extremo. Não sabes como um é Símbolo do outro? Por essa Razão, como o Amor é a Fórmula da Vida, estamos sob a Obrigação de assimilar (no Fim) aquilo que tememos ou odiamos. Então seremos sábios em moldar todas as Coisas dentro de nós mesmos em Quietude e Modulação. Mas acima de tudo devemos usar tudo para o nosso próprio Fim, adaptando com Destreza até mesmo nossa Fraqueza para o Trabalho. [...]
>
> Portanto, observe atentamente a Falha do outro, para que possas corrigi-la em si mesmo. Pois se ela não estivesse em ti, não poderias percebê-la ou compreendê-la ...[33]

Neste ponto de nossa discussão (e de sua compreensão existente da natureza da Verdadeira Vontade), deve ser bastante óbvio que os quereres e desejos do ego frequentemente (especialmente no estágio pré-adepto) são bastante distintos da Verdadeira Vontade do Self real. E mais uma vez, nossa Grande Obra consiste em forjar esse elo entre o ego e o Self, conscientemente alinhando nosso ego com o poder total da trajetória real de nossa alma — a Verdadeira Vontade.

Usando uma metáfora tecnológica: o estado do ego/ruach é como a banda que temos disponível para o influxo da força espiritual. Se a banda for reduzida — se *nos* estreitamos através de obsessões egóicas, projeções ou desequilíbrios — na verdade reduzimos nossa capacidade de ser um canal dessa força divina. Compreendido desta maneira, pode-se ver facilmente a importância da auto-análise da personalidade que é construída em qualquer treinamento mágico executado com competência.

O ego é a parte de você que sente dor, raiva, alegria; mas *você é muito mais do que isso*. O Self real é muito mais expansivo do que esse

---

[33] Crowley, A. (1991). *Liber Aleph*. York Beach, ME: Weiser Books.

conjunto limitado de funções; embora a maioria de nós, na maior parte do tempo, opere no dia a dia como se não passássemos de uma "máquina de pensar e sentir". Essa é uma das limitações inerentes do nosso ego. Assim, uma das maiores armadilhas da vida é acreditar no que o ego está nos dizendo como se fosse a única verdade. Quando estamos numa depressão, quando estamos esmagadoramente ansiosos, quando estamos feridos ou com raiva, devemos nos esforçar para retroceder da perspectiva limitada do ego, e lembrar que a parte de nós que vivencia o sofrimento não é o nosso todo, e certamente não é o núcleo de quem realmente somos.

O Self — aquele *khabs*-estrela em nosso centro espiritual — não está preocupado em pagar as contas. O Self não está preocupado com aquilo que fulano disse que feriu nossos sentimentos. Isso é simplesmente o ego. Se pudermos ver o ego mais como um animal de estimação e menos como quem realmente somos, podemos obter algum grau de distanciamento nos problemas da vida. Isso não significa que os rejeitamos. Isso não significa que os menosprezamos. Isso não significa que fingimos que não temos esses sentimentos e reações. Como eu disse antes, é o ego que é o nosso mecanismo de coleta de informações no mundo. Assim, atender a essas percepções e experiências do Ego é, na verdade, uma porta para trabalho mais profundo.

Nossa deusa Nuit representa o reino infinito de todas as possibilidades de experiência apresentadas a nós. Se sentimos uma emoção de que não gostamos — se a rejeitamos e tentamos fugir dela ou reprimi-la — estamos essencialmente dizendo: "eu rejeito esse aspecto de Nuit". Eu acho que você vai concordar que a longo prazo isso não será uma maneira produtiva de viver. Podemos temporariamente evitar algum grau de desconforto baseado no ego, mas no processo nos afastamos da perfeição da realidade que nos é apresentada. Esta condição é muito semelhante a termos um mapa, mas nos recusarmos a reconhecer onde estamos, simplesmente porque não gostamos do cenário. Em vez disso, devemos aceitar onde estamos e decidir para onde queremos ir.

Como eu disse anteriormente, a desidentificação com o ego-ruach e a identificação com o Self-neshamah como o centro real de quem somos é o objetivo supremo; mas há perigos de fazer isso prematuramente. Esses perigos caem sob a ampla categoria de inflar o ego — quando o ego fica um pouco cheio de si mesmo. Este é mais ou menos o funcionamento base de todos os seres humanos ao longo do tempo. Um exemplo disso, muito comum em comunidades mágicas, é um jovem magista que se identificou prematuramente com seu Self adepto, imaginando que alguns dos primeiros sucessos com a magick são prova de plena consecução. Eles, portanto, tentam fugir do desenvolvimento do ego, que é na verdade um pré-requisito para *se tornar* um adepto. Não há atalhos.

Algumas pessoas são — por karma, por nascimento, por genética, ou outros fatores — bastante precoces no desenvolvimento do ego (e quero dizer isso em um bom sentido) na medida em que parecem estar no caminho rápido para o desenvolvimento espiritual sem cair em algumas das armadilhas — as neuroses — associadas ao ego. Mas, na maioria das vezes, todos nós temos um longo e sinuoso caminho a percorrer quando descobrimos esses elementos sombrios de nós mesmos, desenvolvendo nossa autocompreensão gradualmente e nem sempre confortavelmente.

O método apropriado de seguir com este trabalho (e por "apropriado" quero dizer gradual e equilibrado) está embutido nos graus da Primeira Ordem da A∴A∴ e começa encontrando Kether em Malkuth. O ego observador em Tiphereth vê a luz de Kether no mundo natural de Malkuth — já que esse é seu papel como uma ferramenta de percepção. O ego também (ocasionalmente) observa o reino subconsciente de Yesod — o nephesh ("alma animal") — o inconsciente pessoal no modelo de Jung.

O que *não* está acontecendo no estágio pré-adepto é a percepção consciente direta de Kether. Em vez disso, o iniciado neste estágio está olhando para o reflexo dessa divindade no mundo exterior e vendo isso como um caminho para dentro. A percepção desse caminho aumenta em precisão nos graus da primeira ordem. Mais tarde, em Tiphereth, nós nos abrimos para o caminho de *gimel* (consciência Briática), impingindo direta e conscientemente em nossa percepção espiritual em Tiphereth. Este é o estado psicoespiritual característico associado ao Conhecimento e Conversação do SAG. Somente um Ego equilibrado será um recipiente adequado para essa comunhão consciente. No capítulo sobre os métodos e ferramentas da A∴A∴, comparei esse ego preparado a uma taça devidamente formada e equilibrada, pronta para conter a luz do Anjo.

Quanto maior a consecução, maior o perigo de inflar o ego. Seria bom se o Conhecimento e a Conversação eliminassem todas as neuroses do ego e tornassem o adepto uma pessoa legal de se ter por perto o tempo todo. Mas, infelizmente, toda conquista tem seu lado sombrio e todo adepto, *por mais avançado que seja*, precisa lidar com o lado sombrio de sua posição no caminho. O lado sombrio de Tiphereth (que em sua plenitude significa iluminação espiritual) é a vaidade espiritual. "Uau, agora que cheguei aqui eu sou tão maneiro! Eu tenho um Santo Anjo Guardião e agora sou ainda mais poderoso!" Todo novo adepto de Tiphereth vai lutar sua própria versão desta batalha. Idealmente, ela será percebida no início do processo e transcendida com humildade bem-humorada.

Em virtude da auto-exploração persistente, da análise das projeções e das tarefas de equilíbrio da primeira ordem, o ego encontrou seu lugar certo em relação ao Anjo e ao Self mais profundo — o elo entre ruach e neshamah foi forjado e estabilizado. No entanto, é precisamente neste ponto de aparente estabilidade onde o ego se depara com o maior desafio que encontrará. Deve chegar a um acordo com a futilidade de manter seu senso de existência individual. Como dito acima, não é que o ego deva realmente ser destruído — o adepto ainda precisará dele para funcionar no mundo exterior; ao invés disso, o adepto deve estar *disposto* a destruí-lo — a perder todo o senso de identidade no nível da personalidade individual. Por quê? Porque somente um ego/ruach totalmente desenvolvido que também esteja disposto a abandonar a si mesmo é uma oferta adequada ao graal de Babalon, e somente uma oferta assim completa dará direito ao adepto de cruzar o Abismo e alcançar a maestria.

Para mais informações sobre este material, você pode querer consultar o livro de Robert Moore, *King, Warrior, Magician, Lover*.[34] Ele explora esses quatro arquétipos tanto em sua plenitude quanto em seus lados sombrios. Ele discute o arquétipo do magista como um de poder interno — secreto, sutil e não físico. Esta é obviamente uma ferramenta importante para a vida; mas do lado da sombra, representa um controle e manipulação — um desejo debilitado e inseguro pelo poder pessoal. Isso chama a atenção para a polaridade do Adeptus Exemptus em sua plenitude, disposto a seguir em frente e abandonar as concepções do ego, em oposição ao Irmão Negro em suas torres do ego — uma fortaleza que ele se recusa a abandonar por medo de perder o poder pessoal. Na história de *Parsifal*, esta é a dicotomia entre *Parsifal* (em sua consecução final como o Rei do Graal) contra o mago Klingsor, que simplesmente roubou a lança sagrada e se trancou em sua torre, sempre com medo de perder as armadilhas do poder — um epítome das trágicas alturas do ego inflado.

Conclusão

Todas as partes da alma são sagradas e nenhum elemento da constituição humana é "ruim". O ego é uma parte integral da vida efetiva como ser humano, e devemos nos esforçar para entender seu funcionamento e permitir que ele sirva em seu legítimo papel. Se você se aproximar dessa tarefa com coragem, honestidade e humildade, sua consecução será acelerada e enriquecida imensamente.

---

[34] Moore, R. e D. Gillette. (1991). *King, Warrior, Magician, Lover: Rediscovering the Archetypes of the Mature Masculine*. San Francisco: Harper San Francisco.

20

As Fórmulas de L.V.X. e N.O.X.

As "fórmulas" mágicas de L.V.X. e N.O.X. são frequentemente discutidas no contexto do caminho mágico thelêmico. Como você deve saber, esses termos são traduzidos como "luz" e "noite", respectivamente. Houve um grande mal-entendido, ou pelo menos uma ênfase mal colocada, quando se trata desses termos. Este capítulo tentará esclarecer o cenário. As opiniões que estou oferecendo aqui são baseadas na minha própria experiência e na dos meus colegas e estudantes ao longo dos anos. Nada aqui deve ser tomado como doutrina, mas apenas como as opiniões consideradas de alguém que percorreu o caminho. Encorajo seu ceticismo e sua pesquisa pessoal, como sempre.

É, de certa forma, mais fácil de explicar e entender L.V.X. e N.O.X., começando no ponto final do caminho da consecução, e retrocedendo em direção ao começo. Vamos começar nos perguntando: qual é o objetivo final do caminho? A maioria de nós provavelmente concordará que é a união com Deus, a união com o Todo, a imersão no infinito, a obtenção da consciência cósmica superna ou algum conceito similar. No sistema da A∴A∴, uma das estruturas simbólicas que mais vibrantemente e visceralmente transmite a essência desta consecução é a dissolução de si no Graal de Babalon — o grande santo graal da esfera de

Binah. Esta dissolução constitui a consecução do adepto do grau de A∴A∴ de 8°=3□, conhecido como Magister Templi. Agora, se vamos oferecer tudo de nós, todo o nosso senso de identidade e consciência, no graal, segue-se que temos que nos conhecer *completamente*. É um pré-requisito para essa consecução que tenhamos *plenamente substancializado* quem somos, caso contrário, a oferta não tem sentido. Como está escrito em *Liber Cheth*, "Tu misturarás a tua vida com a vida universal. Não deverás reter uma gota". Para que essa autocompreensão seja completa, devemos ter alcançado a esfera de Chesed e do grau de Adeptus Exemptus 7°=4□ na A∴A∴. Este grau significa o ruach totalmente realizado, funcionando maximamente.

Agora, retrocedendo ainda mais: para tornar substancializado este ruach/ego aperfeiçoado, devemos ter atingido o C & C do SAG, assim vislumbrando aquela estrela em nosso centro, e adquirindo conhecimento da Verdadeira Vontade. O C & C começa o processo de aprofundar nosso relacionamento com o Anjo, a fim de que possamos realizar plenamente nossas vidas como uma expressão externa de nossa Verdadeira Vontade (Adeptus Major 6°=5□) e assim, eventualmente, atingir o grau de Adeptus Exemptus.

E retrocedendo ainda mais: para alcançar o C & C do SAG, devemos ter nos equilibrado previamente em termos dos elementares, de nosso ser, em virtude de passar pelos graus elementares e as provações de equilíbrio correspondentes, da Primeira Ordem da A∴A∴. Devemos ter passado de Malkuth, Yesod, Hod, Netzach ao grau de Dominus Liminis, efetuando uma síntese e a harmonização de todos esses elementos em um receptáculo adequado para a luz do Santo Anjo Guardião.

Assim, passamos da suprema consecução da consciência superior de volta ao começo do caminho. Agora, vamos reverter a direção, começando no começo, e discutir como é provável que vivenciemos esses estágios transformadores à medida que nos movemos através deles, começando com a fórmula de L.V.X.

Você provavelmente já ouviu falar sobre L.V.X. principalmente no contexto da antiga Ordem Hermética da Aurora Dourada, onde esta é uma fórmula deles para a consecução de Tiphereth. Se você rever a "Análise da Palavra-Chave" original, que é parte do Ritual Menor do Hexagrama, como publicado em *Liber O* e em outros lugares, você verá que a fórmula de L.V.X. está entrelaçada com a chamada fórmula do "deus moribundo" que, na maioria das vezes, tem sido associada ao antigo êon de Osíris. Na Aurora Dourada original, a fórmula de L.V.X. estava conectada a Tiphereth e era o símbolo da maior conquista de sua Primeira Ordem. Simbolizava uma certa consciência despertando no novo adepto, mas de modo algum refletia a plena consecução do C & C do SAG conforme entendida no sistema da A∴A∴. Eu direi mais sobre essa importante distinção mais adiante no capítulo.

Na A∴A∴, a fórmula de L.V.X. é o processo de buscar a luz do Santo Anjo Guardião — uma fórmula inteiramente válida que sobrepôs a fórmula do deus moribundo em sua manifestação do velho êon, mas não é *necessariamente* idêntica a ela. Essa "uma estrela à vista" do início do caminho, a luz do Anjo, é a L.V.X. que procuramos, juntamente com o autoconhecimento e auto-empoderamento resultantes disso. À medida que avançamos nos graus da Primeira Ordem da A∴A∴, a fórmula de L.V.X. se manifesta como um processo semelhante à fórmula alquímica de *solve et coagula*, que é a dissolução de cada uma de nossas partes componentes e depois sua sintetização. Consequentemente, a experiência cotidiana de um iniciado desses graus é muitas vezes necessariamente de consciência parcial, correspondendo ao seu estágio particular de crescimento. Por exemplo, em Malkuth, no grau de Neófito, há uma grande ênfase no corpo físico e no universo material. Mais tarde, em Zelator/Yesod, vemos um foco nos processos subconscientes; no grau de Hod trabalhamos extensivamente com o intelecto; e no grau de Netzach com o nosso desejo, emoção e aspiração. Estas são simplesmente *partes* de um único *self* holístico, é claro, mas às vezes é útil nos vermos em termos de nossas partes componentes, para purificar e consagrar esses aspectos do *self* para estarem cada vez mais de acordo com a nossa Verdadeira Vontade, reformulando assim a *totalidade* do *self* para ser um receptáculo para o Anjo.

Quando estamos em um determinado grau e, portanto, focados nessas realidades *parciais*, podemos nos sentir um pouco desequilibrados, especialmente quando saindo dos graus do pilar do meio. No entanto, este desequilíbrio temporário é uma parte necessária da eventual harmonização. Se meramente trabalharmos para melhorar as coisas que nos fazem sentir mais confortáveis e equilibrados, deixamos grandes parcelas de nós mesmos subdesenvolvidas psicológica e magicamente. Crowley aborda isso com seus vários avisos sobre os perigos de simplesmente satisfazer as preferências de alguém, em vez de desenvolver aqueles aspectos do eu que são mais obscuros — renegados ou indesejados. Precisamos compensar esses preconceitos através do treino desses aspectos do *self* que são menos desenvolvidos e menos desejáveis.

Você se lembrará de nossa metáfora em um capítulo anterior, de que nos construímos como um graal para a luz do SAG. Você também se lembrará das potenciais armadilhas desse processo — um graal furado vazará; um graal que é desequilibrado tombará; um graal que é feito do material errado pode ser dissolvido pela luz ou contaminá-la. Eventualmente, quando este graal é completado através da passagem dos graus elementares, nós nos oferecemos em um estado receptivo à luz do

Anjo. Como lemos em *Liber LXV*, "esperar por Ti é o fim, não o começo". De fato, a fórmula de L.V.X. é central para a passagem pelos graus elementares e está intimamente conectada com a consecução do C & C do SAG.

Se os graus da Primeira Ordem são um namoro, e o C & C é o casamento, então os graus de Adeptus Major (6°=5□) e Adeptus Exemptus (7°=4□) incorporam a tarefa de fortalecer e aprofundar o relacionamento conjugal. Aqui, a intimidade do adepto com o SAG é solidificada, e sua vida é conformada para ser um receptáculo cada vez mais perfeito da Verdadeira Vontade. Começando neste estágio, há uma transição gradual de foco para a fórmula de N.O.X., embora a fórmula de L.V.X. permaneça em vigor também; afinal de contas, é a fórmula da consecução de Tiphereth, e o adepto recém-cunhado acabou de passar pelo C & C. A transição de 5°=6□ a 6°=5□ requer uma transformação da vida exterior do adepto em um receptáculo para a Verdadeira Vontade. Relacionamentos, carreira e potencialmente tudo o mais na vida exterior, bem como as personalidades como as conhecemos, são o campo de operação da luz do Anjo; e descobriremos muito disso reconfigurado, reconstruído e, às vezes, destruído e recolocado de maneiras singularmente interessantes à medida que avançamos.

Nesse estágio, tende a haver uma consciência crescente de um ponto final para esse desenvolvimento pessoal; isto é, a consciência individual que continuamos a construir, melhorar e equilibrar — a consciência de ruach que está interagindo com o Anjo — é apenas finitamente expansível. Para ir além das limitações do ruach, literalmente, não resta mais nada para o adepto além da transição para a fórmula N.O.X.

A consecução de 7°=4□ significa a consciência do ruach plenamente realizado — a psique humana (como normalmente entendida) em sua manifestação mais exaltada. É somente nesta fase, quando finalmente nos conhecemos completamente em todos os aspectos, que finalmente somos capazes de *oferecer* tudo de nós no Graal. Como poderíamos ter feito isso antes? Teria sido uma oferta parcial. Seria como cortar um dos nossos dedos e oferecê-lo ao Graal, dizendo: "Aqui, Babalon, eu te dou tudo!" quando, na verdade, mal começamos a saber como oferecer tudo de nós mesmos.

Além disso, a consecução da Noite de Pã, o Todo, a dissolução no Graal, exige que nos reconheçamos como nada além de um receptáculo para a vontade universal. Esta é uma das razões para a associação do nome Nemo ("Nenhum Homem") com o grau de Magister Templi em Binah. Não há lugar para um ser humano naquele lugar, porque *tudo o que se é* foi abandonado. Deve-se notar que *não conseguimos* saber o que está "além de nós" neste estágio. Nós simplesmente sabemos que somos um ser finito que deve ser oferecido.

Portanto, qualquer consciência (isto é, "luz") além disso parecerá escura para nós. Então, em um sentido, N.O.X. é uma luz brilhante demais ou refinada demais para ser percebida pelo ruach em seu estado normal. Essa escuridão não é de fato ausência de luz, mas uma diferença qualitativa na *natureza* da luz como a percebemos. O nome Pã, que significa "tudo", enumera 210, que é também a avaliação das letras N.O.X. Assim, a Noite de Pã é a noite do Todo, e o Todo é o transracional e transpessoal, a noite estrelada além do sol (isto é, nossa consecução de Tiphereth.) A percepção de nossa própria estrela interior evoluiu; a estrela que esteve à nossa vista desde o princípio é agora vista simplesmente como *uma* estrela na companhia de estrelas no céu, e nós a oferecemos livre e alegremente no graal.

Mencionei no início do capítulo que muitas vezes há uma ênfase equivocada na interpretação de L.V.X. e N.O.X. O primeiro desses equívocos é a ideia de que L.V.X. é um caminho "bom" e de servir aos outros, enquanto N.O.X. é "ruim" ou egoísta — basicamente as tradicionais atribuições dualistas de luz e trevas como boas e más. Se você considerar tudo o que eu disse até agora sobre essas fórmulas e a maneira como elas se desdobram no caminho da consecução, deve ficar claro que não estamos falando sobre o bem e o mal. Estamos falando de estágios de consecução e as fórmulas específicas que desbloqueiam esses estágios de consecução.

Outro equívoco que encontro com bastante frequência é a fusão da fórmula de L.V.X. com a fórmula do velho êon do deus moribundo. A fórmula de L.V.X. envolve simplesmente buscar a luz dentro de nós. No velho êon, este processo foi projetado na ideia de um redentor externo, o deus que morre por nós e incorpora (por projeção) o Neshamah ou superconsciência. No novo êon, entretanto, podemos agora entender isso como uma extensão do *self*. Não há razão para que a fórmula de L.V.X. deva estar ligada ao mito do deus moribundo em sua forma do velho êon. No novo êon, vemos que podemos redimir a *nós mesmos*, a cada momento uma morte do velho e um renascimento no novo. Somos como uma criança nascida de novo a cada momento, através da transformação de nossa consciência. A redenção aqui não é do pecado, mas da ilusão da mortalidade. É a redenção da absorção no mundo físico e a aparente finalidade da morte; uma consciência da imortalidade, o princípio de imortalidade que habita em cada um de nós; esse ser solar divino em nosso cerne — nossa estrela ou *khabs*. É uma redenção que nos permite ter uma capacidade crescente de nos identificarmos com a estrela interior como o centro de nosso ser, em vez da limitada personalidade do ego em que nos aprisionamos por meio da nossa falta de total autoconsciência. Permite-nos conscientemente colocar o neshamah em seu trono como o regente legítimo tanto do ruach quanto do nephesh, sem necessidade de ajuda divina "externa".

A fórmula de L.V.X. ainda possui imenso poder quando entendida e empregada à luz dessas verdades do novo êon. Por exemplo, há várias ordens baseadas em Thelema, no padrão da Golden Dawn (incluindo o *Temple of the Silver Star*) que renovaram sua apresentação do antigo ritual do Adeptus Minor da Golden Dawn para refletir essas realidades do novo êon, com resultados muito poderosos. Em algumas dessas adaptações, a lição simbólica é que não estamos presos a uma cruz do velho êon de auto-sacrifício passivo, mas à cruz dos elementos, mostrando nosso domínio da fórmula do pentagrama. Além disso, eu acho que é importante enfatizar que a fórmula de L.V.X. alcança seu clímax na consecução de Tiphereth, mas o faz sem denegrir a importância da futura consecução de Binah. Ela simplesmente reconhece Tiphereth como o ápice de um dos estágios de desenvolvimento.

Para encerrar, é muito importante notar que na A∴A∴, a fórmula de L.V.X. funciona em um nível diferente do que nas ordens externas baseadas na Golden Dawn. Nesses sistemas, a consecução de Tiphereth está no mundo de Yetzirah, representando o conhecimento incremental da Verdadeira Vontade, e uma conexão mais vibrante com aquele centro solar em nosso cerne, mas ainda há muito trabalho a fazer. Isto não é equivalente ao Conhecimento e Conversação do Santo Anjo Guardião, que é a natureza da consecução de Tiphereth na A∴A∴. Na A∴A∴, o C & C efetiva a consecução de Tiphereth no mundo de Briah, e isto marca o começo da conexão voluntária e totalmente consciente entre os mundos Briático e Yetzirático. Aqui, o adepto experimenta conscientemente a realidade espiritual superna que se impõe sobre o ruach. Isto contrasta marcantemente com o estágio pré-adepto em que a superconsciência se comunica principalmente através do nephesh — através de intuições, sonhos e outros conteúdos simbólicos, filtrados através do inconsciente pessoal. Da mesma forma, a consecução adicional de Binah representa nossa ascensão à consciência de Binah de Atziluth. Há um progresso interior e ascendente através dos quatro mundos, bem como das sephiroth na Árvore da Vida.

Reconheço que grande parte do material deste capítulo foi mais pesado na teoria do que grande parte do restante do livro. No entanto, tenho esperança de que você possa usar esta teoria para informar sua própria prática. Mais importante, tentei dar-lhe um vislumbre da natureza das mudanças na consciência que o aguardam no caminho da maestria. Para esse fim, vou encerrar com uma breve meditação guiada que resume essas transformações da consciência.

Exercício

Realize práticas preliminares de relaxamento e regularize a respiração. Depois permita que as seguintes frases surjam em sua mente

188

e passe alguns momentos meditando na doutrina de cada sephirah antes de passar para a próxima. Você pode querer gravar a si mesmo lendo essas frases e realizar a meditação enquanto reproduz sua gravação; ou simplesmente utilize a versão que gravei como parte do segmento de podcast *Living Thelema* chamado *"Advice from the Tree of Life"*.

Malkuth

Eu vivo no mundo físico. Eu tenho um corpo com o qual posso experimentar este mundo e todas as suas maravilhas e prazeres sensoriais. Meus sentidos são os olhos e ouvidos do Universo, e através da minha vida, o Universo testemunha e experimenta a si mesmo. No entanto, eu não sou meu corpo.

Yesod

Eu vejo além do véu da matéria e percebo os padrões astrais subjacentes ao mundo físico. O poder da vida flui através de mim, como a força da minha Vontade se expressando nos padrões ilimitados e em constante mudança da mente inconsciente. Eu empunho o poder da vida a serviço da minha própria evolução e a serviço da evolução da humanidade. No entanto, eu não sou minha Mente; e eu não sou meu corpo astral.

Hod

Possuo um intelecto com o qual construo pensamentos conscientes como Taças para a Forma, para dar forma ao líquido da Força mágica. Uso a razão e a disciplina mental para organizar a mim e a minha vida a serviço da Vontade. No entanto, eu não sou meu Intelecto.

Netzach

Eu possuo emoções como um combustível para a aspiração e um meio para o amor. Minha alma anseia pelo Divino e eu me inflamo em oração quando aspiro à União com Aquilo que está além. No entanto, eu não sou minhas emoções; e eu não sou minha aspiração.

Tiphareth

A Luz do Santo Anjo Guardião brilha no centro do meu ser, a partir da qual eu instruo e dirijo todas as partes de mim para sua Função Correta. Este Centro de Consciência serve como o Profeta do Santo Anjo Guardião, cuja Voz é a Verdadeira Vontade. No entanto, sou mais do que esse Centro de Consciência.

Geburah

Minha Vontade é uma extensão da Vontade Universal, e eu construo minha vida interior e exterior para ser uma Forma perfeita para a sua expressão. O Poder de toda a Vida está disponível para mim em todos os momentos. No entanto, eu sou mais que minha Vontade.

Chesed

Tenho consciência do caminho da minha alma, nas muitas vidas que vivi antes desta, e governo minha consciência à luz desse conhecimento. Eu me esforço, em todas as coisas, para viver plenamente como uma expressão da Luz Mais Elevada. No entanto, eu sou mais do que isso.

Binah

Tenho plena consciência do Graal do Sangue Santo, no qual as gotas de minhas vidas individuais caíram, pois eu sou aquele Graal. Eu misturei minha vida individual com a Vida Universal e deixei de lado todos os apegos do pequeno ego. Eu cuido do jardim do meu self inferior, com amor e carinho. Eu recebo a Palavra e dou nascimento a ela. No entanto, eu estou além do Graal.

Chokmah

Eu porto a Palavra — o impulso primordial de toda a vida da humanidade. Eu sou a Vontade Universal, toda-poderosa e infalível — a Lança que está mergulhada no Graal do Todo. No entanto, eu estou além da Lança e além da Palavra.

Kether

Eu sou a Fonte Única, da qual todas as coisas procedem e para a qual todas retornam. Eu sou Nenhuma-Coisa, mas em mim está o potencial para Todas-as-Coisas que podem existir. Eu sou o Ponto Primordial que Vê todas as possibilidades, e que, no entanto, Conhece a Unidade de Tudo. EU SOU.

21

O Uso Correto da Força Mágica[35]

O caminho mágico é inerentemente um caminho para o poder. A natureza desse poder, suas potências e seus perigos, têm sido objeto de muito debate e discussão, mas acredito que pelo menos um princípio é fundamental: a aplicação efetiva, construtiva e humana desse poder requer um magista equilibrado. O magista aspirante é confrontado por noções de poder conflitantes e potencialmente descarrilantes desde o início. O próprio caminho mágico desafia o aspirante a harmonizar esses impulsos de poder com uma consciência sempre crescente, enraizada na vontade; uma consciência que guia o magista para o uso correto de seu poder. Sem diminuir a visão correta da Grande Obra como a união do microcosmo com o macrocosmo, podemos alternativamente expressar seu "5 unido com o 6" como uma união de poder (5, o pentagrama, a força de Marte, Geburah), com o emblema central de harmonia e beleza (6, o hexagrama, o ruach inspirado pelo divino, Tiphereth).

Neste capítulo, explorarei as chaves para o uso desse poder mágico. Em particular, vou me concentrar no treinamento que leva o aspirante à consecução de Tiphereth, e no trabalho subsequente do

---

[35] Originalmente publicado na revista *Cheth*, Vol. II.

recém-formado adepto enquanto ele ou ela trabalha os caminhos acima de Tiphereth, estabelecendo o equilíbrio da beleza e da força tão essenciais para a execução da Verdadeira Vontade.

{Veja bem: minha discussão sobre as sephiroth e os caminhos refere-se principalmente ao progresso de um aspirante da A∴A∴, mas seria igualmente aplicável, em um nível diferente de intensidade, àqueles que trabalham os graus correspondentes do *Temple of the Silver Star* (Templo da Estrela de Prata) ou ordens similares que seguem o padrão da Árvore da Vida, ou mesmo um caminho inteiramente solitário formulado ao longo destas linhas.}

Qualquer discussão sobre o poder mágico provavelmente chamará nossa atenção para a energia muitas vezes chamada de "força de Marte", também conhecida como kundalini, a força vital e vários outros nomes em tradições análogas. Na Árvore da Vida, a força de Marte é representada principalmente pela sephira Geburah. Essa sephira é a quinta em sequência a partir de Kether, formulando assim o pentagrama, ele mesmo um símbolo de poder mágico. Além de sua atribuição a Marte, Geburah é a sede da vontade pessoal, e um ponto de ligação com aquela vontade universal que impinge a partir das supernas, especificamente Chokmah. Contemplando a Árvore da Vida, esta é a chave mais facilmente visível para a fonte e uso correto do poder mágico: A totalidade da vontade pessoal, aquele aspecto do ruach que o magista (corretamente) considerou ser individual e único, é meramente uma expressão individualizada da vontade universal a que **serve**. Com esta verdade em mente, podemos examinar a abordagem à Geburah do magista aspirante a partir das sephiroth abaixo dela.

> Em verdade, a destruição é o fundamento da existência,
> E o desmantelamento que tu vês
> É apenas a reunião de materiais
> Para uma estrutura maior.
> (*The Book of Tokens*, "A Meditação de Peh")

> Derrube a fortaleza do teu Self Individual, para que a tua
> Verdade se liberte das ruínas.
> (*O Livro de Thoth*, da discussão sobre o Atu da Torre)

Muito antes de o magista atingir o poder mágico completo de Geburah, ele ou ela deve enfrentar as provações das sephiroth e dos caminhos abaixo de Tiphereth, equilibrando os quatro elementos dentro de si. A pedra angular deste treinamento pré-Tiphereth, em termos da relação com o poder mágico, é o trabalho do caminho de *peh*. Aqui, o primeiro encontro do magista com a força do Marte planetário é também seu primeiro cruzamento de um caminho "recíproco" na Árvore, pois o caminho de *peh* conecta o intelecto de Hod com o desejo e a aspiração de

Netzach. Outra implicação desse arranjo é que o intelecto é aplicado conscientemente para escolher e definir o objeto de Desejo de Netzach. O uso correto da aspiração e do desejo puro (Netzach) é alcançado pela apreensão intelectual (Hod) do objetivo apropriado. A obra concluída de Malkuth, Yesod e seus caminhos relacionados é agora equilibrada por *peh*, assim como a força mágica é simultaneamente "elevada" um grau com a atividade aumentada do chakra Svadisthana, ao qual *peh* é atribuído. De fato, o poder crescente do magista é automaticamente controlado pelo equilíbrio inerente à Árvore. Mesmo nesse estágio inicial de desenvolvimento, o equilíbrio é a chave do poder.

Além disso, a passagem do caminho de *peh* é uma salvaguarda contra o impulso do poder, tendo um papel predominante no avanço em direção a Tiphereth. Aquele que busca o Anjo com o objetivo principal de aumentar seu poder egoico pessoal é bloqueado do verdadeiro domínio deste caminho. Pois a natureza do caminho em si (visto no Atu da Torre) é a derrubada de tais ideias, que ligam, confundem e de outro modo subvertem a apreensão direta da verdadeira ordem do universo. A passagem do caminho de *peh*, assim, purifica e consagra o poder mágico do aspirante no nível microcósmico, preparando-o para a eventual consecução de maior poder em Tiphereth de uma maneira segura e construtiva. Os muitos exemplos de comportamento tirânico vistos na história sociopolítica e em nossos tempos atuais parecem ser evidência dos perigos do poder pessoal mal-interpretado e mal aplicado. Nestes casos, vemos que o impulso de poder é usado como um exercício de domínio pessoal ou, alternativamente, os impulsos agressivos e destrutivos são projetados para o "outro" (pessoa, país, grupo racial/étnico, "inimigo"), como uma racionalização para nossa própria intolerância e agressão.

Tendo superado a provação do caminho de *peh*, o magista se esforça em direção a Tiphereth, o único objetivo visível neste estágio do trabalho. A aproximação a Tiphereth é guardada por dois caminhos adicionais, ambos relacionados a Marte, que afetam o desenvolvimento do poder mágico no aspirante: *ayin* (O Diabo) e *nun* (Morte). A provação do caminho de *ayin* (Capricórnio, no qual Marte é exaltado) inclui o desenvolvimento da consciência das realidades divinas transcendentes por trás da aparência do "mal". Enquanto continuarmos a projetar no mundo as ideias dualistas do bem e do mal, não seremos capazes de desenvolver as ferramentas para o uso **responsável** de nosso próprio poder. Essas ferramentas incluem a capacidade de refinar nossa consciência, de acordo com a Verdadeira Vontade, de modo que nosso exercício de poder esteja verdadeiramente a serviço do mundo ao nosso redor. Os julgamentos dos outros, e os pensamentos e padrões de comportamento dualistas resultantes, tendem a nos direcionar para o uso unilateral do poder, tipicamente para diminuir nosso desconforto egoico com aquelas coisas que rotulamos como ruins!

O ordálio do caminho de *nun* (Escorpião, regido por Marte) requer uma tarefa igualmente desconfortável, da perspectiva da personalidade do ego: a entrega a uma autoridade "superior" e o abandono da ilusão do domínio do ego. Em outras palavras, enfrentamos a morte do "eu" que temos trabalhado tão duro para cultivar ao longo de nossas vidas até este ponto. Aqui novamente estão as chaves para o uso correto do poder — enquanto nos apeguemos ao ego, nossas ações são dirigidas pelo medo (*pachad*, um nome de Geburah/Marte) de perder nossa identidade e autonomia. Atacamos as coisas que assim nos ameaçam, gastando energia valiosa no processo.

Após a plena consecução de Tiphereth com o Conhecimento e Conversação do Santo Anjo Guardião, o adepto é centrado e equilibrado nesta iluminação superior — o Rei é banhado pela luz que desce da coroa. No entanto, a relação entre adepto e Anjo acaba de começar, e leva esforço e tempo para crescer. As tarefas centrais do novo adepto são de se esforçar para aprofundar a comunhão com o Anjo, refinar ainda mais a sua capacidade de receber e interpretar suas instruções, e criar um equilíbrio correto na psique entre o ego humano e seu novo ponto-de-contato superconsciente. Isto é, o Adepto deve adaptar seu ruach para operar de uma maneira fluida, dado o avanço da consciência Briáhtica (neshamah). Felizmente, essa trilha já foi aberta para nós: os métodos estão claramente definidos nas tarefas dos caminhos de *mem* e *lamed*, e eles nos conduzem à plena consecução do poder mágico em Geburah.

> Pois assim como Ele habita na densa escuridão e na luz ofuscante, nos elementos, nos planetas e no poderoso círculo dos Céus, assim também devo habitar...
> (*Liber Siloam sub figura CDLI*)

> Absorva-te neste Grande Mar das Águas da Vida.
> Mergulhe profundamente nele até que tu te percas.
> E tendo te perdido,
> Então te encontrarás novamente,
> E será um comigo,
> Teu Senhor e Rei.
> Assim tu aprenderás o segredo
> Da restauração do Rei ao seu trono.
> (*The Book of Tokens*, "A Meditação de Mem")

O caminho de *mem* representa o influxo da força de Geburah nas águas reflexivas do intelecto humano de Hod. Enquanto o magista aspirante encontrou a **influência** deste caminho em Hod, é somente após a consecução de Tiphereth que o caminho é trabalhado por completo. No currículo da A∴A∴, a tarefa deste caminho é a consecução do estado conhecido como o "Sono de Siloé" — uma união feliz e pacífica entre o adepto e o Anjo. Essa consecução reforça a lição central do caminho de *mem*: o adepto agora sabe, sem dúvidas, que seu verdadeiro mestre é o Santo Anjo Guardião. Seu ego está agora posicionado como a figura do Enforcado do Atu — derrubado e receptivo à influência direta da luz do mestre. Parece apropriadamente paradoxal que esse primeiro caminho que conduz diretamente ao poder de Geburah de "baixo" seja do ego — humildade e receptividade — os mesmos traços que permitirão ao adepto exercer seu recém-descoberto poder com profunda consciência e visão. Isto é, essas potências recém-descobertas servirão à vontade universal, particularizadas como a Verdadeira Vontade do Adepto conscientemente realizada, ao invés de impulsos nepheshicos ou os caprichos do pequeno ego.

> Este é novamente um hieróglifo de "Amor é a lei, amor sob vontade". Toda forma de energia deve ser direcionada, deve ser aplicada com integridade, para a plena satisfação de seu destino.
> (*O Livro de Thoth*, da discussão sobre o Atu do Ajustamento)

> Eu sou o poder do equilíbrio
> Que mantém Ruach em balanço
> Entre formação e destruição,
> Como uma carroça com seu aguilhão
> Evita que seu boi saia da estrada.
> No entanto, esse poder diretivo é inerente ao próprio Ruach,
> Pois eu mesmo sou aquele grande Sopro de Vida...

> "Não tenho livre arbítrio?" pergunta o tolo;
> Mas o sábio sabe que em todas as cadeias de mundos
> Não há criatura
> que tenha qualquer vontade à parte da minha Única Vontade

> Minha Vontade é de fato livre
> E aquele que a conhece como a fonte de seu querer
> Permanece livre de erros.
> (*The Book of Tokens*, "A Meditação de Lamed")

O caminho de *lamed*, atribuído a Libra e simbolizado no Tarô como o Atu do Ajustamento, é o segundo e último dos dois caminhos percorridos enquanto o adepto se move de Tiphereth para Geburah. Esse caminho reflete uma verdade com a qual o adepto de Tiphereth está, sem dúvida, se tornando muito familiar: todo pensamento, palavra e ação dele requerem consequências precisas e incessantes. É um ditado da Grande

Obra que o quanto mais o aspirante viaja ao longo do caminho, menos "elasticidade" ele encontra quando se desvia inadvertidamente dele. Em Malkuth, o aspirante pode nunca notar tais desvios, mas o progresso no trabalho traz lembretes do universo mais imediatos (e afiados!) sempre que houver um desvio. É discutível se esse mecanismo de retorno é devido a algum princípio universal (o assim chamado "karma", etc.), a uma maior sensibilidade a estímulos internos ou a alguma combinação de ambos.

Em todo caso, o caminho de *lamed*, na forma do Atu do Ajustamento retrata essas leis kármicas em ação. Esse caminho, a ligação direta entre o poder de Geburah e a beleza e harmonia de Tiphereth, mostra o equilíbrio dessas potências que é necessário para seu uso correto. Este uso correto é então, por definição, de acordo com as leis da natureza, e com a Verdadeira Vontade do adepto, à qual seu Anjo dá voz.

> Lembre-te de que a força desequilibrada é maligna; que a severidade desequilibrada é apenas crueldade e opressão; mas também que a misericórdia desequilibrada é apenas fraqueza que permitiria e instigaria o Mal.
> (*Liber Librae sub figura XXX*)

Leitura Recomendada

Case, P. (1934). *The Book of Tokens: Tarot Meditations*. Los Angeles, CA: Builders of the Adytum, Ltd.

Crowley, A. (1992). *Liber Librae*, editado por I. Regardie em *Gems from the Equinox*. Scottsdale, AZ: New Falcon Publications.

Crowley, A. *Liber Siloam* sub figura CDLI.

Crowley, A. (1993). *The Book of Thoth. A Short Essay on the Tarot of the Egyptians*. York Beach, ME: Weiser Books.

22

A Alquimia do Século XXI:
A Ciência e a Arte do Mistério[36]

As questões fundamentais são diretrizes; elas estimulam as pessoas. Uma das qualidades mais criativas que um pesquisador pode ter é a capacidade de fazer as perguntas certas. Os maiores avanços da ciência ocorrem nas fronteiras, na interface entre a ignorância e o conhecimento, onde as questões mais profundas são colocadas. Não há melhor maneira de avaliar a condição atual da ciência do que listar as questões que a ciência não consegue responder. A ciência é moldada pela ignorância.

— David Gross, Nobel de 2004 em física.[37]

Introdução

Alquimia. A palavra evoca imagens de sábios medievais, trabalhando em laboratórios escuros repletos de aparelhos científicos

---

[36] Originalmente publicado na revista *Neshamah,* Vol. I, No. 3. (2010). p.76.

[37] Citado em "125 Questions: What We Don"t Know," *Science*, Vol. 309. (2005).

arcanos, empenhados em transformar o chumbo em ouro. A literatura alquímica medieval discute procedimentos para separação e combinação; a aplicação de calor e destilação; os princípios da putrefação e regeneração. Em muitos casos, esses textos parecem de natureza puramente prática, expandindo as fronteiras do que era a ciência de ponta da época. No entanto, do ponto de vista da psicologia profunda moderna, podemos ver a transformação de substâncias físicas como uma metáfora para um processo de mudança interna. A simples contemplação de tal processo de mudança física nos traz simpatia por ele, mesmo que seu *aparente* objeto esteja inteiramente fora de nós mesmos. Assim, podemos concluir que os alquimistas medievais eram eles mesmos a *matéria prima* do trabalho.

Os experimentos metalúrgicos e químicos dos alquimistas medievais estavam nas fronteiras da exploração intelectual na Europa naquela época; na fronteira fértil entre a luz do conhecimento e o mistério sombrio do desconhecido. Nesta encruzilhada, todas as coisas parecem possíveis, e a mente se abre para o que de outra forma estaria oculto ou disfarçado. As grandes questões e indagações da humanidade são projetadas sobre a extensão infinita da possibilidade, neste ponto de encontro do conhecido com o desconhecido. Eles estão enquadrados na linguagem da ciência que os trouxe a esse ponto.

Então vamos propor uma definição mais específica da alquimia: a alquimia é a Ciência e a Arte de transformar a consciência. Seu vocabulário nasce das teorias de ponta e das questões não respondidas sobre as fronteiras da ciência. Seu método central é a extração do significado do mistério, através da lente da projeção psicológica.

Desde os tempos medievais, a ciência avançou, para melhor ou pior. A purificação, transformação e produção de metais são agora realizadas em grande escala em milhares de fábricas e usinas. A ciência agora enfrenta o desconhecido em uma infinidade de campos modernos, incluindo física, biologia, ciência da computação e psicologia. Se aceitarmos que os alquimistas antigos estavam realizando transformações interiores usando ferramentas contemporâneas de ponta como uma tela de projeção metafórica, não segue que os verdadeiros alquimistas modernos fariam o mesmo? Se assim for, devemos olhar para as fronteiras da ciência *de hoje* em busca dessas modernas ferramentas alquímicas. Se a alquimia é verdadeiramente a ciência e a arte de extrair significado a partir do mistério, por meio de projeções psicológicas, apenas os mistérios das perguntas não respondidas de hoje nos apresentarão uma tela de projeção de tamanho suficiente.

Lawrence M. Principe é um químico e historiador da ciência na Johns Hopkins University. Há alguns anos, ele foi co-organizador de uma conferência na Chemical Heritage Foundation, na Filadélfia, que coleta documentos relacionados à alquimia e outras ciências químicas. Ele comentou:[38]

> O que os químicos fazem? Eles gostam de fazer coisas. A maioria dos químicos está interessada não tanto na teoria, mas sim na fabricação de substâncias com propriedades particulares. A ênfase nos produtos foi a mesma com alguns alquimistas no século XVII.

Assim, podemos imaginar que os antigos alquimistas eram fascinados pelo próprio ato criativo e transformador. A humanidade estava no limiar de descobrir os princípios subjacentes à matéria, os fatos de sua natureza e as leis de sua combinação e ação. E ainda, enquanto estavam na busca por este conhecimento factual, eles tocaram em muitos princípios que regem a mente e a alma. Assim como a humanidade estava chegando a um acordo com sua capacidade de criar e definir a realidade, seu direito de nascença divino, essas verdades ecoavam nas fronteiras de sua ciência.

Minhas proposições nesta presente discussão se aplicam à humanidade como um todo. Sempre foi o caso, através do curso da evolução humana, que os místicos e outros buscadores extraordinários são as gotas na crista da onda do progresso, e alcançam suas conclusões muito antes da massa crítica da humanidade. O que estou discutindo aqui, pelo contrário, é um processo muito mais amplo. É a evolução da consciência humana coletiva, exaurida no campo das projeções psicológicas, nas fronteiras da investigação científica. Os mistérios não respondidos da ciência contemporânea tornam-se os ganchos em que nossa sociedade (geralmente inconscientemente) suspende suas aspirações, ideais e medos, suas questões sobre os mistérios da vida e seus esforços em busca de significado e compreensão. Por esta definição, somos todos alquimistas.

A Natureza das Projeções Psicológicas

Vamos começar com uma discussão sobre o processo de projeção em si. O modelo junguiano de consciência é fundamentalmente uma psicologia de energia dinâmica. A psique humana é composta de padrões de energia entrelaçados, que tendem a se agrupar em torno de certas formas-pensamento básicas. Estas incluem os conceitos de "self", "Deus", "outro", "eu" (o ego) e assim por diante. A capacidade da psique

---

[38] "Transforming the Alchemists", *The New York Times*. August 1, 2006.

de se mover e descarregar energia entre essas partes constituintes é essencial para sua saúde. No entanto, o ego tende a ser um obstáculo para o livre fluxo dessa energia. Ele procura manter a ilusão de autonomia e soberania e, consequentemente, certas ideias, imagens e emoções tornam-se reprimidas ou restritas, formando o que é conhecido como a sombra. Ideias inaceitáveis são desviadas para formas que são menos ameaçadoras para o ego. Por exemplo: algum aspecto da nossa consciência profunda observa que muitas vezes somos cruéis com os outros. No entanto, esse fato é inaceitável para o ego — ele não quer ser desafiado por seu mau comportamento. Esse aspecto "julgador" de nós mesmos — esse canal de energia — ainda precisa *fluir para algum lugar*. O alvo deste fluxo, muitas vezes acaba por ser *outra pessoa* que é observada se comportando de forma cruel. O "juiz" consegue proclamar a culpa, e o ego chega a fingir que é apenas um espectador no julgamento, tendo satisfação na condenação do malfeitor.

No entanto, tais emoções negativas não são os únicos candidatos à projeção. Jung repetidamente e enfaticamente apontou que há "ouro" na sombra. Projetamos também nossos mais profundos amores, nossas mais queridas esperanças, nossas mais extraordinárias ideias de beleza e transcendência, no mundo ao nosso redor, porque muitas vezes somos incapazes de aceitar essas qualidades como aspectos de nós mesmos. Tudo o que é necessário é o impulso para o fluxo de energia e um objeto adequado para a projeção. Se somos alienados de nossa própria força, projetamos isso em um herói de cinema. Se nos sentimos incompletos, projetamos a ideia de um parceiro perfeito para um interesse romântico desejado. E... *se não pudermos aceitar nossa própria divindade*, e nos sentirmos perdidos no caminho para nos encontrarmos, projetamos a totalidade da jornada espiritual e seu destino em um *mito*.

Agora reconhecemos alguns desses mitos como tal, porque, em grande medida, evoluímos para além da necessidade deles, ou os seus símbolos particulares perderam a sua influência sobre nós. Por exemplo, podemos olhar para os grandes mitos gregos de Hércules e, sem muita luta, vemos isso como um mito criado por uma sociedade que luta para chegar a um acordo com sua própria força e domínio de seu ambiente. Esses mitos são mais perceptíveis para nós precisamente porque temos uma perspectiva distanciada deles — a distância de eras de tempo e a correspondente evolução cultural. Por outro lado, raramente percebemos os mitos que estamos vivendo atualmente. Nós tendemos a estar conscientes apenas dos mitos que completaram seu trabalho transformador sobre nós. Consequentemente, se quisermos entender nossos padrões transformacionais atuais, devemos tentar descobrir os mitos vivos do mundo de hoje — *as coisas em que realmente acreditamos* — e os deuses que realmente adoramos. Só estes têm a *numinosidade* — o poder espiritual — necessário para nossa alquimia.

Para os alquimistas medievais, as ferramentas e metodologias das ciências físicas tinham esse poder. Ou seja, eles projetaram seu caminho de transformação para essa tela em particular — um mito sobre o poder de certas ferramentas e processos para criar mudanças milagrosas na matéria. Essa projeção "funcionou" porque havia ambiguidade suficiente sobre as *respostas* reais às suas perguntas para disparar sua imaginação criativa — para mantê-los buscando o próximo mistério.

A Projeção de Mistérios

O mundo invisível pode ser um lugar perigoso se for abordado de maneira inadequada, sem a necessária preparação e comprometimento com o processo. Aqueles que embarcarem nesta missão serão testados para ver se eles têm a força necessária para abrir o véu entre o visível e o invisível. Esforçar-se por esse objetivo trará algumas consequências surpreendentes, entre elas o reconhecimento de que o processo pelo qual chegamos a esse nível de consciência é muito mais importante do que qualquer conhecimento específico que possamos ter adquirido ao longo do caminho.

– June Singer, em S*eeing Through the Visible World.*[39]

O processo ao qual Singer se refere envolve, entre outras coisas, o ato de projeção psicológica. Podemos nos tornar conscientes dessas projeções, mas com mais frequência nos envolvemos nelas cegamente, porque não encontramos uma linguagem melhor para lidar com nosso problema interior. O próximo estágio de nossa evolução interior ainda não possui um quadro, uma linguagem, uma ciência própria. Ele precisa de um "gancho" no qual possa se pendurar para se conhecer. Eu chamo isso de *projeção de mistérios*.

Para nossos propósitos aqui, não importa se os alquimistas medievais conheciam a verdadeira natureza de seu trabalho. Talvez alguns conheciam; provavelmente muitos não. Aqueles que não compreenderam a verdadeira natureza de seu trabalho desenvolveram inconscientemente uma linguagem de transformação acessível para os outros. Aqueles poucos que realmente entenderam estavam apenas alguns passos à frente — eles perceberam o valor psico-espiritual da linguagem e continuaram a usá-la como um véu para o significado mais profundo que haviam descoberto.

---

39 Singer, J. (1990). *Seeing Through the Visible World: Jung, Gnosis and Chaos.* San Francisco, CA: Harper San Francisco.

A situação equivalente no mundo científico moderno, por exemplo, seria, de um lado, o físico quântico, cujo interesse consciente é explorar os padrões de probabilidade da luz passando por minúsculas fendas em um prato, ou, por outro lado, seu colega, que vai para casa à noite para ponderar o significado das ondas de probabilidade como uma questão existencial. Se estamos presos a um ponto de vista materialista e reducionista, estamos simplesmente "fazendo ciência física". Se, por outro lado, estamos prontos para um relacionamento mais profundo com o processo, ele se apresentará como tal.

Ilya Prigogine, um ganhador do Nobel de 1977, escreve:[40]

> A base da visão da física clássica era a convicção de que o futuro é determinado pelo presente e, portanto, um estudo cuidadoso do presente permite um desvelamento do futuro. No entanto, em nenhum momento isso foi mais do que uma possibilidade teórica. Contudo, em certo sentido, essa previsibilidade ilimitada era um elemento essencial do quadro científico do mundo físico. Talvez possamos até chamá-lo de MITO FUNDADOR da ciência clássica. A situação mudou muito hoje...

Assim, parece que nossa tarefa atual é descobrir os mitos fundadores de hoje — o conjunto mitológico de pressupostos que caracterizam nosso estado atual de compreensão científica e também, de acordo com minha tese, o estado atual de nossa evolução espiritual e psicológica. Os mitos são os sonhos de uma cultura, e esses mitos são o campo sobre o qual projetamos nossas buscas pela compreensão, nossos esforços pela percepção espiritual e nossos medos mais profundos do desconhecido.

Mitos Fundadores e Projeções de Mistérios na Ciência Moderna

Em minha pesquisa para este artigo, fui auxiliado pela série do 125º aniversário da revista *Science* intitulada "125 perguntas: O que não sabemos". Esta série pesquisou as fronteiras atuais do conhecimento científico em vários campos e destacou as questões não respondidas que impulsionam a pesquisa de ponta. Minha pesquisa foi reconhecidamente (e intencionalmente) uma pesquisa superficial da minha parte das disciplinas científicas discutidas na revista *Science*. Enquanto eu estava

---

[40] Prigogine, I, (1980). *From Being to Becoming.* New York: W.H. Freeman and Co., p. 214.

conduzindo minha pesquisa inicial para este artigo, um amigo meu comentou que minha pesquisa poderia requerer um conhecimento profundo de um grande número de campos científicos diversos. Respondi que usaria a minha ingenuidade a serviço do projeto, já que o próprio processo de projeção requer tal atitude. Ou seja, somos confrontados com o desconhecido e tentamos preencher as lacunas. As lacunas, então, tornam-se a tela projetiva para a psique (individual e coletiva) se revelar. Um praticante sofisticado de qualquer uma dessas ciências teria, obviamente, importantes *insights* sobre esses assuntos. No entanto, nossa avenida atual de investigação requer um "leigo" mais distanciado para perceber os padrões em ação. Um microscópio nos daria detalhes sobre as partículas de tinta em um trabalho de Picasso, mas nós realmente não vemos a pintura até nos afastarmos alguns passos. O que falta na "perícia" minuciosamente detalhada do microscópio é a *imaginação criativamente ingênua*. Um adulto olha para o céu e vê aglomerados de vapor de água branca, enquanto uma criança vê dragões.

Trabalhando ao longo de linhas similares, o músico Brian Eno usa limitação intencional, acaso e *ingenuidade* técnica para encorajar que uma certa inocência entre em sua música. Esses fatores podem nos forçar a adotar uma nova abordagem das situações. Estamos desprevenidos, incertos e incapazes de confiar no hábito e na rotina. Em outras palavras: estamos vivos e alertas, pensando e sentindo nosso caminho através de um problema, um labirinto ou um mistério. Eu tentei manter esse tipo de pensamento enquanto eu pesquisava e escrevia este artigo, e encorajo o leitor a fazer o mesmo enquanto contempla seu conteúdo.

Portanto, vamos examinar uma variedade de disciplinas científicas modernas à luz das teses descritas acima. Para cada ciência, tentarei determinar os "mitos fundadores" implicados pelo estado das fronteiras da ciência particular, e extrair a operação de projeção de mistérios dentro do contexto dos mitos. Quando eu estava revisando o material dessas várias disciplinas, frequentemente usava um conjunto de "perguntas misteriosas" para estimular e identificar minhas próprias projeções. Por exemplo:

• "Eu gostaria que soubéssemos a resposta desta pergunta, porque então poderíamos..."
• "Se ao menos pudéssemos descobrir X, então..."
• "Esse fato (uma descoberta científica) é incrível, porque..."
• "Eu nunca pensei que humanos seriam capazes de..."
• "Não devemos mexer com o X. É perigoso porque..."

Você pode querer fazer o mesmo ao ler as seções a seguir, para estimular seu próprio processo de projeção.

É importante notar que esta breve pesquisa é puramente especulativa. Isto é, não afirmo que as descobertas científicas aqui descritas são válidas porque refletem doutrinas esotéricas, nem estou tentando validar doutrinas esotéricas em virtude de descobertas científicas. Meu objetivo é apenas elucidar o processo de projeção que está ativo em qualquer cultura que explore suas fronteiras científicas. Então, vamos nos afastar um pouco, desfocar nossos olhos, e talvez, apenas talvez, possamos perceber o mistério por trás da ciência, e contemplar os dragões em vez das nuvens.

Biologia / Genética

Um dos exemplos mais simples e conhecidos de uma projeção em mistérios biológicos é a evolução da teoria da doença humana. Qualquer estudo da história ou da antropologia revelará os xamãs-sacerdotes-médicos de várias culturas e sua crença de que os demônios ou outros espíritos maus eram a causa da doença. Hoje, é claro, atribuímos a culpa às bactérias e vírus. Os limites do conhecimento são diferentes, assim como as ferramentas da ciência usadas e a linguagem empregada, mas a projeção de mistério é a mesma: forças invisíveis estão em ação. Elas nos atacam e tentam nos matar. Precisamos de ajuda especializada para nos livrar delas. Quais são essas forças? Como podemos pará-las? A quem peço ajuda?

Muitas das grandes questões biológicas modernas giram em torno da potência do DNA como criador, transformador, preservador, de quem e do que somos como humanos. Embora ainda *conscientemente* concebida como uma questão biológica em relação a uma substância física (ou seja, o mito fundador da genética moderna), a projeção de mistério revela um nível mais profundo de significado. Através de nossas projeções de poder transformador sobre a substância física do DNA, contemplamos e investigamos nosso poder divino, criativo e, por extensão, nosso papel na transformação da própria humanidade.

Nossa crescente compreensão dos determinantes genéticos subjacentes à nossa existência revela inevitavelmente as questões de projeção de mistério: Que forças nos moldam e nos modificam? O que em nossas vidas podemos controlar conscientemente? Quais são os limites do nosso poder pessoal em afetar nossas circunstâncias? O que é fadado e imutável? Claramente, embora tenhamos procurado entender a influência dos blocos físicos da vida, nós tropeçamos em uma contemplação do destino versus livre arbítrio.

Ao examinar nosso relacionamento com outros animais, a moderna pesquisa genética está investigando a questão do que nos torna exclusivamente humanos. Aqui, nossas projeções nos levam à contemplação do mistério existencial central do que significa ser humano e, por extensão, do sentido da própria vida. Carl Jung observou uma vez que nunca saberemos o que é único sobre a consciência humana até encontrarmos a consciência não-humana.[41] Ele estava se referindo à possibilidade de eventual contato com a inteligência extraterrestre, mas a lógica certamente pode ser aplicada à pesquisa genética comparativa já em andamento.

Além do crescente campo da genética, a biologia moderna está buscando questões fascinantes sobre a base biológica da consciência. Em nossa tentativa de descobrir a "morada da alma" dentro de nosso cérebro físico, nos defrontamos com o mistério da mente. A projeção de mistério aqui: O que está por trás do véu da matéria? Não é incomum, em nossas vidas diárias, notar que parece haver mais para nós do que uma simples coleção de células e órgãos. Mas agora, com o advento das modernas técnicas de pesquisa biológica, parece que estamos no limiar de realmente descobrir a base física de tais experiências. O astuto leitor provavelmente notará que "limiares de descoberta" semelhantes sempre caracterizaram o progresso científico — e esse é precisamente o meu ponto! A sensação de estar *quase lá* — essa sensação de que o mistério está fora do alcance *por pouco* — é o combustível fundamental para os fogos da projeção. É o êxtase antecipado da descoberta que mantém a busca viva, independentemente das metodologias científicas empregadas. Os alquimistas medievais buscavam a "alma" de uma substância em um destilado purificado ou um resíduo em pó. Hoje, procuramos a alma em pequenas teias de neurônios. Estas são de fato "meras" projeções — mas projeções que estão vivas com a promessa de magia e significado.

Alguns cientistas parecem abranger o abismo aparente entre ciência e misticismo de forma bastante aberta. O biólogo Rupert Sheldrake, por exemplo, apresentou sua teoria dos "campos morfogenéticos". Essa teoria inclui algo semelhante a um modelo de "transmissor de rádio" de desenvolvimento de espécies ao longo do tempo — não menos do que uma construção biológica que explica a transmissão de arquétipos. Sheldrake postula que uma espécie se desenvolve não apenas devido ao seu ambiente atual e codificação de DNA fisicamente transmitida, mas também devido aos traços da experiência passada. Como ilustração, ele observa que, se ignorássemos os princípios eletromecânicos de um rádio, ouviríamos e concluiríamos que nada é acrescentado a ele quando está tocando música — a música não o torna mais pesado — mas está de fato recebendo algo, e esse *algo* define seu comportamento e sua natureza a qualquer momento. Nesta linha de pensamento, Sheldrake está buscando fatos e linguagem para expressar o mistério dos arquétipos da consciência. A verdade fisiológica desta teoria não é nossa preocupação aqui. Em vez disso, estamos

---

[41] *Jung on Film* (entrevista gravada em vídeo). (2000). Homevision.

interessados na ginástica teórica que Sheldrake empreende em sua tentativa de navegar pelo limiar misterioso — em outras palavras, sua alquimia. Seu trabalho é uma projeção sobre os mistérios de nossas origens e a questão de por que determinada pessoa toma a forma que tem. Também é paralelo às teorias da física quântica que postulam que objetos distantes afetam um ao outro através do espaço-tempo — o princípio da não-localidade.

Um exemplo final da alquimia moderna sendo conduzida nos campos biológicos é a ciência do envelhecimento. Pesquisadores neste campo conscientemente exploram o mito fundador de que o corpo é uma máquina que se decompõe com o tempo — um processo que talvez possa ser retardado, parado ou mesmo revertido. Claramente, esses pesquisadores são o equivalente moderno dos antigos exploradores que procuravam a fonte da juventude — uma projeção da busca mais profunda pela transcendência das limitações corporais e da vida humana física. Esse exemplo em particular é instrutivo, pois nos mostra como a mesma projeção de mistério pode ser aplicada a diferentes ciências em diferentes épocas — apenas as ferramentas mudaram. Na Era da Exploração, a projeção era sobre a ideia de uma fonte física dos poderes da imortalidade, pois o processo de descoberta geográfica estava capturando a imaginação do mundo. Agora, na era do DNA e da nanotecnologia, a projeção encontra um novo lar nessas ferramentas e métodos muito diferentes, mas igualmente empolgantes.

Física

> Agora sabemos que cada partícula tem uma antipartícula, com a qual pode se aniquilar. Poderia haver antimundos inteiros e antipessoas feitas de antipartículas. No entanto, se você se encontrar consigo mesmo, não apertem as mãos! Vocês dois desapareceriam em um grande clarão de luz.
> – Stephen Hawking[42]

O campo da física teórica talvez seja o domínio científico em que nosso questionamento investigativo dá o fruto mais imediato. As questões colocadas pela física moderna, especialmente desde o advento da teoria quântica, simplesmente imploram por uma interpretação esotérica. Evidentemente, isso tem sido feito exageradamente nos círculos editoriais da Nova Era nas últimas décadas. No entanto, algumas das projeções de mistério mais sutis podem ter sido negligenciadas, pois estão sob a superfície das questões abertas que estão sendo investigadas.

---

[42] Hawking, S. (2015). *Uma Breve História do Tempo*. Editora Intrínseca.

A citação de Hawking acima pode servir como um ponto de partida adequado para nossa discussão. Em sua teoria, podemos ver físicos se esforçando para compreender a própria natureza da matéria e da existência. Implica um (+1) e um (-1) inerente a todas as coisas, assim como a energia liberada pela sua união arrebatadora. Isto não é nada menos do que uma re-declaração científica da fórmula 0=2, mas também revela uma projeção de mistério sobre a natureza da verdade e da realidade: *Tudo o que existe, implica o seu oposto.* Somos imediatamente lembrados dos comentários de Crowley sobre a natureza da Verdade e da Falsidade, e a energia que se torna disponível para nós quando batemos esses pólos filosóficos, queimando-os no cadinho de nossas mentes.

Teoria da Unificação e o "Big Bang"

A busca pela chamada "teoria da unificação" na física revela uma projeção de mistério similarmente cósmica. Tal teoria da unificação, quando projetada, explicará todo fenômeno universal, desde o nível subatômico até o comportamento de corpos enormes no espaço. Isto, explicitamente, é uma busca baseada na ciência pelas mesmas verdades básicas da vida que todas as escolas de mistério e religiões têm buscado. Como cabalistas, ponderamos sobre uma teoria da criação que explica as origens do mundo desde o antigo nada infinito até os detalhes das realidades físicas manifestas que nos cercam. A Árvore da Vida é a nossa teoria da unificação cabalística. A sociedade em geral, no entanto, em grande parte desprovida de uma linguagem que simultaneamente descreve a criação cósmica e sua ligação com a transformação da consciência, projeta isso no conceito de uma teoria da unificação baseada na física, que se ocupa apenas com o universo material.

As teorias da física newtoniana, da relatividade e da mecânica quântica se decompõem ao investigar o primeiro momento da existência do universo. A ciência conseguiu explicar esses processos até certo ponto no tempo, mas à medida que se aproximam do momento real de origem, todas as teorias falham. Os mistérios do chamado "big bang" formam um campo perfeito para projeções, na medida em que nos provocam com perguntas não respondidas sobre nossas origens finais. Aqui encontramos uma projeção de mistério reminiscente do *ain* cabalístico: a gênese do nada, e um *absoluto* que é insensível e incognoscível. A Cabala concebe esse ponto de origem trans-superno como estando além da racionalidade — uma verdade além da razão. Parece inteiramente possível que qualquer eventual teoria da unificação exija que o seu conceituador atinja um estado de consciência que englobe tanto concepções intelectuais convencionais quanto uma transracionalidade supernal. De fato, tais especulações parecem nos apontar na direção de nossa evolução posterior como espécie. Talvez os grandes cientistas do futuro da humanidade também precisem ser grandes místicos. Esta sobreposição de ciência e misticismo não é sem precedentes em nosso *passado*, mas seus objetos de estudo e suas fronteiras terão que evoluir continuamente, assim como a própria mente humana.

Considere também como as descrições populares de "Deus" variam de acordo com a terminologia e as concepções científicas disponíveis na ciência contemporânea de qualquer época da evolução da humanidade. Durante o último Êon, Deus foi visto principalmente como uma divindade paterna, puxando alavancas, governando um universo mecanicista. Isso combinava com a visão newtoniana do funcionamento de todas as forças e objetos no mundo conhecido. O século passado, em contraste, viu Deus cada vez mais descrito como "energia", "luz" e uma "força" conectada e imanente, mesmo na cultura popular não-mística. Essas concepções, é claro, refletem o estado atual da investigação científica sobre as origens e o funcionamento do universo.

Espaço Absoluto

O físico Lee Smolin, comentando as teorias de Newton, observa: "Para Newton, o universo vivia em um espaço infinito e sem características. Não havia limite e nenhuma possibilidade de conceber algo fora dele. Isso não era problema para Deus, já que ele estava em toda parte. Para Newton, o espaço era o "sensorium" de Deus – o meio de sua presença e anexação ao mundo. A infinitude do espaço era então um reflexo necessário da capacidade infinita de Deus".[43] Se alguma fronteira científica implora por uma projeção de mistério, é essa. O estudo dos mistérios do espaço lança a mente em um estado exaltado. Contemplar com admiração a enormidade, o poder, a vastidão, a complexidade de nosso universo, é virtualmente uma prática de jnana yoga (compare isso com o *Liber Batrachophrenobookosmomachia* de Crowley, atribuído ao Practicus da A∴A∴, que se esforça para realizar essa tarefa através da visualização detalhada do cosmos físico).

A Natureza da Luz

Um dos debates mais acalorados no campo da física quântica diz respeito à natureza da luz. Especificamente, os físicos procuraram determinar se a luz é uma onda ou uma partícula. De forma convincente,

---

[43] Smolin, L. (1997). *The Life of the Cosmos*. New York: Oxford University Press., p. 91.

eles concluíram que às vezes se comporta como uma onda e, às vezes, como uma partícula, dependendo das circunstâncias específicas da investigação. A projeção de mistério aqui diz respeito à natureza da *consciência humana* como um fenômeno individual ou coletivo; isto é, às vezes nos comportamos como se tivéssemos existência individual e vontade independente. Em outras ocasiões, parecemos ser apenas uma gotinha em uma onda de massa mental. À medida em que os físicos voltam seus olhos observadores para assuntos cada vez mais microscópicos, sua alquimia contempla a natureza da própria mente.

Buracos Negros

O fenômeno dos chamados "buracos negros" é uma tela maravilhosa para projeções de mistérios. Considere sua natureza aparente: infinitamente pequena e densa, e tão potente em sua atração gravitacional que nem mesmo a luz pode escapar deles. A projeção de mistérios: nossa mente tenta lidar com o conceito do poder do *nada*. Pequenez infinita. O ponto adimensional de Kether e seu poder infinito.

Matéria Escura

O autor Charles Seife observa: "Os cosmólogos agora concluem que as forças gravitacionais exercidas pela... matéria escura, feita de um tipo de partícula ainda não descoberto, devem estar esculpindo... vastas estruturas cósmicas. Eles estimam que essa 'matéria escura exótica' compõe cerca de 25% das coisas no universo — cinco vezes mais do que a matéria comum". [44]Além disso, os cientistas nos dizem que a chamada "energia escura", uma força antigravitacional, compõe os 70% restantes de toda a substância do universo. As implicações disso são impressionantes, mesmo em um nível puramente físico. A matéria comum, como a conhecemos, compreende apenas 5% do universo conhecido. A projeção de mistério também é profunda: há muito mais para o mundo e para a própria natureza de quem somos, do que jamais percebemos ou imaginamos. Forças invisíveis e insensíveis estão por toda parte, e ainda há muito a descobrir sobre a realidade.

---

[44] Seife, Charles. In "125 Questions: What We Don"t Know", *Science*, Vol. 309. (2005). p. 78.

Princípios de Incerteza

Vários princípios envolvendo incerteza e probabilidade em fenômenos físicos, proeminentes na física quântica, tornaram-se bastante conhecidos do público leigo nos últimos anos. Essencialmente, esses princípios afirmam que não podemos medir algo no nível subatômico sem afetar suas propriedades, e que é impossível medir com precisão o momento linear de uma partícula subatômica e sua localização simultaneamente. A projeção de mistério: a mente inevitavelmente afeta o universo. Nossa própria consciência é sempre um filtro através do qual percebemos o mundo. Curiosamente, no entanto, novas pesquisas sugerem que pode ser possível medir algo sem afetá-lo *se* a técnica de medição for relativamente "fraca" ou inobstrusiva. Paul Davies, físico da Arizona State University, comenta que "medidas fracas permitem que você eleve o *véu* de sigilo imposto pelo princípio da incerteza".[45] Uma potencial implicação disso, e outra projeção de mistério chave aqui, é bem conhecida dos místicos: nossas percepções do universo são mais precisas quando aquietamos a mente, e impomos menos de nossa consciência individual sobre o fenômeno observado.

Realidades Múltiplas

A teoria das supercordas da física, como descrita por Brian Greene e outros, postula um universo cheio de múltiplas dimensões (onze, para ser exato) e uma miríade de realidades compostas de caminhos alternativos para nossas vidas. Mais uma vez, as implicações são desconcertantes mesmo no plano físico, mas nessa teoria vemos uma profunda projeção de mistério: *a mente em si mesma existe em múltiplas realidades constantemente*. Estamos simultaneamente no passado, presente e futuro, lembrando realizações passadas ou arrependimentos, sonhando com metas futuras, imaginando os vários resultados que nossas escolhas cotidianas podem trazer. A consciência humana é indubitavelmente não-linear, e o pensamento e a memória previsivelmente descontínuos, deixando-nos com o sentido muito real de viver em múltiplas realidades dentro e fora.

Exploração Espacial e a Possibilidade de Vida Extraterrestre Inteligente

Em seu último livro, *The Inner Reaches of Outer Space*, Joseph Campbell afirma que nosso moderno foco no espaço e na exploração espacial não é menor que a busca interior pelo Self e pelo conhecimento,

---

[45] Citado em "Putting Time in a (Leaky) Bottle". *Newsweek,* July 30, 2007.

projetada para o exterior no universo físico. Além disso, parece que projetamos a "solidão" básica de nosso ego individual no potencial de que a vida inteligente será encontrada em outras partes do universo. Ou seja, a realidade exterior — "nós" procurando por "eles" — é uma projeção de nosso estado existencial *interno* — enquanto o "eu" se esforça para saber o que está fora de si. O mistério da natureza da existência individual e autoconsciente é projetado no conceito de "outros mundos". Além disso, você se lembrará da opinião de Jung, citada acima, de que nunca entenderemos completamente a natureza da mente humana até que tenhamos feito contato com uma mente inteligente, não humana.

Ciência da Computação

A ciência da computação, com sua ênfase na criação de máquinas inteligentes, complexas e autorreguladoras, nos oferece uma tela receptiva para projeções de mistério. A mera existência da ciência da computação exige que postulemos modelos de "consciência" que possam ser aplicados ao mundo do silício. Ao fazê-lo, nos encontramos no mesmo papel que o *neshamah* cabalístico (superconsciência), construindo pequenas estruturas semelhantes ao ego (*ruach*) com nosso poder criativo divino. Essa identificação com a *fonte* do poder criativo não é diferente da projeção de mistério anteriormente discutida em referência ao DNA.

Além disso, revela o que acredito ser uma das mudanças centrais na consciência, desde a época dos antigos alquimistas até nossa era. Os antigos alquimistas estavam à beira da descoberta do poder total do *ruach*, prefigurando a fruição vibrante das artes e das ciências nos séculos seguintes. Nós, no entanto, estamos preparados para o próximo passo — trazer o *ruach* ao relacionamento consciente com o *neshamah* como um estado básico para a maioria da humanidade, e entrar em nosso direito de nascença como deuses na terra. Finalmente, estamos nos tornando conscientes de que não precisamos nos limitar ao papel de um servo, subjugado à vontade de um "Deus" que nos vigia no céu. Enquanto os antigos alquimistas expressavam sua busca na linguagem dos adoradores identificados com o ruach, nós, alquimistas modernos, podemos nos ver como seres divinos, capazes de feitos incríveis de criação auto-dirigida, e nossa linguagem alquímica progrediu de acordo. Presumindo que temos a coragem de empreender o necessário desenvolvimento interior, podemos agora nos identificar com o *neshamah*. Nós somos os mestres de nossas próprias vontades, conduzindo o *ruach* a partir desse trono secreto — a divindade do Self mais íntimo.

Conclusão

Assim como a alquimia antiga foi sistematizada dentro das ciências químicas nas quais se inspirou, a alquimia do século XXI também é sistematizada, em maior ou menor grau, em cada uma das disciplinas científicas aqui discutidas. Certamente, uma tarefa central de qualquer aspirante a alquimista moderno deve ser entrelaçar as verdades disponíveis para nós nesses campos díspares e juntá-las em um "sistema de mistério" potente e internamente consistente. É claro que, assim que esse sistema estiver em vigor, novas descobertas e novas questões expandirão as fronteiras científicas mais uma vez, e nossa alquimia será novamente transformada.

Como alquimistas e magistas modernos, temos a grande vantagem de vários séculos de desenvolvimento de nossas escolas de mistérios, além do relativamente novo campo da ciência psicológica, para nos auxiliar em nossa compreensão desses processos internos de mudança. Aprendemos muito sobre nós mesmos desde que Paracelso acendeu o seu athanor pela última vez. Mas nós temos um novo problema. Enquanto os alquimistas medievais encontraram seu vocabulário nos processos (então) de vanguarda da combinação química controlada, destilação e assim por diante, e se beneficiaram de sua *ingenuidade* inevitável com essas novas ciências, nós na era moderna integramos essas ciências em nossa compreensão consciente de como o mundo funciona. Elas perderam o mistério, e suas antigas fronteiras agora são terreno bem trilhado. Elas parecem óbvias, especialmente para aqueles de nós que dedicam suas vidas ao caminho da autotransformação. Até mesmo a sociedade em geral integrou substancialmente as ciências físicas que compõem a antiga alquimia e suas contrapartes psicológicas como simples fatos da vida. Precisamos de uma nova linguagem — a linguagem da ciência moderna, fortalecida pela liberdade e energia do Novo Êon.

No entanto, a linguagem da alquimia, amplamente entendida, é *em si* um véu — uma tentativa de seus praticantes, conscientemente ou não, de revelar algo da natureza do mistério. Esse véu é tecido por nossas tentativas de nos comunicarmos sobre o mistério — tentativas que, aparentemente, parecem malsucedidas. No entanto, qualquer falha aparente nesse esforço é, de fato, um sucesso se nos inspira à busca e nos impele a levantar o véu, para que possamos vislumbrar essa verdade que está eternamente por trás dele.

Trabalhos Citados

Campbell, J. (1991). *A Extensão Interior do Espaço Exterior; A metáfora como Mito e Religião*. Editora Campus.

Crowley, A. (1913). *Liber Batrachophrenobookosmomachia* em *The Equinox*.

Gleick, J. (2006). *Caos: A Criação de uma Nova Ciência*. Editora Elsevier.

Greene, B. (2001). *O Universo Elegante: Supercordas, Dimensões Ocultas, e a Busca pela Teoria Final*. Companhia das Letras.

Greene, B. (2005). *The Fabric of the Cosmos: Space, Time, and the Texture of Reality*. London, UK: Vintage Books.

Hawking, S. (2015). Uma Breve História do Tempo. Editora Intrínseca.

Jung, C. (2000). *Jung on Film* (entrevista gravada). Homevision.

Prigogine, I. (1980). *From Being to Becoming*. New York: W.H. Freeman and Co.

Sheldrake, R. (2014). *Uma Nova Ciência da Vida*. Editora Cultrix.

Sheldrake, R. (1996). *A Presença do Passado*. Instituto Piaget.

Singer, J. (1990). *Seeing Through the Visible World: Jung, Gnosis and Chaos*. San Francisco, CA: Harper San Francisco.

Smolin, L. (1997). *The Life of the Cosmos*. New York: Oxford University Press. "*Putting Time in a (Leaky) Bottle*". Newsweek, 30 de julho de 2007.

Transforming the Alchemists, The New York Times. 1 de agosto de 2006.

Diversos autores. (2005) *125 Questions: What We Don"t Know*, Science, Vol. 309.

23

APLICAÇÕES PRÁTICAS DO SIMBOLISMO ALQUÍMICO

No último capítulo, revisamos algumas das implicações psicológicas mais amplas da alquimia, tanto historicamente quanto em termos de nossa compreensão científica atual. Vamos agora voltar nossa atenção para um assunto mais prático: como o magista poderia usar os conceitos da alquimia para entender e enriquecer seu trabalho pessoal? O campo da alquimia é tão rico em conteúdo simbólico que livros inteiros poderiam ser (e foram) escritos sobre sua aplicação prática. Precisamos restringir nossa exploração a três "modelos" simbólicos específicos para atender a nossos atuais propósitos:

1. A fórmula *solve et coagula*;
2. *Os processos transformadores conhecidos como Trabalho Preto, Trabalho Branco e Trabalho Vermelho;*
3. A doutrina de que "para fazer Ouro tu deves ter Ouro".

Na maior parte, discutiremos esses modelos em termos do caminho para o Conhecimento e Conversação do Santo Anjo Guardião que, como enfatizei muitas vezes neste livro, é o único objetivo para o qual todos os aspirantes devem se esforçar desde o início de seu trabalho na A∴A∴.

Os processos em discussão aqui são extremamente sutis, abrangendo mudanças graduais e de longo prazo em seus pensamentos, emoções, comportamentos e vida simbólica interna. Definitivamente será vantajoso se o seu registro mágico diário for completo e detalhado. Embora você possa planejar com antecedência e traçar um curso com base nessas estruturas até certo ponto, uma das maneiras mais eficazes de detectar esses padrões é de maneira retrospectiva, à medida em que você reflete sobre as práticas e os resultados observados no diário. Quanto mais você integrou a auto-análise e o monitoramento de seu corpo físico, sua psique, suas emoções e assim por diante, mais dados estarão disponíveis para você entender seu progresso quando visto através das lentes dessas estruturas alquímicas. Para cada um desses modelos, primeiro discutirei sua natureza básica e depois darei algumas sugestões práticas sobre como monitorá-lo ou implementá-lo em sua vida diária e em seu caminho mágico geral.

Solve et Coagula

Solve et coagula pode ser traduzido aproximadamente como "dissolver e coagular". Refere-se ao processo de separar algo em seus elementos individuais, a fim de compreendê-los e transformá-los antes de remontá-los em um novo todo aperfeiçoado. Um dos exemplos mais claros disso na A∴A∴ é a progressão através dos graus elementais de Neófito a Adeptus Minor. Essencialmente, você está olhando para si mesmo em termos dos componentes individuais dos quais você é composto, com base no simbolismo dos elementos e das sephiroth (consulte os Capítulos 15 e 16). Visto da perspectiva dos níveis mais altos de consecução, os seres humanos não são uma coleção de partes, mas um todo indiviso; no entanto, na obra da Primeira Ordem da A∴A∴, você *age como se* fosse composto de tais partes para uma auto-análise completa. Em cada etapa, você se concentra em um elemento específico e tenta entrar em um relacionamento mais profundo com essa parte de si mesmo. Você deve primeiro purificá-lo — isto é, limpá-lo de quaisquer acréscimos que não estejam de acordo com sua natureza básica. Por exemplo, o Neófito de Malkuth deve purificar o corpo físico, deixando de lado quaisquer hábitos que possam impedir o progresso na Grande Obra. Uma vez que o elemento tenha sido limpo, ele deve ser consagrado; isto é, deve ser posto conscientemente a serviço do caminho espiritual.

Eventualmente, depois de você passar pelos quatro graus elementais e chegar a Dominus Liminis, estes "componentes" são remontados em um microcosmo perfeito e oferecidos ao SAG. Você reconstruiu seu próprio ser de acordo com o padrão da Árvore da Vida e, portanto, com a estrutura do próprio universo. Como afirmei em outro lugar, a força apropriada é atraída apenas pela forma apropriada e, nesse caso, a mera existência da forma apropriada — você mesmo como um microcosmo aperfeiçoado — é uma poderosa invocação do SAG. Idealmente, toda a sua vida se torna uma *invocação contínua e viva* perfeitamente adequada à habitação do Anjo. Seja o pára-raios e o raio irá cair! O método quintessencial de seguir este resultado é, obviamente, o trabalho formal da A∴A∴, mas você encontrará o uso consciencioso do monitoramento diário dos elementos discutido no Capítulo 4, que é uma disciplina preliminar útil.

O Trabalho Preto, o Trabalho Branco e o Trabalho Vermelho

Como acima, vamos mapeá-los através das sephiroth e caminhos abaixo de Tiphereth. O Trabalho Preto refere-se principalmente a Malkuth e ao caminho de *tav*. Aqui você deve diferenciar o refinado do grosseiro — descobrir a realidade do espírito e do *self* que é velada pela matéria. Você explora a relação entre o corpo e a psique e fortalece sua visão nos mundos astrais aumentando sua sensibilidade às impressões sutis. Na prática, você realiza isso monitorando a dieta, os exercícios e a saúde física em geral. As práticas de Yoga fortalecem ainda mais seu veículo físico, e as explorações astrais, como as de *Liber O*, trazem o domínio do corpo de luz (consulte o Capítulo 11).

Uma vez que você tenha visto além do véu da matéria e tenha começado a espiar os reinos do espírito fortalecendo sua visão astral, você está pronto para entrar no Trabalho Branco, atribuído às sephiroth de Yesod, Hod e Netzach. De um modo geral, esta é uma fase de intensa autoexploração psicológica. Aqui, você examina o mundo de Yetzirah em suas várias formas — as faculdades emocionais, intelectuais e intuitivas que residem na personalidade humana — e as reformula para operar com a máxima eficiência e cooperação.

Como isso funciona na prática? Em Yesod, você realiza um trabalho astral mais avançado, realiza práticas de pranayama que estimulam a kundalini e trabalha intensamente para desenterrar os impulsos, as motivações ocultas e os obstáculos que bloqueiam a energia de sua mente inconsciente. Monitorar as projeções psicológicas para entender como você vê o mundo através das lentes da sua própria mente é um passo essencial, e a psicoterapia formal é frequentemente um adjunto útil. Em Hod, você reforça sua perspicácia intelectual através do estudo da Cabala — isso é essencialmente *jnana yoga*, o yoga do conhecimento. Uma mente aguçada, afiada através do desenvolvimento de habilidades de pensamento crítico, ceticismo e a calistenia mental da Cabala, é um elemento vital para pôr à serviço da sua Grande Obra. Finalmente, em Netzach, você fortalece sua compreensão e capacidade de controlar as forças de seu desejo e aspiração através de bhakti yoga e práticas devocionais relacionadas.

Tendo assim completado o Trabalho Branco, você se encontra no limiar do Trabalho Vermelho — o Véu de Paroketh (Dominus Liminis) e a eventual consecução da própria Tiphereth (Adeptus Minor). Aqui, a tarefa é a confecção da pedra alquímica — o ouro solar no centro do Self plenamente realizado. Em muitos aspectos, é semelhante à fase *coagula* descrita acima — a tarefa é levar todo o seu trabalho anterior ao clímax. Tendo chegado a um ponto de equilíbrio e integração, você aspira ao SAG e aguarda sua luz. Nesse estágio, você está "cozinhando em seu próprio caldo", espiritual e psicologicamente. O resto não é tanto sobre esforço externo, mas sim sobre esperar o trabalho transformador do próprio SAG. Muito do que mais precisa acontecer neste estágio estará além dos esforços conscientes do aspirante.

Este estágio em particular é, francamente, uma das coisas mais misteriosas e maravilhosas de se ver em toda a Grande Obra. Nunca deixa de me surpreender como cada aspirante parece ter exatamente o que precisa, exatamente quando precisa — nem muito e nem pouco, e nem cedo demais ou tarde demais. Há algo excepcionalmente poderoso sobre construir até este estágio, e depois se oferecer ao SAG livremente e sem apego egóico para uma transformação posterior. O SAG inevitavelmente responde com a força necessária para forjar você, através deste Trabalho Vermelho climático, em um adepto. Tendo atingido este Conhecimento e Conversação e a consciência da Verdadeira Vontade que o acompanha, você está então preparado para seguir adiante e realizar a vontade em sua vida.

"... para fazer Ouro tu deveis ter Ouro ..."

Considere as palavras de Crowley em *Liber Aleph*, Cap. 159, "Sobre a Balança onde as Quatro Virtudes Têm Igual Poder":

> Por Gñana Yoga teu Homem chega ao Conhecimento; pelo Karma Yoga teu Touro à Vontade; pelo Raja Yoga teu Leão é trazido à sua Luz; e para aperfeiçoar o teu Dragão, tu tens Bhakti Yoga para a Águia ali, e Hatha Yoga para a Serpente. Mesmo assim, lembra-te bem de como todos estes se misturam, de modo que não podeis realizar nenhuma das Obras separadamente. Assim como para fazer Ouro deveis ter Ouro (é a Palavra dos Alquimistas), assim também para te tornardes a Esfinge deveis primeiro ser uma Esfinge. Pois nada pode crescer senão pela Norma de sua própria Natureza, e na Lei de sua própria Lei, ou é apenas Artifício, e não perdura. Assim, portanto, é Loucura e um Estupro lavrado sobre a Verdade, visar qualquer coisa que não o Cumprimento da tua própria Verdadeira Natureza. Portanto, organiza os teus Trabalhos

de Acordo com o teu Conhecimento daquela Norma, da melhor forma que possas, não atendendo à Importunidade daqueles que tagarelam sobre o Ideal. Porque esta Regra, esta Uniformidade, é apropriada apenas para uma Prisão, e um Homem Vive pela Elasticidade, nem suporta o Rigor salvo na Morte. Mas quem cresce corporalmente por uma Lei estranha à sua própria Natureza, ele tem um Câncer, e toda a sua Economia será destruída por aquela pequena Desobediência.

Nesta passagem, Crowley aborda várias doutrinas e conceitos apresentados em outras partes deste livro, tais como a ideia de estar equilibrado nos quatro elementos, a importância de viver de acordo com a Verdadeira Vontade; no entanto, nosso foco aqui está na ideia de que é preciso ouro para fazer ouro. Como Crowley descreve, isso se relaciona com a adoção de metas transformadoras que estão alinhadas com a nossa verdadeira natureza, mas também se aplica ao corpo maior de aspirantes à Grande Obra e suas interações. Talvez você possa lembrar de alguns exemplos de pessoas extraordinárias que você conheceu em sua vida — pessoas que parecem brilhar em sua individualidade — que vivem deliberadamente e poderosamente, mas também exibem graça e dignidade em tudo o que fazem. Estas são algumas das características que podemos reconhecer como sinais de um verdadeiro adepto, qualquer que seja seu caminho espiritual particular. Sua própria energia é contagiante de uma maneira maravilhosa, e estar perto deles é uma lição inspiradora sobre viver uma vigorosa vida de vontade. O "ouro" de sua consecução é reconhecido por alguma semente correspondente de ouro dentro de nós, e começa a ressoar em simpatia, chamando-nos *em nosso próprio caminho único* para a jornada da consecução.

Como uma aplicação prática desse princípio, sugiro que você procure várias pessoas que o inspirem dessa maneira. Pergunte a eles sobre o caminho: como eles chegaram onde estão? O que os chamou ou os inspirou? O que eles consideram suas melhores escolhas e seus piores fracassos? Naturalmente, o caminho deles não será o *seu* caminho, mas você pode se surpreender ao descobrir quantas ferramentas que eles usaram serão valiosas para você no seu caminho. Assim como no próprio sistema da A∴A∴, nunca podemos conhecer as voltas e reviravoltas específicas que o caminho de qualquer aspirante dará, mas é possível estabelecer sinalizações para aqueles que o seguem. Como lemos em *Liber Causæ*:

> Todo homem deve superar seus próprios obstáculos, expor suas próprias ilusões. Outros, porém, podem ajudá-lo a fazer essas duas coisas, e podem capacitá-lo a evitar muitos dos falsos caminhos, que não

219

levam a lugar nenhum, que tentam os pés cansados do peregrino não iniciado.[46]

Que a *sua* vida brilhe como o ouro dos alquimistas, inspirando todos aqueles que a contemplarem!

---

[46] Crowley, A. (1992). *Libor Causae* editado por Regardie em *Gems from the Equinox*. Scottsdale, AZ: New Falcon Publications.

PARTE TRÊS:

A VIDA
FORA DO TEMPLO

24

PADRÕES & CICLOS NA PRÁTICA MÁGICA

"Eu me sinto tão desconectado da Grande Obra".
"Eu não estou sentindo a energia como eu costumava sentir".
"Tem dias em que eu sinto como se não quisesse mais fazer isso".

Afirmações como essas são provavelmente algumas das queixas mais comuns que ouço em minhas várias funções de ensino. Isso não é surpreendente, pois essas armadilhas são mais ou menos inevitáveis no caminho da consecução. Não há dúvida de que, não importa quem você seja ou qual curso de treinamento você empreenda, você se deparará com tais obstáculos. E, inevitavelmente, você encontrará padrões e ciclos em seu trabalho mágico, incluindo períodos de secura, picos extáticos onde você se sente conectado e vibrantemente alinhado com o trabalho, e tudo o que há entre estes dois.

Uma das verdadeiras chaves para a persistência e a motivação sustentada e a conexão com o trabalho é ter algum entendimento de que esses ciclos são inevitáveis — não se perturbar quando eles ocorrem e não se deixar cair no desânimo quando as coisas não estão indo como você planejava ou esperava. Neste capítulo, examinaremos alguns ângulos diferentes do assunto, incluindo maneiras de entender e conceituar os ciclos, e como se livrar de períodos de secura quando eles ocorrerem.

A Fórmula de IAO

Vamos começar com uma discussão sobre como entender esses ciclos — isto é, como dar a eles uma estrutura conceitual para que você possa compreende-los e até usá-los para sua vantagem. Crowley aborda alguns desses tópicos em *Magick in Theory and Practice* quando discute as várias "fórmulas" mágicas. Um exemplo importante é chamado de fórmula de IAO.

A fórmula de IAO, entendida no contexto atual, é um ciclo de três estágios aplicável a qualquer empreendimento, seja um trabalho mágico ou algo totalmente diferente. As três etapas correspondem às divindades de Ísis, Apófis e Osíris. O estágio de Isis ("I") é caracterizado por uma inocência — um frescor de experiência — que você traz para o empreendimento. Por exemplo, digamos que você tenha adotado um novo procedimento ritual e esteja começando a experimentá-lo. Você está animado com ele e o está experimentando como uma nova direção estimulante em sua vida. Você o pratica com muita paixão e comprometimento.

Eventualmente, você entra no que chamamos de estágio de Apófis ("A"), onde você fica desiludido, começa a sentir-se um pouco preguiçoso e começa a ficar desapontado que talvez não esteja indo tão bem quanto o esperado. Você começa a questionar se essa foi a escolha certa. Você se cansa de fazer a mesma coisa repetidas vezes. Digamos que você tenha decidido: "Ok, eu realmente vou trabalhar em asana agora. Vou me sentar nessa postura e prolongar meu tempo". E então, na segunda semana fazendo isso todos os dias, o tédio se instala, você começa a se distrair e começa a ansiar por algo diferente. Você entendeu a ideia.

E então você alcança o estágio de Osíris ("O") no qual (muito parecido com o arquétipo de Osíris como o deus ressuscitado que foi reformulado) você obtém novos *insights* e perspectivas sobre os bloqueios que você acabou de ultrapassar. Você sai dessa escuridão miserável — o estágio "A" — com uma nova clareza sobre todo o processo.

Aqui é essencial entender que você não pode chegar a uma compreensão madura de qualquer processo *sem* passar por essa fase intermediária. A Grande Obra não é toda inocência e perfeição, novidade e excitação, levando diretamente à iluminação. Ela requer que você supere a desilusão e questionamento frustrante e até mesmo doloroso que ocorre na fase intermediária para realmente entender o que ela é e integrá-la.

Encorajo-o a manter a fórmula de IAO em mente quando estiver realizando uma nova tarefa — um novo curso de treinamento, por exemplo. Que isso te ajude a evitar ficar travado, desiludido, e acima de tudo, que te ajude a *persistir* através do estágio de "A" — através da escuridão de Apófis — e a emergir do outro lado para que você possa alcançar o verdadeiro domínio da tarefa à mão.

Solve et Coagula

Outro modelo conceitual útil aplicável a esses ciclos mágicos é nosso velho amigo, *solve et coagula*. Você deve se lembrar de que isso consiste na fase de *solve*, na qual as coisas são intencionalmente desmembradas, analisadas e fragmentadas, seguida da fase de *coagula*, onde as coisas são reunidas, reintegradas e sintetizadas de uma forma mais refinada. Através deste processo, obtém-se uma compreensão mais profunda da natureza básica de cada um dos componentes analisados e a interconectividade entre eles. O todo se torna verdadeiramente mais do que a soma de suas partes.

Quando você está no meio de um desses estágios — quando seu foco é atraído por apenas um aspecto de si mesmo — haverá uma tendência à secura. Ou, alternadamente, você estará tão imerso nesse ponto de vista que é difícil enxergar fora do seu quadro conceitual atual. De qualquer forma, o perigo é perder de vista o padrão geral. Por exemplo, o Zelator pode esquecer que todo o seu trabalho de asana está simplesmente atacando a tarefa básica de fazer com que seu corpo permaneça imóvel — e é apenas uma etapa do processo de *solve* em andamento; ou o Practicus (imerso na esfera intelectual de Hod) pode tornar-se preocupado com o aprendizado de livros e negligenciar manter a chama da aspiração acesa.

Mais perturbadoramente, a parte de *solve* da equação (a análise e a fase de fragmentação do trabalho) pode ser muito decepcionante. Pode nos levar a sentir que há muitos aspectos que atraem nossa atenção — uma multiplicidade de fios de vida individuais que não podemos tecer em um todo coerente, ou compreender de maneira útil. Pode ser avassalador.

Qual é o remédio para toda essa frustração? Quando se sentir assim, lembre-se de que você está simplesmente em uma ponta do ciclo. Você está numa fase do caminho em que deveria se sentir assim, até chegar à próxima fase — a fase de *coagula* da síntese. Portanto, tente não desanimar naqueles momentos. Sendo um pouco clichê, as coisas têm que desmoronar antes que elas possam se reconstruir; e quando reconstruídas, estarão em um padrão refinado e aperfeiçoado, em virtude do desmoronamento e do autoconhecimento que ele gerou.

A Espiral Ascendente

Aqui está outro princípio geral que você pode achar útil. Quando você chega a um lugar estagnado, a um período de secura, ou a um obstáculo que parece um bloqueio em seu trabalho, um dos maiores presentes que você pode dar a si mesmo é vê-lo como uma espiral ascendente, em vez de um retorno "à estaca zero". Em outras palavras, você volta para um lugar que você reconhece — um que parece seco e insatisfatório e estagnado. Mas se você puder ver como esse tempo é um pouco diferente da última vez; se você puder encontrar uma maneira de compreender, dentro do contexto de seu progresso geral, que esse lugar estagnado específico é o exemplo mais recente de uma *categoria* de local estagnado, mas não é o *mesmo* lugar estagnado que você encontrou antes — isso pode ajudá-lo a se motivar e evitar a desilusão que vem com a sensação de que você não está indo a lugar algum.

Depressão Pós-Consecução

Vejamos algumas outras maneiras de entender e experimentar os pontos de estagnação e obstáculos que encontramos na Grande Obra. Um dos mais importantes é a experiência de chegar a um novo entendimento — um momento em que você sente que finalmente colocou a cabeça acima das nuvens. Você teve uma profunda experiência mística de algum tipo, ou um avanço em uma linha de trabalho que está seguindo. E inevitavelmente (porque você é um ser humano) você volta do estado exaltado para o mundo terreno. Agora você deve ir trabalhar, lidar com sua família e retomar a vida exterior. Com certeza, o mundo terreno não se separou como o Mar Vermelho na sua frente para ser um ambiente livre de problemas. Você fica desiludido. Você vislumbrou uma verdade mais elevada e é deprimente não poder permanecer naquela visão.

Mais uma vez, a chave é ter alguma compaixão consigo mesmo e entender que o ego, o ruach, está tentando se ajustar ao espaço entre a experiência idealizada e o modo como a maior parte da vida se desenrola de uma maneira mundana. A chave para evitar o desespero aqui é entender a universalidade dessa experiência entre os buscadores espirituais. É completamente esperado e completamente normal. E isso não é um mau sinal de nada. Você colocou sua cabeça acima das nuvens e você voltará lá quando for a hora certa.

Encontrando Lições

Outra maneira de olhar para os obstáculos, momentos estagnados e períodos de secura é perguntar o que o obstáculo está lhe ensinando. Por que você precisa ficar estagnado agora? Por que você *precisa* ser mantido no mesmo lugar por mais tempo do que o seu ego queria? Muitas vezes, será devido a um processo de maturação específico que você precisa sofrer. Você precisava desacelerar, olhar para algo, sentir algo ou enfrentar alguma coisa. E acho que, se você refletir sobre os tempos de sua vida que foram mais transformadores, descobrirá que esses períodos de crescimento foram muitas vezes acompanhados de intenso desconforto e desafio. O processo de avançar em direção ao Conhecimento e Conversação do SAG tem muitos pontos onde é necessário ser desacelerado, ser impedido enquanto crescemos da maneira que *precisamos* crescer, e experimentar *exatamente* as provações que precisamos para nos tornarmos um recipiente mais perfeito para a luz que nos aguarda.

Outra pergunta a ser feita quando se encontra um obstáculo ou ponto de estagnação é: será que tenho um grau excessivo de desejo aqui? Quanto apego meu ego tem pelo objetivo ao qual estou trabalhando? E isso está me fazendo tropeçar? Todos nós nos encontramos nesta posição de vez em quando, e devemos nos esforçar para estar conscientes de tais impedimentos ao sucesso.

Quando o Espírito Entra

É útil considerar o mecanismo pelo qual esses tempos sombrios se intrometem em nosso trabalho e em nossas vidas. O analista junguiano Robert Johnson deu longas palestras sobre esse processo. Ele discute os vários portais através dos quais o Espírito (seu termo) entra em nossas vidas. Um deles é através de encontros com situações paradoxais. Quando nos deparamos com um ponto de escolha na vida — um dilema que parece não ter solução racional — ficamos presos entre a rocha proverbial e um lugar difícil. Nós não sabemos o que fazer, e nenhuma escolha parece certa.

Nessas situações, o ego se sente frustrado pela situação e não tem para onde se virar. Não consegue *ponderar* o problema por si só. E neste desequilíbrio, é criado espaço para a superconsciência entrar. Há uma abertura para inspiração e intuição. Se você confiar neste processo — se você deixar de lado o apego habitual de pensar em como sair desses dilemas — você abrirá espaço para sua própria consciência espiritualmente informada guiá-lo.

Outra maneira pela qual o espírito entra em nossas vidas, de acordo com Johnson, é através de confrontos com a sombra. Quando somos atingidos por algo não reconhecido ou indesejado em nós mesmos, estamos diante de nossa sombra. Por exemplo, podemos ter uma tendência ao apego emocional excessivo a pessoas ou coisas, um vício, um conflito entre nossos objetivos mágicos e a vida externa que criamos para nós mesmos, e assim por diante. Essas são coisas que provavelmente quereremos afastar e não pensar nelas, mas, ao encará-las, abrimos algumas das mais verdadeiras oportunidades que teremos para o crescimento e a transformação.

Se abraçarmos a sombra, podemos permitir que a voz do espírito seja ouvida. Esta voz profundamente dentro de nós está nos incentivando a *não* ignorar a totalidade de quem somos; *não* arrancar uma parte de nós mesmos, demonizá-la e nos recusarmos a olhar para ela. Se fizermos isso, ela virá nos encontrar. E quanto mais cedo abraçarmos o aspecto do próprio desconhecimento, em vez de fugir dele, mais cedo começaremos a crescer.

Sugestões Práticas

Aqui estão algumas sugestões finais e práticas para se desestagnar. Uma delas é tanto um princípio de terapia cognitivo-comportamental quanto um princípio mágico: apenas faça *qualquer coisa*. Quando você se sentir preso, perdido ou oprimido, basta *agir* para que você possa ver que você não está realmente imobilizado. De jeito algum você será capaz de dizer a si mesmo: "Eu estou preso, não consigo fazer nada" quando você acabou de se levantar para fazer um banimento, alguns minutos de meditação ou alguma outra tarefa. Escreva no seu diário. Dê um passeio. Escolha um livro aleatório na prateleira e leia-o por alguns minutos. Não se preocupe com qual coisa você escolhe. Apenas faça *alguma coisa*.

Uma das grandes armadilhas em que as pessoas caem é a de pensar demais ou serem perfeccionistas em suas escolhas mágicas. Elas acham que, se não escolherem a coisa certa a fazer, deve ser a coisa errada a fazer. Elas temem que a escolha do ritual ou prática "errada" impeça drasticamente seu progresso ao longo do caminho. Em quase todos os casos, no entanto, essas escolhas não são tão críticas, por isso não dificulte as coisas para si pensando dessa maneira. Geralmente, aprendemos mais com nossos erros mágicos do que com nossos sucessos fáceis, em qualquer caso.

Outra maneira de se libertar é realizar uma divinação. Considere sua situação e tome uma decisão consciente de *não* confiar puramente no ego para encontrar uma solução. Faça um jogo de Tarô, lance o I Ching ou simplesmente jogue uma moeda. É uma boa maneira de afrouxar o aperto do ego e sacudir seu processo de pensamento.

Conclusão

Não importa quais métodos você escolha para ajudar-se a superar os desafios do caminho mágico, você inevitavelmente obterá *insights* sobre seus padrões de problemas mais comuns. Sua suada experiência com complicações embaraçosas, lugares frustrantes e "noites escuras da alma" deprimentes será o combustível para suas conquistas futuras. E cada vez que você faz outra passagem em volta dessa espiral ascendente, você terá mais empoderamento para encontrar soluções eficazes para os desafios que encontrar lá.

25

TRABALHO ONÍRICO

Como psicólogo junguiano, o trabalho onírico tem sido uma parte importante do meu trabalho pessoal e da minha prática profissional há muitos anos. Essa foi uma das coisas que mais me intrigou sobre a abordagem de Jung desde o início de minha carreira. Assim como a psicoterapia, o trabalho onírico pode ser uma ferramenta importante para o desenvolvimento pessoal do magista, aumentando o autoconhecimento e o poder mágico que o acompanha. Eu recomendo altamente o trabalho onírico como uma prática diária para o magista em todas as etapas do caminho.

Carl Jung chamou os sonhos de "a estrada da realeza para o inconsciente". Sua teoria enfatiza a importância de equilibrar as mentes consciente e inconsciente, e postula que os sonhos são enviados a partir do Self como mensagens destinadas a trazer equilíbrio e integridade. Os sonhos são projetados para serem ouvidos pelo Ego, a mente consciente, e a intenção é sempre promover a integridade e o crescimento. Os sonhos tentam comunicar informações que o ego precisa saber para se tornar mais autoconsciente e equilibrar as predisposições da mente consciente — integrar o material da sombra e outros aspectos não reconhecidos ou reprimidos da psique. Podemos ver prontamente muita sobreposição aqui com os outros processos simbólicos usados pelo magista, tais como, *scrying*, *pathworking* na Árvore da Vida, o trabalho com elementos simbólicos em técnicas rituais e similares. Os sonhos são recipientes prontos para esses mesmos conjuntos de símbolos. Quanto mais ricos e diversificados tornarmos nosso repertório simbólico por meio da memorização de correspondências mágicas, exploração mitológica e compreensão de sistemas religiosos comparativos, mais significado poderemos extrair de nossos sonhos.

No entanto, devemos ser adequadamente céticos sobre a natureza dos sonhos. Como observado acima, os junguianos tendem a argumentar que os sonhos são uma tentativa definida por parte do inconsciente de entregar mensagens específicas. Em contraste, muitos cientistas cognitivos contemporâneos acreditam que os sonhos são simplesmente disparos aleatórios de neurônios, desprovidos de qualquer significado particular. Independentemente disso, mesmo que os sonhos sejam fogos de artifício neuronais aleatórios — mesmo que a própria existência de algum tipo de sabedoria subconsciente dos sonhos seja uma falácia — acho que o trabalho onírico é uma ferramenta extremamente valiosa para sair "fora da caixa" do pensamento racional cotidiano, lidando com esses conjuntos de símbolos mais ou menos irracionais. O trabalho onírico nos obriga a explorar certos aspectos de nós mesmos, através desses conteúdos simbólicos, que talvez não tivéssemos atingido se estivéssemos apenas vivendo no mundo racional de nossas mentes cotidianas. No mínimo, assim como com a divinação ou *scrying*, teremos uma visão única de nós mesmos e alguns exercícios calistênicos mentais revigorantes.

Ao trabalhar com sonhos, é muito importante usar *seus próprios* conjuntos de símbolos. Evite a todo o custo aqueles livros de receitas de símbolos de sonhos que oferecem interpretações pré-digeridas de símbolos comuns. Há um tempo e um lugar para ir além de suas próprias interpretações pessoais em temas mais mitológicos e arquetípicos, mas na maioria das vezes você deve confiar em suas próprias associações. Outra consideração muito importante é que, na abordagem junguiana, tudo no sonho é algum aspecto *seu*. Se você sonha em ter uma conversa com sua mãe, não é um sonho sobre o seu relacionamento com sua mãe real. Pelo contrário, diz respeito à interação entre o seu ego e aquela parte de você que é melhor *simbolizada* pela sua mãe. Uma casa pode se referir a um "local" ou estado de ser dentro de você; uma tempestade pode simbolizar um processo tempestuoso dentro de você, e assim por diante. Não ceda à tentação de concretizar excessivamente e externalizar as personagens, lugares e processos em um sonho.

Em seu livro seminal *Inner Work*,[47] o analista junguiano Robert Johnson descreve a abordagem junguiana básica para a análise de sonhos em um processo conciso de quatro passos.

---

[47] Johnson, R. (2009). *Inner Work*. New York: HarperCollins.

Primeiro Passo: Anote tudo o que puder lembrar sobre o conteúdo do sonho em si — a história, a localização, as personagens, as emoções que você sentiu e assim por diante. O próximo passo é traçar associações a cada elemento específico do conteúdo do sonho. Digamos que você tenha sonhado com uma casa em que viveu quando tinha 14 anos e, no sonho, estava conversando com um amigo de infância. Na primeira etapa, você apenas se associará a essa casa. Que idade você tinha quando morava lá? Como era a sua vida na época? Qual era o seu estado emocional? Quais são as coisas boas e ruins que você lembra de viver naquela casa? Faça associações com o amigo de infância também. Quais eram as características da personalidade do amigo? Como você descreveria o amigo para alguém que não o conhecesse?

Tenha cuidado para não entrar em "associações em cadeia", onde pensar no amigo lembra-lhe de uma bicicleta e a bicicleta lembra-lhe do carro que você conseguiu mais tarde, e assim por diante. Em vez disso, você deve amarrar suas associações de volta ao símbolo básico conforme ele realmente apareceu no sonho. Pode ser útil representar graficamente os principais símbolos do sonho. Escreva a palavra, desenhe um círculo em torno dela e, em seguida, desenhe linhas para apontar para as diferentes associações relacionadas ao símbolo, para que você acabe com um "mapa" de associações simbólicas.

Segundo Passo: Conecte as imagens oníricas à sua própria dinâmica interna e "amplie" as imagens e símbolos através de fontes tradicionais. Ocasionalmente, os conteúdos dos sonhos podem ser considerados como o que Jung chamava de *numinoso*; isto é, eles têm uma certa qualidade que parece ressoar além do conteúdo específico que você associa *pessoalmente* aos vários símbolos. Por exemplo, lembro-me de ter tido um sonho em que vivia em algum tipo de cultura que vivia nas encostas de um vulcão ativo. Obviamente, isso não é algo da minha vida pessoal! Os junguianos podem se referir a isso como um "grande sonho" — um sonho que praticamente grita: "Há mais nisso do que sua pequena existência individual!" Ao ampliar esse sonho, achei útil examinar mitos envolvendo vulcões e temas semelhantes. Na maioria das vezes, no entanto, você estará conectando suas imagens oníricas à dinâmica interna de maneiras mais diretas, tiradas de sua vida e identidade normais. Assim, em nosso exemplo sobre o amigo de infância, você talvez tenha identificado que esse amigo era atencioso, um bom ouvinte e leal no primeiro passo. Talvez a casa tenha trazido lembranças agradáveis e amorosas da sua família durante o tempo em que você morou lá. Aqui no segundo passo, quando você está conectando imagens oníricas à dinâmica interna, esse amigo é a parte carinhosa e leal de você, e a casa pode representar o estado de espírito em que você se nutre e quando você diminui a velocidade e aproveita seu tempo com pessoas e assim por diante.

Terceiro Passo: Reuna essas dinâmicas internas para criar uma interpretação do sonho inteiro. O objetivo é contar uma história baseada no que você determinou como sendo os aspectos internos de si mesmo que são mencionados no sonho. Você está procurando por um "clique", como Johnson chamaria. Quando você "experimenta" interpretações diferentes, algumas delas podem não soar bem para você, mas algumas clicam. Ligue o seu detector de besteira. Você aprendeu algo que você já não sabia conscientemente? Se você não aprendeu algo novo, então provavelmente não é a mensagem mais profunda disponível no sonho. Afinal, na teoria junguiana da psique, se o ego já sabe alguma coisa, o inconsciente não precisa nos dizer — não há desequilíbrio para corrigir. Você está pelo menos *um pouco* desconfortável com a interpretação? Te alfineta um pouco? Você se sente energizado pela interpretação, como se liberasse alguma energia que estava ligada a manter certas coisas inconscientes? Todas essas experiências podem ser dicas de que você acertou em uma interpretação correta.

Em nosso exemplo com o amigo da casa, o sonho pode estar sugerindo que você precisa separar mais tempo para verificar consigo suas emoções e seu bem-estar geral; que você precisa criar o equivalente interno da casa da família positivamente lembrada, onde você pode ouvir mais profundamente a si mesmo. Essencialmente, você está sendo convidado pelo inconsciente a representar a história do sonho, que é ser seu próprio amigo fiel e carinhoso e ocupar sua própria casa simbólica de conforto e auto-nutrição.

Quarto Passo: Realize um ritual para honrar o sonho e torná-lo concreto. A teoria aqui é que quanto mais concreta você tornar a mensagem do sonho — quanto mais você encenar algum tipo de comportamento que indica ao seu inconsciente que você está levando a sério e que realmente entendeu a mensagem do sonho — mais cura isso pode trazer. Em nosso exemplo, você pode visitar a antiga casa da família do sonho. Pegue um pouco de terra do quintal da frente, coloque-a em um frasco ou jarra e faça um ritual com ela. Envolva o frasco em um manto e mantenha-o com você como um lembrete da verdade do sonho que você descobriu. As possibilidades são infinitas e, como acontece com todo ritual, quanto mais você personalizá-lo com seus próprios símbolos e para as especificidades de sua situação interior, mais eficaz será.

Curiosamente, e talvez não surpreendentemente, esse processo de quatro etapas espelha a doutrina cabalística dos Quatro Mundos. No Primeiro Passo, onde você está fazendo associações específicas ao conteúdo do sonho, você está identificando as sementes básicas das quais

232

tudo o mais nasce (Atziluth). No Segundo Passo, estamos dando forma primordial a essas sementes, elaborando-as com nossas associações e conectando-as a formas arquetípicas por meio da amplificação dos símbolos. Isso é muito parecido com o mundo de Briah, onde a *forma* superconsciente é moldada. No Terceiro Passo, traduzimos esses arquétipos e dinâmicas superiores em formas-pensamento apreensivas e plenamente conscientes — trazendo o conteúdo para o mundo de Yetzirah. Finalmente, no Quarto Passo, fazemos o ritual para honrar o sonho. É fácil ver como isso se relaciona com o mundo de Assiah, onde tudo que está acima é manifestado no mundo físico — neste caso, pela nossa atuação comportamental da mensagem do sonho.

Uma técnica relacionada que você pode achar útil é a *imaginação ativa*, que Jung descreveu como "sonhar o sonho adiante". Nessa técnica, você entra em um estado quase meditativo (mas desperto) e reengaja com as personagens do sonho a fim de obter mais base para interpretação. Você pode criar um espaço ritual, fazer um banimento, chamar uma personagem de um sonho vívido recente — especialmente um sonho que foi confuso, ou talvez notavelmente vívido ou importante — e então interagir com o ser do sonho. Peça mais informações; pergunte qual é a mensagem dele para você; pergunte se há outras coisas que você precisa saber sobre o conteúdo do sonho. Um método fácil de gravar isso é sentar em um computador e digitar suas perguntas em letras minúsculas, depois mudar para letras maiúsculas a resposta da personagem com quem você está interagindo. Depois de obter uma quantidade satisfatória de informações adicionais, conecte-as novamente ao contexto do sonho original e revisite as várias etapas do processo interpretativo descrito acima.

Deixe-me terminar com algumas sugestões gerais:

1. Mantenha um bom diário de sonhos. O mesmo princípio que se aplica ao seu diário mágico ou implementos rituais se aplica aqui. Ou seja, se você tem um caderno em branco lindamente construído que você tem por tesouro, ele tenderá a empoderar seu trabalho.

2. Ao dormir, diga a si mesmo que se lembrará dos seus sonhos ao acordar; em seguida, anote-os ou dite-os em um dispositivo de gravação assim que você acordar. Uma vantagem de ditar seus sonhos é que você vai se deparar mais facilmente com o tom emocional do sonho e sua resposta a ele, o que irá ajudá-lo mais tarde, quando você estiver tentando analisá-lo. Além disso, você tende a obter mais detalhes ao ditar, ao invés de tropeçar em seu bloco de papel para escrever tudo em seu estupor matinal pré-café.

3. Você provavelmente notará que quanto mais intensamente e regularmente se envolver com seus sonhos, mais fácil será lembrá-los em detalhes, e mais você notará uma continuidade narrativa de sonho em sonho.

4. Você pode notar padrões interessantes na vivacidade e intensidade da atividade dos seus sonhos em geral. Por exemplo, você pode descobrir que, quando está ativamente engajado em uma série de trabalhos rituais e, portanto, lida com material simbólico de maneiras bastante diretas, não se lembra de muitos dos seus sonhos. O inverso é muitas vezes verdadeiro também; isto é, quando você está menos envolvido em um trabalho simbólico tão intenso, os sonhos parecem estar sob maior pressão para se tornar consciência perceptível, tornando mais provável que você se lembre deles ao acordar.

26

RELACIONAMENTOS

Este capítulo explorará algumas perspectivas sobre as relações interpessoais na vida de um magista thelemita. Nosso foco principal será em relacionamentos românticos, mas muito deste material se aplica igualmente bem a outros tipos de relacionamentos. Ou seja, nos esforçamos para manter o máximo respeito mútuo pelo nosso amigo ou parceiro, incluindo (e especialmente) o respeito pela divindade inerente à outra pessoa — pela estrela que ela é. Fazemos o melhor possível para não interferir com a Verdadeira Vontade, da melhor maneira que a entendemos, e defender nossa própria autonomia quando ou se ela for ameaçada. Isso vale para qualquer relacionamento, mas relacionamentos românticos apresentam outras considerações particulares que irei analisar aqui com algum detalhe.

Como você poderia esperar, muito do que eu digo aqui é informado pela minha própria prática clínica em psicologia, e eu realizo uma quantidade significativa de terapia de casais. Alguns anos atrás, encontrei um maravilhoso livro do Dr. David Schnarsch[48] chamado de *Passionate Marriage*. Este livro, mais do que qualquer outro livro sobre relacionamentos que já vi, incorpora um conjunto de valores que se aproximam dos princípios de Thelema. Muito do que vou dizer neste capítulo foi extraído de minha própria experiência, mas também

---

[48] Schnarch, D. (1997). *Passionate Marriage*. New York: Henry Holt.

apresentarei várias ideias de Schnarsch. Como em todas as informações contidas neste livro, você deve se sentir livre para experimentar essas ideias e desconsiderá-las se achar que elas não estão de acordo com sua própria vontade.

"Valores" Thelêmicos em Relacionamentos

Então, quais são exatamente os valores Thelêmicos que podemos aplicar em nossos relacionamentos? O primeiro princípio que eu levantaria é o conceito de *responsabilidade individual*. Em nossa sociedade em geral, parece que grande parte do foco está na importância de fazer *a outra pessoa* feliz. É aí onde realmente nos desviamos. Ficamos obcecados em fazer a outra pessoa feliz, ou com a forma como a outra pessoa está nos fazendo felizes, e medimos nosso sucesso como um parceiro pelo quão bem estamos indo nisso. Eu lhe encorajo a examinar cuidadosamente suas próprias suposições e expectativas nessa área. Sempre digo aos meus pacientes que, quando surgem problemas, conflitos ou obstáculos em um relacionamento, não devemos perguntar "por que a outra pessoa não está fazendo aquilo que eu quero que ela faça"? E "o que a outra pessoa pode fazer para me tornar mais feliz?" Em vez disso, deveríamos estar perguntando: "o que estou fazendo para *me* fazer feliz?"

Se estamos nos sentindo solitários ou sem cuidados em um relacionamento, nossa primeira linha de exploração deve ser: "Eu cuidei de *mim mesmo*?" "Eu assumi a responsabilidade pelo *meu próprio* nível de satisfação hoje?" Se estamos sentindo que nossas necessidades não estão sendo atendidas no relacionamento, devemos nos perguntar sobre nossas próprias prioridades *antes* de chegarmos ao nosso parceiro e insistir que eles façam um trabalho melhor de priorizar o que precisamos! Como você pode ter detectado, esta é uma área que está pronta para projeções — quando nossas próprias limitações e fraquezas são projetadas em nosso parceiro. Essencialmente, nós criamos bodes expiatórios, tratando-os como a causa de qualquer problema que possamos ter, em vez de reconhecer nosso próprio papel no assunto.

O segundo princípio a considerar é que *a unidade básica em um relacionamento, contrária à sabedoria convencional em nossa sociedade, é o indivíduo.* Idealmente, os relacionamentos existem para o crescimento e desenvolvimento dos indivíduos neles. É através do crescimento e desenvolvimento do indivíduo que a saúde da relação é mantida. Isso vai contra a maneira como a cultura dominante enxerga as relações e, francamente, perturba o modo como muitos terapeutas contemporâneos também vêem relacionamentos! Devo enfatizar que o livre arbítrio e autonomia de cada parceiro é de suma importância. Isso não significa que não haja concessões ou que objetivos compartilhados não existam — e isso certamente não significa que os indivíduos no

236

relacionamento não devam procurar promover a saúde e a felicidade de seus parceiros. Seria horrível e deprimente se os relacionamentos não tivessem nada disso! Mas ambos os parceiros tendem a se mover em direção a uma saúde melhor, naturalmente, quando entram em um relacionamento com a finalidade de trabalhar sobre *si mesmos* como indivíduos, e com a intenção de respeitar os esforços um do outro na mesma linha. Nesse sentido, um relacionamento romântico é simplesmente uma das muitas oportunidades que temos na vida para nos unirmos com os outros para beneficiarmos a nós mesmos, aos nossos parceiros, à nossa comunidade, à nossa família ou a qualquer outra unidade da sociedade.

Outro princípio importante de se ter em mente é que *os problemas do relacionamento são bons para você.* (Sim, são mesmo!) Quando você está fisicamente ferido, a dor chama sua atenção para o lugar que precisa ser tratado. Da mesma forma, em um relacionamento, quando os parceiros estão em conflito, em atrito com as zonas de conforto um do outro, há desconforto ou dor. Os parceiros estão sendo desafiados a fazer um "alongamento" de alguma forma, e onde há alongamento, há crescimento. A resposta apropriada é nos permitirmos nos alongar — relaxar em vez de combatê-lo. Precisamos reconhecer que temos rigidez em algum aspecto do *self* e que relutamos em relaxar os músculos emocionais que o cercam. Devemos dizer: "esse problema está me mostrando alguma maneira de crescer", não, "esse problema se deve a algo errado com meu parceiro que *ele* precisa mudar". Se o seu foco principal é o seu próprio crescimento e aprendizado, você também está apoiando o crescimento e o autoconhecimento do seu parceiro. Isto é essencialmente thelêmico. Assumir a responsabilidade por nós mesmos promove a saúde e a cura em todos os envolvidos.

Encarando Desafios

Vamos voltar nossa atenção para alguns tipos específicos de desafios que podem ocorrer nos relacionamentos. Um tipo de desafio diz respeito à prática mágica: quando um casal deve trabalhar em conjunto em rituais mágicos e quando deve trabalhar separadamente? O equilíbrio é o fator mais importante. Por exemplo, se você apenas realizasse *Liber Resh* com um parceiro presente, perderia um pouco da experiência de fazer o ritual solitariamente. Da mesma forma, se você nunca experimentou fazer isso com outro indivíduo, poderá perder algo dessa experiência. Qualquer um de vocês que estiveram em uma sala cheia de thelemitas fazendo *Liber Resh* juntos pode atestar que enquanto você perde um pouco da intensidade específica de sua própria prática solo, há algo mais a ser ganho ao abordá-lo como um ritual de grupo: o sentido de comunhão com espíritos afins, a amplificação da intensidade da adoração devido a todas as vontades serem apontadas para o singular objetivo, e assim por diante. Portanto, mantenha um equilíbrio entre fazer esses rituais individualmente e fazê-los com parceiros ou amigos.

Outra categoria de problema que pode surgir em um relacionamento thelêmico é quando os parceiros estão em lugares diferentes em seu caminho mágico pessoal. Por exemplo, se ambos estão trabalhando em uma ordem específica, mas um tem um grau mais avançado do que o outro, então é muito provável que eles tenham práticas diferentes, materiais de referência diferentes, talvez implementos mágicos diferentes e coisas do tipo que não podem ser compartilhadas com o parceiro. Esta é uma oportunidade para surgirem questões de sigilo e confiança. Se você se sente no lado não-confiado desse tipo de situação, sentindo-se chateado por seu parceiro estar fazendo algo que não pode lhe contar, acho que suas primeiras perguntas para si mesmo deveriam ser: "O que isso está desafiando em mim? Que insegurança é essa que me faz confrontá-lo? O que tenho medo de perder? O que significaria se meu parceiro não pudesse compartilhar tudo comigo?" Se você fizer um auto-exame minucioso com perguntas como essas, poderá obter alguns *insights* importantes sobre si mesmo; e quando você fizer isso, você provavelmente fará com que sua preocupação sobre toda essa situação se dissipe um pouco. Se você estiver do outro lado dessa equação (não conseguir compartilhar algo com seu parceiro), vai querer ser o mais paciente e compassivo possível. Esclareça que há muitas coisas que você *compartilha* com ele, mas que esse conjunto particular de práticas pode não estar entre elas por enquanto. E, claro, você deve ter em mente que o ponto principal de ter práticas pessoais é para o crescimento e desenvolvimento espiritual de cada indivíduo, não para proporcionar entretenimento para o casal!

Uma situação ainda mais delicada é uma relação em que uma pessoa está no caminho thelêmico e a outra não; ou quando uma pessoa é um thelemita praticante e a outra pessoa não é magicamente inclinada. Talvez eles sejam até mesmo ativamente contra práticas mágicas. Assumindo que o casal decide ficar junto, a questão central é a comunicação eficaz. O parceiro que não está envolvido deve ter uma compreensão clara dos objetivos básicos do caminho mágico. Pode levar um pouco de tempo para ajudar o não-magista a compreender as razões fundamentais para fazer essas práticas, para que possa perceber que é fundamentalmente um caminho de autodesenvolvimento e crescimento espiritual.

Claro, há momentos em que você pode descobrir que seu caminho realmente está divergindo do seu parceiro. Isso pode ser um despertar doloroso. Não demora muito tempo na obra até que você encontre algum relacionamento rompido entre seus amigos e companheiros thelemitas. No processo de entrar em sintonia com a sua Verdadeira Vontade, você pode descobrir que a vontade o afastou de poder ser harmoniosamente associado a uma pessoa em particular. Isso é igualmente verdadeiro em termos de ocupações, alienação de membros da família e assim por diante. Mas antes de concluir que você simplesmente deve deixar esse relacionamento, espero que você pare e se pergunte: como você está atrapalhando seu próprio progresso? Como você pode projetar seus próprios obstáculos, sua própria procrastinação, sua auto-negatividade e sua própria falta de crença no que está fazendo? O que quer que você pense que a outra pessoa esteja fazendo para bloqueá-lo ou impedir seu progresso — pare e pergunte como você está fazendo isso consigo mesmo. Cuidado com essas projeções, porque acredite em mim, se você não fizer isso, e você preventivamente terminar um relacionamento por causa destes motivos, sem este auto-exame, há uma boa chance de que você vai acabar se arrependendo.

Conselho do Profeta sobre Relacionamentos

Para concluir este capítulo, eu não poderia fazer nada melhor do que oferecer algumas passagens do ensaio de Aleister Crowley chamado "Dever", que é um maravilhoso exame das implicações da Lei de Thelema conforme aplicadas às nossas relações com outros seres humanos individuais, com a sociedade e com a própria terra.[49] Seguem aqui algumas seleções que parecem especialmente relevantes para nossa discussão neste capítulo.

Seu dever para com outros homens e mulheres.

Realçar salientemente as diferenças entre dois pontos de vista é útil para ambos em medir a posição de cada um no todo. O combate estimula a energia viril ou criativa; e, como o amor, do qual é uma forma, estimula a mente a um orgasmo que lhe permite transcender sua monotonia racional.

Abstenha-se de toda interferência com outras vontades.

([...] amor e guerra [...] são da natureza do esporte, onde se respeita e se aprende com o oponente, mas nunca interfere com ele, fora do próprio jogo.) Procurar dominar ou influenciar o outro é procurar deformá-lo ou destruí-lo; e ele é uma parte necessária do seu próprio Universo, isto é, do seu próprio self.

---

[49] Crowley, A. (1992). Duty. In I. Regardie (Ed.), *Gems from the Equinox*. Scottsdale, AZ: New Falcon Publications.

Procure, se assim desejar, iluminar o outro quando surgir a necessidade.

Isso pode ser feito sempre com o estrito respeito pela atitude do bom esportista, quando ele está aflito por não entender a si mesmo claramente, especialmente quando ele especificamente pede ajuda; pois sua escuridão pode impedir a percepção de sua perfeição. (No entanto, sua escuridão também pode servir como um aviso ou despertar o interesse). Também é lícito quando sua ignorância o levou a interferir na vontade de alguém. Em todo caso, toda interferência é perigosa e exige a aplicação de extrema habilidade e bom senso, fortalecidos pela experiência. Influenciar o outro é deixar a cidadela desprotegida; e a tentativa geralmente termina em perder a própria auto supremacia.

Portanto, use homens e mulheres com o devido respeito absoluto a padrões de medição invioláveis; verifique suas próprias observações em comparação com julgamentos semelhantes feitos por eles; e, estudando os métodos que determinam sua falha ou sucesso, adquira para si a inteligência e a habilidade necessárias para lidar com seus próprios problemas.

27

HABILIDADES CABALÍSTICAS DE ENFRENTAMENTO

Neste capítulo, revisaremos um conjunto de ferramentas baseadas nos princípios cabalísticos que você pode usar para lidar com qualquer número de desafios cotidianos, incluindo dificuldades físicas, emocionais, mentais ou espirituais, bem como conflitos interpessoais. Você pode até mesmo usar algumas dessas ferramentas quando se encontrar na posição de mediador em uma disputa entre amigos ou irmãos. Antes de continuar lendo este capítulo, não deixe de rever os Capítulos 1 e 19, nos quais eu discuto as "partes da alma" cabalísticas. Uma compreensão dessas doutrinas será essencial se você quiser ter uma compreensão completa do material deste capítulo.

O modelo de enfrentamento que apresentaremos aqui, que é baseado na Árvore da Vida, tem uma característica particularmente interessante: o processo que devemos empreender para lidar com qualquer dado desafio espelha o caminho da evolução. Isto é, envolve o movimento de *escalar a Árvore*, simbolicamente falando. Toda a ação que examinaremos aqui é *em direção* a Kether e por que esperaríamos o contrário? Qualquer momento da vida pode ser um microcosmo de todo o caminho do retorno, se abordarmos ele conscientemente e com a intenção de crescer. Em qualquer particular caso de dificuldade, nos é dada a oportunidade de nos alongarmos em direção a um ponto de vista mais evoluído a partir do qual podemos atacar o problema. Assim como a Árvore da Vida representa o microcosmo da consciência humana, o macrocosmo da criação universal e o caminho da evolução da matéria básica para a realização plena; também é um mapa de como lidar com *qualquer momento da vida* de uma maneira construtiva e orientada ao crescimento. O modelo de enfrentamento que discutiremos aqui é baseado nessa característica "holográfica" da evolução em direção a Kether.

Vamos usar a seguinte situação como exemplo. Você passou por um momento muito difícil no trabalho. Você teve conflitos com um colega de trabalho e está se sentindo sobrecarregado. A primeira etapa do modelo de enfrentamento é começar na parte inferior da árvore. Verifique o *guph* — o corpo físico em Malkuth. A saúde e o bem-estar do corpo físico são a base de tudo o mais que você está vivenciando, e se houver algo errado com o corpo físico, sua percepção e experiência serão grandemente influenciadas por esse estado. Você está doente, cansado, com fome, com sono ou de ressaca? Observe todas essas possibilidades e entenda que, se você não verificar essas questões primeiro, será difícil se mover muito além de um nível de funcionamento fisicamente reativo. Como Abraham Maslow nos ensinou com seu modelo da "hierarquia das necessidades", se as necessidades físicas básicas não são atendidas, é muito difícil dar qualquer atenção construtiva a necessidades psicológicas mais refinadas, para não falar das necessidades espirituais ainda mais rarefeitas.

Depois de checar o nível físico, suba a árvore em direção a Kether, partindo para Yesod. Aqui, revisamos possíveis pontos de estagnação ou outros problemas no *nephesh*. Procure por projeções psicológicas, bloqueios inconscientes e marés emocionais que estão se manifestando na maneira como você percebe o mundo em um nível primitivo. Você pode estar passando por sua jornada de trabalho sendo golpeado pelos ventos do seu inconsciente e suas emoções, mesmo sem perceber que está derramando-os sobre como você percebeu as palavras ou ações do seu colega de trabalho. Em termos de projeções, pergunte a si mesmo: será que ele não estava exibindo uma característica que eu realmente não gosto em mim, então fiquei particularmente incomodado com isso? Será que ele não estava fazendo algo que eu tento não fazer, então eu estive "policiando" o comportamento dele? E assim por diante.

Também em termos de questões subconscientes, procure por "ganho secundário" em padrões de falha. Existe algum tipo de benefício psicológico em ficar estagnado? Por exemplo, em nossa situação hipotética, você pode descobrir que está se colocando em um papel de vítima. Existe um benefício para o seu sentimento de desamparo? Será que é permitir que você *não* mude ou cresça — evitar enfrentar algum

242

desafio interno que seja desconfortável? Não é mais fácil culpar os outros do que assumir a responsabilidade?

O relaxamento na prática mágica também pode ser perturbador no nível nephético. É importante acompanhar as práticas diárias de higiene mágica, como o ritual do pentagrama, bem como os rituais de aumento de energia, como os exercícios de *Liber Resh* e do Pilar do Meio. Muitos iniciados descobriram que o desleixo nos detalhes do trabalho ritual e astral pode ser igualmente perturbadores. Exemplos disso incluem pentagramas descuidadamente desenhados, ou falha em ser consciencioso em trazer de volta toda a substância astral exteriorizada para o corpo físico. Se essas questões são crônicas, elas podem ser sentidas como um dreno de energia ou um sentimento geral de estar "desligado".

O objetivo, como sempre, *é tornar o inconsciente consciente —* elevar nosso nível de consciência da influência nephesica em nossa percepção e reatividade emocional. Ao realizar esse auto-exame, evoluímos — naquele exato momento — para um nível de consciência que transcende os padrões de resposta animalesca do nephesh.

Depois de examinar a condição do guph e do nephesh, é hora de subir a Árvore até o *ruach*. Aqui procuramos por armadilhas do ego, pontos cegos e modos habituais de pensar que limitam nossa percepção da situação e nossa percepção do leque de respostas emocionais e comportamentais a ela. Voltando à nossa situação hipotética: talvez você está sendo pressionado por impulsos competitivos, e o conflito no escritório é resultado de algum tipo de rivalidade com o colega de trabalho. Talvez você tenha medo de se sentir envergonhado ou humilhado, ou tenha uma sensação de medo de um estigma social relacionado ao resultado da situação. Qualquer coisa que envolva os desejos e necessidades do ego pode se tornar uma fonte de bloqueio aqui. Isso geralmente envolve questões de conforto pessoal, superioridade, estabilidade das circunstâncias, autoestima, posição social e assim por diante.

Depois de identificar a origem do problema, o que você faz a respeito? Uma opção é usar rituais cuidadosamente elaborados para invocar as forças complementares que equilibram as energias as quais você tem em excesso e vice-versa; não tente "banir" as características que você sente que tem em excesso; em vez disso, invoque a força complementar. Por exemplo, se você tem muita agressividade e raiva, invoque Chesed em vez de banir Geburah. Se você está se sentindo atrapalhado e confuso em sua visão de uma situação, faça um ritual de Hod para invocar as forças da clareza mental e da estabilidade. Se você está se sentindo espiritualmente seco e desmotivado, como se suas "baterias" espirituais não estivessem totalmente carregadas, invoque Netzach para despertar sua aspiração e devoção à Grande Obra. Se você está pensando demais e quer uma orientação mais intuitiva, invoque Yesod. Se você simplesmente quer invocar a própria força espiritual, ou se inspirar em seus objetivos mágicos, ou a aspiração ao SAG, invoque Tiphereth ou Kether. Há uma infinita variedade de opções, limitadas apenas pela sua criatividade e pela amplitude de seu conhecimento de correspondências e formas de rituais.

Além dessas abordagens rituais para atacar o problema no nível do ego, também há algumas coisas tiradas do bom senso que podem ser experimentadas. Revise seus diários mágicos e veja se há pistas sobre o que pode estar lhe atrapalhando. Quais são as tendências recentes dos seus pensamentos e emoções diariamente? Você consegue detectar padrões de perturbação emocional, fricção interpessoal e afins que apontam para uma fonte do problema? Pode ser útil conversar com uma ou mais pessoas para obter alguma contribuição do nível ruach de fora de sua própria cabeça. Pergunte a um amigo. Além disso, pergunte a alguém que você sabe ou suspeita que *não* goste de você. Como um exercício mental, sente-se com seus conselhos por um tempo, como se fossem 100% verdadeiros, e reúna seus próprios argumentos em apoio à contribuição deles. Então deixe o pêndulo do ceticismo balançar para o outro lado e revise os contra-argumentos. Nenhum desses conselhos será algo que você deve seguir de maneira servil se não lhe parecer certo, mas será uma boa fonte de dados.

Há um importante princípio orientador subjacente a tudo isso. Depois de identificar o nível em que o conflito está ocorrendo, suas tentativas de descobrir a solução envolverão a operação intencional de um ou outro dos níveis *acima do nível em que o conflito está ocorrendo*. Por exemplo, obviamente, se você está lidando com problemas físicos ou conflitos emocionais ou complexos, você precisa elevar o nível para envolver seu ego. O ego tem que entrar para lembrá-lo de dormir ou comer, ou parar de se preocupar tanto com o que aquele colega de trabalho pensa de você, e examinar suas projeções. Você deve elevá-lo a um nível mais alto para que uma parte mais iluminada sua possa ter uma visão da situação. Da mesma forma, se você tiver um conflito no nível do ego, a solução tipicamente envolverá passar para um nível mais elevado de *conexão espiritual* (neshamah/superconsciência). Em tais circunstâncias, você deve aspirar e se identificar conscientemente com o *self* superior na medida em que puder.

Seguem aqui algumas dicas práticas para este nível de trabalho. Realize uma invocação do SAG — ou uma oração apelando ao SAG para esclarecer a situação. Muitas vezes, quando nos sentimos conscientemente presos — como se estivéssemos entre uma rocha e um lugar difícil, ou um paradoxo que parece impossível de resolver — é porque *não é tarefa do ego consertá-lo*. Precisamos de algo mais — algo transracional e transpessoal — e, nesses momentos de conflito do ego, bloqueio e empecilho, restabelecer uma conexão com a sabedoria divina e superconsciente dentro de nós é um passo essencial.

Além de lidar com seus próprios problemas, você também pode usar essas ferramentas para lidar com conflitos com outras pessoas. O mesmo princípio orientador se aplica aqui: determinar o nível de conflito e abordá-lo a partir de pelo menos um nível acima. Digamos que você tenha dois amigos tendo um conflito de natureza altamente emocional. Eles estão rolando na lama da raiva, talvez alimentados por projeções inconscientes, e isso está claramente no nível nepheshico. Sua tarefa, portanto, é entrar na situação como um solucionador de problemas no nível do *ego* — substituir os lobos frontais que eles não estão usando muito no momento! Você está ajudando-os a elevarem-se acima do nível de funcionamento nephesico. Um exemplo ainda mais primordial é quando as pessoas estão realmente lutando fisicamente. É claro que geralmente não é construtivo pular no meio e lutar fisicamente com eles — isso simplesmente resulta em mais pessoas brigando! Você deve se mover para um ponto de vista mais elevado, baseado no ego, para injetar algum sentido na situação.

Suponha que seus amigos estejam em conflito no nível do ego, devido a esforços competitivos que estão se manifestando em sua comunidade thelêmica local. Talvez eles discordem fortemente sobre como um problema deve ser resolvido, ou cada pessoa não quer admitir erros no julgamento ou no comportamento. Como esse conflito já está no nível do ego, você deve subir para um nível espiritual. Se todos vocês estão na mesma ordem mágica, por exemplo, vocês podem querer apelar para seus laços fraternos. Lembre-os de que eles são magistas no caminho e que você pode ver do lado de fora que eles estão presos em um conflito baseado no ego. Talvez ambos estejam certos em suas próprias maneiras, ou talvez haja outra solução disponível que honre as perspectivas de ambas as partes? Essencialmente, você traz uma perspectiva mais sutil e iluminada para a situação propositalmente e conscientemente, levando-a acima do nível de conflito do ego.

Quando o contato totalmente consciente com o SAG é atingido e estabilizado no grau de Adeptus Minor da A∴A∴, muitos outros recursos se tornam disponíveis. Seu SAG vai te ensinar tudo o que você realmente precisa saber. De fato, ao longo de todo o caminho em direção ao C & C, você terá desenvolvido muitas ferramentas para fazer grande parte do que descrevi neste capítulo, da sua maneira única. Um efeito importante do desenvolvimento dessas ferramentas é que seu progresso em direção à obtenção do C & C será acelerado, porque sua energia não estará vinculada a níveis mais baixos de funcionamento psicológico. Se a energia está presa lá, ela não está disponível para se dedicar à aspiração para propósitos mais elevados. Além disso, mesmo após a consecução do C & C, cada estágio sucessivo de consecução além de Tiphereth inclui uma compreensão mais ampla e sutil de quem você é, para que você está aqui, e quais poderes e potências são as soluções mais adequadas para quaisquer dificuldades que você possa encontrar.

A Cabala é muito mais que uma fonte de sabedoria arcana e técnicas mágicas. Se você conscientemente usar as ferramentas apresentadas neste capítulo, descobrirá que a Cabala é igualmente benéfica como uma fonte de orientação para lidar com os desafios da vida cotidiana fora do templo.

28

PSICOTERAPIA

Quando tive a ideia de escrever este livro, sabia que gostaria de abordar a questão da psicoterapia e sua relação com o caminho mágico. Como você já poderia esperar, eu tenho alguma inclinação a esse respeito. Eu tenho uma opinião fortemente favorável sobre a utilidade da psicoterapia à medida que progredimos no trabalho mágico — mas não estou sozinho nisso. Não precisamos examinar profundamente os escritos de alguns de nossos estimados predecessores, como Israel Regardie, Soror Meral e outros, para ver que há um precedente para recomendar a psicoterapia como pré-requisito ou auxílio ao caminho mágico.

O próprio Aleister Crowley parece ter sido razoavelmente versado em relação às práticas psicoterapêuticas contemporâneas, mas, naturalmente, sua perspectiva sobre a natureza e utilidade da psicoterapia era necessariamente limitada pelas formas de terapia que existiam durante sua vida — a psicanálise freudiana clássica e suas ramificações, como o trabalho de Carl Jung. Um dos escritos mais interessantes de Crowley sobre esse tópico é o ensaio chamado "An Improvement on Psychoanalysis", que foi publicado recentemente em *The Revival of Magick*.[50] Neste ensaio, Crowley opina que as teorias de Jung se aproximam da essência de Thelema em um sentido muito importante:

---

[50] Crowley. A. (1998). *The Revival of Magick and Other Essays*. Scottsdale, AZ: New Falcon Publications.

enquanto Freud conceitualizava a vontade do indivíduo como algo brotando do impulso sexual, Jung teorizou exatamente o oposto — que o impulso sexual surge da vontade. Esse impulso intrínseco (vontade) da psique humana em direção à saúde e à integridade é, de acordo com Jung, a principal força motivadora, e não é difícil ver como essa perspectiva teria impressionado Crowley. Dito isso, parece que a exposição de Crowley ao trabalho mais maduro de Jung, como seus tratados avançados sobre a psicologia da alquimia e outros tópicos esotéricos, foi mínima. Isso é uma pena, porque em minha mente o trabalho desses dois homens continuavam a convergir enquanto eles amadureciam, e acho que é bem provável que Crowley teria apreciado a direção que Jung tomou em seu trabalho posterior.

Por que você iria querer se submeter à psicoterapia como preliminar ou auxílio ao caminho mágico? Eu acho que existem várias boas respostas para isso, dependendo da sua situação única e composição psicológica. Em primeiro lugar, você pode ter sintomas específicos que precisam ser endereçados, como depressão ou ansiedade, que interferem no funcionamento diário da sua vida ou, pelo menos, impedem a sua felicidade e paz de espírito. Avanços na psicoterapia ao longo das últimas décadas ensinaram-nos a tratar muitos desses problemas de maneira rápida e eficaz, e esta é certamente uma razão válida para procurar a psicoterapia antes de começar os estudos mágicos, ou no início de sua carreira mágica. Você não quer que tais sintomas sejam uma distração, ou enfraquecer a energia que poderia ser devotada ao seu trabalho espiritual.

Além de aliviar sintomas específicos, a psicoterapia é amplamente útil como um meio de auto-exploração. A maioria dos magistas dá grande valor à auto-compreensão, portanto não deveria ser surpresa que a realização de tal trabalho na terapia pudesse ser bastante útil. Isso vai além do tipo de entendimento que surge da auto-análise. Há simplesmente algo de excepcional valor sobre sentar-se em uma sala com alguém que não está entrelaçado em sua vida pessoal e ajudá-lo a identificar seus pontos fortes e fracos, seus pontos cegos e outros problemas de personalidade e padrões de comportamento que possam iludir você. Mesmo que você tenha uma capacidade muito bem desenvolvida de fazer introspecção e descobrir suas próprias peculiaridades, recomendo enfaticamente que passe por pelo menos alguns meses de psicoterapia com um terapeuta competente e em quem confie.

Quando você "sobrecarrega" seu trabalho mágico dessa maneira, fortalecido pelo autoconhecimento decorrente da terapia, você reduz a probabilidade de ter padrões de personalidade verdadeiramente debilitantes minando seu caminho espiritual mais tarde. Nós todos temos uma tendência de jogarmos com nossas próprias forças e evitar enfrentar (ou mesmo nos tornarmos conscientes de) nossas fraquezas. A terapia é

248

uma ferramenta para ajudar a garantir que tenhamos feito esse trabalho conscientemente e com a devida diligência. Ele não removerá os obstáculos do seu caminho espiritual, mas aumentará as chances de você estar armado com autoconhecimento suficiente para trabalhar de maneira eficaz. A terapia é uma ferramenta, muito parecida com a educação e a nutrição adequadas — e seria tolice evitar o uso de qualquer ferramenta desse tipo à nossa disposição.

Na mesma linha, Crowley, em sua discussão sobre o trabalho da A∴A∴, enfatiza a importância de equilibrar as predisposições naturais da personalidade — não se permitindo simplesmente atender às nossas próprias preferências, escolhendo apenas aquelas práticas que naturalmente nos apelam. Nós reforçamos essa política na A∴A∴ insistindo que os aspirantes se envolvam rigorosamente nos diversos aspectos do currículo, *especialmente* naqueles em que eles não são naturalmente dotados. A psicoterapia pode ajudar a descobrir essas predileções de personalidade em preparação para o trabalho mais profundo do magista avançado.

Vamos supor que você decidiu buscar a psicoterapia. Como você pode encontrar um terapeuta que seja bom para você? É crucial fazer uma boa pesquisa. Você não quer perder seu tempo com alguém que não dê certo. Telefone para vários terapeutas e peça-lhes que lhe falem sobre a abordagem deles à terapia — muitas vezes chamada de *orientação teórica*. Pergunte sobre seu treinamento e experiência. Se você está procurando um trabalho exploratório mais profundo, em vez da mera redução de sintomas, provavelmente vai querer procurar alguém que se identifique como junguiano, transpessoal ou humanista. É mais provável que esses terapeutas tenham uma visão holística da psique humana e integrem tópicos temáticos espirituais no processo terapêutico. Pergunte-lhes se estão à vontade para discutir abordagens espirituais não convencionais e explique que você está procurando integrar sua exploração psicológica e espiritual. Naturalmente, isso não significa que você estará contando com a ajuda deles para conselhos mágicos — poucos terapeutas estarão preparados para sugerir um incenso apropriado para o seu próximo ritual de Chesed! No entanto, você desejará um terapeuta que possa apoiá-lo quando estiver em um estágio de exploração em que a meditação, o pranayama ou alguma outra prática seja especialmente importante para sua rotina diária e possa ajudá-lo a integrar isso em seu outro trabalho terapêutico.

Se você está procurando principalmente a redução de sintomas, ou se você tem mais sintomas incômodos e intrusivos, você pode querer procurar um terapeuta cognitivo-comportamental. Pesquisas mostram que essa abordagem é muito eficaz no alívio de muitos dos sintomas comuns de depressão, ansiedade e problemas relacionados. O livro do psiquiatra David Burns, *The Feeling Good Handbook*, é um excelente recurso de auto-ajuda baseado nos princípios da terapia cognitivo-comportamental.[51] As ferramentas do autocontrole mental descritas no livro são absolutamente fundamentais, e eu o recomendo fortemente como parte da sua biblioteca, quer você busque ou não uma psicoterapia formal. Consulte o Capítulo 30 para muito mais sobre abordagens de terapia cognitiva que podem ser úteis para a prática de magistas.

Os thelemitas muitas vezes me perguntam, no contexto da minha formação em psicologia, sobre a diferença entre um estado visionário ou experiência mágica que pode envolver uma interação com um espírito ou alguma outra entidade, e um estado psicótico patológico. Uma visão icônica sobre essa questão foi oferecida por Joseph Campbell em seu livro *Myths to Live By*: "O místico, dotado de talentos nativos ... e seguindo ... as instruções de um mestre, entra nas águas e descobre que sabe nadar; enquanto que o esquizofrênico, despreparado, não guiado e descorado, caiu ou mergulhou intencionalmente e está se afogando". [52]Como podemos diferenciá-los e transmitir ao terapeuta que você não está ficando maluco? O terapeuta não vai apenas concluir que você está "ouvindo vozes" e deve ser psicótico? *Provavelmente* não, contanto que você seja judicioso em como você fala sobre essas coisas. Um verdadeiro distúrbio psicótico envolve uma grande quantidade de disfunção e desorganização mental, e qualquer terapeuta competente é treinado para procurar por isso. Se você for a uma sessão de terapia e explicar que realizou uma evocação em que um espírito falou com você, mas também está aparecendo como um adulto funcional, competente e baseado na realidade que está integrando essas experiências em seu caminho espiritual, é improvável que seu terapeuta ficará muito alarmado. Naturalmente, é importante trabalhar com um terapeuta que não se deixe intimidar pelo uso da linguagem da magick cerimonial, como referências a invocar arcanjos ou invocar espíritos em triângulos. Ajude-os a entender que você está tentando descrever certas experiências em termos poéticos e um pouco arcaicos, como um meio de aprofundar sua autoconsciência. Agora, existem *alguns* terapeutas por aí que simplesmente não vão responder de maneira aberta às discussões sobre esse tipo de coisa, daí a importância do processo inicial de triagem.

Os magistas também frequentemente expressam preocupações sobre como conversar com seu terapeuta sobre seu caminho mágico sem quebrar os juramentos de sigilo. Frequentemente, essas pessoas simplesmente pensam demais na situação ou racionalizam uma resistência subjacente à participação na psicoterapia. Não é tão difícil

---

[51] Burns, D. (1999). *The Feeling Good Handbook* New York, NY: Penguin Group.

[52] Campbell, J. (1972). *Myths to Live By*. New York, NY: Penguin Group.

"traduzir" suas experiências juramentadas em termos diferentes. Para dar um exemplo intencionalmente ridículo: em vez de dizer que você assumiu tal e tal grau em uma certa ordem mágica, e você teve que jurar não comer aveia, você pode simplesmente dizer que você decidiu que é muito importante para você não comer aveia, e você quer a assistência do terapeuta a esse respeito. Em outras ocasiões, você pode reduzir a quantidade de detalhes discutidos com o terapeuta e facilmente evitar infringir seus juramentos de sigilo.

Outra questão que inevitavelmente surge sempre que estamos à procura de um profissional da saúde de qualquer tipo é como pagar por isso. Se você tiver a sorte de ter um plano de saúde, esse é o lugar para começar. Obtenha uma lista de credenciados que estão em sua área e em seu plano de saúde e, em seguida, comece a ligar e a entrevistá-los conforme descrito acima. Se você não tiver um plano, pode haver opções com financiamento público disponíveis para você. Isso varia muito de lugar para lugar, mas você pode começar verificando com sua cidade ou município para ver quais serviços podem ser oferecidos. Além disso, alguns terapeutas em consultório particular podem ter escalas de honorários variáveis ou estar dispostos a ver alguns clientes *pro bono*, por isso, não deixe de perguntar sobre isso ao fazer sua primeira rodada de telefonemas. Acredite, a maioria dos magistas é exatamente o tipo de cliente com o qual os terapeutas gostam de trabalhar — inteligentes, criativos e perspicazes — para que você tenha uma boa chance de persuadir um terapeuta a aceitá-lo, mesmo que tenha restrições financeiras.

Além das opções de terapia profissional, nossas comunidades thelêmicas são compostas, cada vez mais, por líderes que receberam pelo menos treinamento rudimentar em técnicas de aconselhamento pastoral, por meio de oficinas como a que desenvolvi com a Guilda de Psicologia da O.T.O. Não hesite em pedir assistência ao seu corpo e clero local — eles estão lá para você como pontos de contato para discutir questões de interesse. Embora isso não seja psicoterapia e não deva ser interpretado como um substituto para a ajuda profissional, é um recurso importante dentro de nossas comunidades em crescimento. Muitos dos nossos líderes também tentam estar cientes dos recursos locais para cuidados de saúde mental profissional, e eles podem ajudar você a se conectar com esses recursos.

A questão da medicação psiquiátrica geralmente surge quando os sintomas são mais graves. Compreensivelmente, muitas pessoas têm preocupações sobre o potencial de dependência excessiva desses medicamentos dentro do sistema médico. Outros têm dúvidas morais sobre o próprio conceito de tomar medicação prescrita para mudar nosso estado mental. Não posso negar que a prescrição de medicamentos como antidepressivos é exagerada em nossa sociedade. No entanto, tenho visto

251

muitos de meus pacientes se beneficiarem enormemente do uso criterioso desses medicamentos, especialmente quando seus sintomas prejudicavam gravemente seu funcionamento diário. Se for genuinamente necessário, a medicação apropriada, na dosagem apropriada, é improvável que prejudique a habilidade de um magista em realizar sua Grande Obra com a cabeça limpa e o coração aberto. De fato, para aqueles que sofrem de um verdadeiro distúrbio psiquiátrico, pode ser uma das ferramentas que torna o Trabalho mais alcançável.

Em última análise, você deve assumir a responsabilidade por suas próprias escolhas a esse respeito, como com qualquer assistência médica. Seu psicoterapeuta terá informações valiosas sobre os benefícios potenciais da medicação psiquiátrica, com base em seu histórico e sintomas. Se você decidir fazer uma avaliação de uma medicação, seu terapeuta poderá ajudá-lo e coordenar o atendimento com o médico de sua escolha. Para a maioria das pessoas que lidam com ansiedade direta ou depressão, este é frequentemente um clínico geral, embora alguns clientes procurem um psiquiatra para receber cuidados especializados.

Leitura Recomendada

Assagioli, R. (2000). *Psychosynthesis: A Collection of Basic Writings*. Amherst, MA: Synthesis Center.

Bourne, E. (2005). *The Anxiety and Phobia Workbook*. Oakland, CA: New Harbinger Publications.

Brenner, C. (1974). *An Elementary Textbook of Psychoanalysis*. New York, NY: Anchor Books.

Burns, D. (1999). *The Feeling Good Handbook*. New York, NY: Penguin Group.

Campbell, J. (1971). *The Portable Jung*. New York, NY: Penguin Group.

Frager, R. (1999). *Heart, Self and Soul*. Wheaton, IL: Quest Books.

Gendlin, E. (2010). *Focalização: Uma Via de Acesso à Sabedoria Corporal*. Editora Gaia.

Hillman, J. (1996). *The Soul"s Code: In Search of Character and Calling*. New York, NY: Random House.

Johnson, R. (1986). *Inner Work*. New York, NY: HarperCollins Publishers.

Johnson, R. (1991). *Owning your own Shadow*. New York, NY: HarperCollins Publishers.

Jung, C.G. (2016). *O Homem e seus Símbolos*. Editora HarperCollins.

Rogers, C. (2009). *Tornar-se Pessoa*. WMF Martins Fontes.

Kubler-Ross, E. (2017). *Sobre a Morte e o Morrer*. WMF Martins Fontes.

Lerner, H. (2005). *The Dance of Anger.* New York, NY: Harper Perennial.

Lemesurier, P. (1993). *Healing of the Gods*. New York, NY: HarperCollins Publishers.

Moore, T. (1994). *Care of the Soul*. New York, NY: Harper Perennial.

Palmer, P. (2000). *Let Your Life Speak: Listening for the Voice of Vocation*. San Francisco, CA: Jossey-Bass, Inc.

Schnarch, D. (2009). *Passionate Marriage*. New York, NY: W.W. Norton & Company.

Sherman, C. (2001). *How to Go to Therapy*. New York, NY: AtRandom.

29

ANIMA & ANIMUS

O sucesso na Grande Obra depende do autoconhecimento completo. Afinal, como podemos nos transformar se não compreendemos a matéria-prima? Como podemos julgar nosso próprio trabalho se não temos as ferramentas adequadas para sua inspeção? Assim, qualquer ferramenta que possa nos ajudar no autoconhecimento é uma ferramenta valiosa para o magista. Os conceitos e processos psicológicos descritos por Carl Jung são um desses conjuntos de ferramentas, e neste capítulo vamos nos concentrar em um aspecto particular de seu sistema, conhecido como o complexo de *anima* ou *animus*. Simplificando, a anima é o aspecto feminino inconsciente de quem conscientemente se identifica como masculino. Por outro lado, o animus é o aspecto masculino inconsciente de quem conscientemente se identifica como feminina.

O modelo da psique de Jung está, em muitos aspectos, enraizado no conceito da união dos opostos; mais importante, a união das mentes consciente e inconsciente. Jung sentia que a luta do ego para se unir à anima/animus era uma expressão particularmente importante de um impulso subjacente ao equilíbrio intrapsíquico. Este é essencialmente um modelo "hidráulico" da psique. Isto é, quando empurramos o conteúdo para o inconsciente (isto é, repressão), isso resulta em um impulso igual e oposto *do* inconsciente. O impulso vem na forma de sonhos, intuições e outras formas de *feedback*. Quando atendemos conscientemente a essas mensagens do inconsciente, nos movemos em direção ao equilíbrio e à integridade; quando ignoramos ou continuamos a reprimir essas mensagens, o inconsciente tenta cada vez mais chamar nossa atenção, resultando em obsessões e impulsos mal orientados.

Podemos encontrar doutrinas semelhantes expressas como princípios mágicos em nossos Livros Sagrados de Thelema, confirmando que devemos unir o superior e o inferior, a luz e a escuridão, o consciente e o inconsciente, a fim de estarmos saudáveis e íntegros. Como lemos em *Liber Tzaddi*:

> 33. Eu revelo a vós um grande mistério. Vós estais entre o abismo da altura e o abismo da profundidade.
> 34. Em cada um vos espera um Companheiro; e esse Companheiro é Você Mesmo.
> 35. Vós não podeis ter outro Companheiro.
> 36. Muitos surgiram, sendo sábios. Eles disseram "Buscai a Imagem brilhante no lugar sempre dourado, e uni-vos a Ela."
> 37. Muitos surgiram, sendo tolos. Eles disseram, "Desçam ao mundo obscuramente esplêndido, e sejais ligados com aquela Criatura Cega do Lodo."
> 38. Eu que estou além da Sabedoria e da Loucura, levanto e vos digo: realizai ambos os casamentos! Uni-vos a ambos!
> 39. Cuidado, cuidado, Eu digo, para que não busqueis um e percais o outro!
> 40. Meus adeptos ficam de pé retos; suas cabeças acima dos céus, seus pés abaixo dos infernos.
> 41. Mas desde que um é naturalmente atraído para o Anjo, outro para o Demônio, que o primeiro fortaleça o elo mais baixo, o último se apegue mais firmemente ao mais alto.
> 42. Assim o equilíbrio se tornará perfeito. Eu ajudarei meus discípulos; quanto mais rápido eles adquirirem este poder e alegria equilibrados mais rápido Eu os impulsionarei.
> 43. Eles em sua vez falarão deste Trono Invisível; suas palavras iluminarão os mundos.
> 44. Eles serão mestres de majestade e poder; eles serão belos e alegres; eles serão revestidos de vitória e esplendor; eles permanecerão sobre a fundação firme; o reino será deles; sim, o reino será deles.[53]

A teoria básica de anima/animus é que uma pessoa cuja identificação externa e consciente é primariamente de um gênero terá um aspecto menos expressivo, principalmente inconsciente, que incorpora as

---

[53] Crowley, A. (1983). *The Holy Books of Thelema*. San Francisco, CA: Weiser Books.

características do outro gênero. Jung descreveu a anima e o animus como sendo arquétipos do inconsciente coletivo, existindo independentemente da experiência individual de uma pessoa. Há certamente um perigo de estereótipos de gênero sociais que entram em jogo sempre que tentamos falar sobre traços masculinos e femininos universais, e o próprio Jung provavelmente caiu nessa armadilha baseada nas visões de gênero que prevaleciam em sua época. No entanto, podemos entender isso com mais flexibilidade como expressão de um fato bastante óbvio: *qualquer* que seja a identificação de gênero consciente de uma pessoa, os aspectos complementares com os quais ela *não* se identifica irão incorporar um aspecto do *self* inexpresso e amplamente inexplorado.

Jung achava que o desenvolvimento de anima/animus refletia níveis específicos e sucessivos de crescimento psicológico para o homem ou para a mulher. Para o homem, diz-se que os níveis refletem uma conexão profunda com emoção, intuição e espiritualidade. Para a mulher, eles mostram uma relação madura com várias formas de poder. Novamente, existe o perigo de cair em estereótipos de gênero, mas a teoria subjacente pode ser útil como uma maneira de entender nosso relacionamento aprofundado com aspectos inexpressos do *self*. A razão pela qual o anima/animus é tão importante para a auto-exploração e crescimento psicológico é que a polaridade da identidade de gênero é uma experiência facilmente acessível e virtualmente universal na vida humana. Podemos identificá-lo prontamente com um esforço para concretizar os aspectos subdesenvolvidos do *self* através de características de gênero, enquanto outras áreas de exploração podem ser mais difíceis de entender no início. Elas serão tão estranhas que serão quase inteiramente inconscientes; entretanto, *estamos* conscientes do gênero e, assim, o anima/animus é mais fácil de "segurar" enquanto iniciamos essa exploração.

Consequentemente, podemos entender o anima/animus como uma expressão do clássico "psicopômpio", o guia para nosso submundo pessoal — o inconsciente — que nos ajuda a começar a unir os mundos consciente e inconsciente e, finalmente, a nos ajudar a construir a ligação consciente entre o ego e o Self, que é tão importante para a integralidade e a saúde. O princípio correspondente a este eixo do ego-Self, colocado em termos do caminho mágico, é o C & C do SAG. É muito importante entender que *não* estou dizendo que o SAG é a mesma coisa que o anima/animus. O que estou dizendo é que o SAG, em última análise, serve como nosso guia principal para os reinos inexplorados de nossos selfs psicoespirituais. O SAG está intimamente ligado ao cerne do nosso ser, e qualquer influência que exerça sobre o ego cotidiano tem o potencial de trazer percepções vibrantes sobre quem realmente somos. Desta forma, o SAG serve muitas das mesmas funções que o anima/animus, mas em um nível mais exaltado. Uma vez firmemente estabelecido e estabilizado, o C & C é um canal direto e aberto para o inconsciente, tanto em suas manifestações pessoais quanto coletivas. Dada a polaridade de gênero do complexo anima/animus, talvez seja importante notar também que o SAG pode ou não ser percebido como sendo do sexo oposto ou de qualquer gênero definido. A experiência dos adeptos varia muito a esse respeito.

Então, qual *é* exatamente a relação entre o anima/animus e o SAG? E como eles tendem a funcionar no caminho que se desenrola para o iniciado? Em um sentido, podemos ver o anima/animus como residindo em Yesod. Aqui, o "guia" para o inconsciente são aquelas migalhas de pão iniciais intuitivas e simbólicas que são, de fato, elementos prefigurados da eventual comunhão consciente com o SAG. A chamada "visão" do SAG atribuída a Malkuth nos desperta para a realidade espiritual por trás do véu da natureza. Mais importante ainda, este é o véu que nos cegou para nossa própria realidade espiritual, sob a casca opaca de corpo e personalidade à qual damos tanta ênfase na vida mundana. Em Yesod, começamos a receber instruções do SAG sobre a *natureza* dessa realidade espiritual, velada na linguagem dos símbolos, sonhos, experiências astrais e intuição. Neste lugar, o anima/animus é, em um sentido muito completo, nosso guia para a consecução além. Jung achava que o anima/animus aparecia frequentemente nos sonhos como guia ou como amigo, e também temos pontos de referência literários e mitológicos para isso. Por exemplo, o poeta Virgílio guiando Dante através do submundo no *Inferno*; e o papel do deus Hermes como o chamado "mensageiro dos deuses" — alguém que faz a ponte entre os mundos humano e divino — outra metáfora para os reinos consciente e inconsciente. (Notavelmente, Hermes é frequentemente descrito como andrógino, uma conexão adicional com a natureza contrasexual do anima/animus.)

Uma das formas mais comuns pelas quais o anima/animus está visível e é potente em nossas vidas diárias é através da projeção em nossos parceiros amorosos, sejam eles reais ou meramente desejados. O anseio pela outra pessoa; a sensação de que eles de alguma forma nos completam ou nos curam; a intensidade do nosso desejo de possuí-los; todos esses são sintomas da projeção do anima/animus. A outra pessoa simboliza um aspecto inexpresso do *self*, e se não estivermos suficientemente conscientes desse *déficit* percebido em nós mesmos, a intensidade de nosso desejo por eles geralmente será diretamente proporcional à nossa cegueira! Essas situações inevitavelmente levam ao desapontamento, pois o objeto de nosso desejo — um mero humano — nunca pode viver de acordo com nossa expectativa de amor divino perfeito.

Exercícios Sugeridos

1. Liste suas crenças sobre as características de personalidade da masculinidade e da feminilidade. Não é o que você acha que a sociedade acredita, mas o que você realmente acredita. Se você tiver dificuldades em criar uma lista dessas, poderá recorrer à lista do que você acredita ser as crenças da sociedade.

2. Agora, compare suas próprias características de personalidade com as de suas listas, com base no seu sexo identificado. Circule aquelas que você sente que incorpora e risque aquelas que você sente que **não** incorpora.

3. Agora olhe para os itens que você riscou. A cada dia, escolha uma dessas características e faça um esforço consciente para *viver* essa característica ao longo do dia, nas interações interpessoais e em seus pensamentos pessoais. Assuma uma "personalidade mágica" que incorpore totalmente o traço em questão. Registre os resultados no seu diário.

4. Agora olhe para os itens que você circulou. A cada dia, escolha uma dessas características e faça um esforço consciente para *não* a viver naquele dia. Registre os resultados no seu diário.

5. Preste atenção às formas menos óbvias pelas quais seu comportamento diário e sua experiência de si mesmo e do mundo mudam. Vivendo aqueles aspectos do *self* que raramente têm voz, abrimos um canal para outras características suprimidas ou inexploradas.

6. Você pode querer perguntar a um amigo ou parceiro o que eles notaram sobre o seu comportamento no final do dia, como um meio de cruzar a expressão externa da sua característica escolhida em um determinado dia.

7. Preste atenção para projeções do anima/animus em parceiros (ou parceiros desejados). Liste as características de seu parceiro e reflita sobre como você pode se beneficiar ao aumentar a expressão delas em sua vida.

8. Registre seus sonhos por pelo menos alguns meses, prestando atenção especial às figuras que aparecem como guias. Inicie uma lista das características desses guias, adicionando-as a cada vez que um novo guia aparece em um sonho subsequente. Depois de algumas semanas, você terá uma lista que pode ser bastante sugestiva em termos de instruções para exploração pessoal. Como você poderia ser mais como esses guias? De que maneira isso representaria crescimento ou mudança para você?

30

TERAPIA COGNITIVA PARA MAGISTAS

Como já discutimos nos capítulos anteriores, o ego humano é uma das ferramentas mais importantes na caixa de ferramentas do magista. O ego é a lente através da qual percebemos e organizamos nossas experiências; se esta lente estiver distorcida, turva, desequilibrada ou indevidamente distorcida por tendências, preconceitos ou pontos cegos, nós não funcionaremos da melhor forma possível. Obviamente, como magistas, lidamos com muito material simbólico, arquetípico e inconsciente que não tem muito a ver com o ego. Este material é tratado em seu próprio plano através de rituais, trabalho astral e outras práticas ocultas.

Da mesma forma, quando se trata do ego, devemos abordá-lo em seu próprio plano. Infelizmente, isso é um obstáculo para muitos magistas. Há uma tendência a encobrir hábitos de pensamento comuns e disfuncionais e pular para um trabalho mais esotérico. No processo, muitos magistas ignoram a importância de uma psique equilibrada, minando assim a eficácia de seu trabalho mágico. É uma manifestação particular da inflação do ego: "Eu cheguei a esses elevados estados de consciência, portanto, minha personalidade não precisa de atenção." No entanto, na verdade, *todos* nós temos mais crescimento e desenvolvimento para realizar, independentemente da nossa consecução mágica; e nenhum de nós está imune a ter alguns pontos cegos no nosso dia-a-dia. A terapia cognitiva é simplesmente uma tecnologia de higiene mental e mágica diária no nível do ego que acredito ser uma arma importante no arsenal de qualquer magista.

A terapia cognitiva, às vezes chamada de terapia cognitivo-comportamental, deriva principalmente do trabalho do psiquiatra Aaron Beck. Nos anos 60 e 70, Beck desenvolveu sua teoria seminal sobre essa abordagem, e suas ideias passaram a reformular radicalmente a moderna técnica psicoterapêutica como a conhecemos. Essencialmente, a teoria diz que emoções perturbadoras, como ansiedade, depressão e raiva, estão fundamentalmente enraizadas em padrões de pensamentos negativos habituais que são incorporados em nós através de nossa criação, e através de nosso processo cotidiano de captar informações do ambiente e tomar decisões sobre o que isso significa. Nós tendemos a cair em hábitos que são indevidamente inclinados para o lado negativo em nossas visões de nós mesmos, de outras pessoas e do mundo em geral. Se ficarmos presos a esses padrões de pensamento, é mais provável que soframos de depressão, ansiedade, raiva, problemas de controle e todos os tipos de emoções disfuncionais e padrões de comportamento.

A terapia cognitiva foi projetada para nos tirar desses hábitos destrutivos. Examinamos nossos pensamentos e emoções, prestando atenção a padrões de pensamento distorcidos, irracionais e mal-adaptativos. Então nós gradualmente e progressivamente os substituímos com pensamentos mais realistas, positivos e construtivos, na verdade nos reprogramando para pensar diferentemente. Feito corretamente, isso resulta em melhorias permanentes e substanciais nas emoções e nos comportamentos. Existem várias décadas de pesquisa para suportar a eficácia dessa abordagem, e quase todos os psicoterapeutas na prática hoje, de uma forma ou de outra, foram influenciados por essa escola de pensamento.

Devo enfatizar que a terapia cognitiva *não* se trata de fingir que coisas ruins não aconteceram, ou parar de nos sentirmos mal com algo que legitimamente *deveria* nos fazer sentir mal. Em vez disso, a terapia cognitiva lida com os vários pensamentos e esquemas interpretativos que colocamos no topo desses eventos negativos, exacerbando assim nossa emoção negativa. Às vezes, algo de ruim realmente aconteceu, como a perda de um emprego. Se você se sentir deprimido, irritado e frustrado nessa situação, isso não é uma distorção cognitiva — isso é realidade. Muitas vezes, no entanto, adicionamos camadas de interpretações negativas: "Eu perdi meu emprego e provavelmente nunca conseguirei outro bom. Provavelmente nunca vão me querer no campo em que quero trabalhar." E assim por diante. Coisas ruins acontecem, mas esse tipo de papo interior é *opcional*, e muito provavelmente irrealista.

Outra categoria de emoção negativa desnecessária ocorre quando nos sentimos mal, não porque alguma coisa tenha acontecido, mas por causa do que está acontecendo em nossa cabeça. Um exemplo clássico disso é quando ficamos chateados porque *achamos* que sabemos o que alguém está pensando sobre nós. Nós imaginamos que eles estão pensando que não gostam de nós, ou que eles estão nos criticando, e assim por diante. Então nós tendemos a ficar bravos com eles, mas o fato é que não temos nenhuma evidência sobre o que eles estão pensando. Nós nos colocamos em um lugar emocional apenas *imaginando* que sabemos o que eles estão pensando.

O psiquiatra David Burns, que estudou com Aaron Beck, é um dos mais importantes autores e professores contemporâneos da terapia cognitiva. Em seu excelente livro *The Feeling Good Handbook*, ele classifica os padrões de distorção cognitiva mais comuns em dez categorias. Vamos rever essas dez distorções cognitivas comuns e entrar em detalhes sobre cada uma delas, porque essas são as coisas com as quais você trabalhará diariamente se incorporar essa abordagem à sua caixa de ferramentas mágicas. Para cada um desses padrões de pensamento distorcidos, descreverei sua natureza básica e então darei algumas sugestões de maneiras de derrubar o padrão; isto é, abrir um buraco no pensamento distorcido e transferi-lo para um conjunto de pensamentos mais realistas e construtivos.

1. **Pensamento de Tudo-ou-Nada**. Uma situação é vista em termos de preto e branco. Se você não conseguir uma pontuação perfeita em um teste, você diz a si mesmo que você falhou completamente. Se um amigo não te apoiar em um determinado assunto, ele é um amigo terrível. Para derrubar essa distorção cognitiva, pergunte a si mesmo se existe uma área cinzenta — uma maneira mais moderada de olhar a situação, sem recorrer a extremos. Será que a situação realmente tem que ser vista em termos de extremos, ou eu apenas escolhi pensar sobre isso dessa maneira?

2. **Saltar a Conclusões**. Você imagina os piores cenários sobre como um evento futuro pode se desdobrar, apesar da falta de evidências para o resultado negativo. O chefe lhe dá uma avaliação de desempenho mediana e você conclui que *nunca* será promovido. Seu parceiro ficou quieto e retraído ultimamente, e você conclui que ele ou ela não ama mais você. Você pula os fatos (ou a falta deles) para medos sobre a situação (a "leitura da mente" mencionada anteriormente é uma subcategoria de tirar conclusões precipitadas). Para desafiar esse padrão, pergunte a si mesmo se há alguma evidência de que o resultado seja realmente provável. Ele aconteceu mesmo muitas vezes no passado? Uma vez que você esteja ciente de uma tendência a tirar conclusões precipitadas, pode ser mais fácil evitar a ansiedade indevida ao se pegar fazendo isso.

3. **Ampliação**. Também conhecida como *catastrofização*. "Se minha esposa me abandonasse, a vida não valeria mais a pena. Eu poderia muito bem acabar com tudo." "Se eu não me tornar Diácono logo, eu não vou poder contribuir com a Loja e só vou descer ladeira abaixo". Você subestima suas próprias forças e exagera a gravidade da situação. Para desafiar esse padrão, pergunte a si mesmo sobre a evidência da probabilidade do resultado temido. Além disso, lembre-se de como você se adaptou a circunstâncias adversas semelhantes no passado. Por exemplo, se você tem medo da perda de um relacionamento, lembre-se de como se recuperou de relacionamentos anteriores que falharam. Como você *realmente* reagiria se o relacionamento terminasse? As chances são de que você ficaria machucado por algum tempo e passaria para um relacionamento melhor.

4. **Generalização excessiva**. A marca desse padrão é o uso de palavras como "sempre" e "nunca". Por exemplo, você está trabalhando em um projeto em seu corpo local e alguém chega atrasado. Você pensa que eles estão sempre atrasados. Bem, eles provavelmente não estão *sempre* atrasados. Talvez eles estejam *frequentemente* atrasados, mas se você falar consigo mesmo usando palavras como "sempre", você ficará mais aborrecido do que se você usar uma terminologia mais mensurada. Sua escolha de palavras é importante, mesmo quando você está falando sozinho! Outro exemplo: você comete um erro e diz para si mesmo: "Não consigo fazer nada certo". É verdade que o erro foi cometido; mas você está falando consigo mesmo como se o erro fosse uma falha de caráter generalizada, e esse certamente não é o caso. Com a terapia cognitiva, você não apenas se ensina a responder de maneira mais positiva, mas também mais realista e construtiva.

5. **Filtro Mental**. Essa é uma espécie de visão de túnel em que você tem uma crença negativa sobre si mesmo, outra pessoa ou uma situação, e escolhe detalhes em sua experiência que parecem confirmar a crença negativa existente — nada mais entra. Você recebe vários elogios no trabalho, mas no final do dia uma pessoa tem uma coisa crítica a dizer e é nisso que você se concentra a noite toda. Você não está pensando nas quinze pessoas que disseram coisas boas para você, você está pensando na pessoa que disse algo negativo. Para lidar com essa distorção, pergunte a si mesmo o que você pode estar negligenciando. Desafie-se a procurar contra-exemplos, para ajudá-lo a ver a imagem toda de uma forma mais equilibrada.

6. **Descontar o Positivo**. Isso é semelhante ao filtro mental. Com esse padrão, você realmente nota os eventos positivos, mas explica-os. Alguém elogia você e, em vez de aceitar o elogio como uma observação

legítima, você o exclui, pensando "Eles estão apenas tentando tirar algo de mim" ou "Eles dizem isso para todo mundo". Você encontra um jeito de fazer o elogio não valer. Uma maneira de desafiar esse padrão é imaginar que um amigo veio até você e descreveu uma situação semelhante. Você provavelmente tranquilizaria seu amigo que o elogio que ele recebeu foi genuíno e merecido, e você o incentivaria a aceitá-lo em vez de cancelá-lo. Agora aceite seu próprio conselho! Outra maneira de desafiar esse padrão é lembrar a si mesmo que, muito provavelmente, a *evidência real* à sua frente é o próprio elogio, e o lado negativo está apenas na sua cabeça.

7. **Racionalização Emocional**. Você trata sentimentos como se fossem fatos. Seu cônjuge está dez minutos atrasado chegando em casa, e você começa a se preocupar que ele ou ela tenha sofrido um acidente. Até agora, isso simplesmente é saltar para uma conclusão. Entretanto, uma vez que seu corpo ouça sua mente dizendo que algo ruim aconteceu, seu corpo começa a bombear adrenalina, e você começa a sentir uma sensação corporal muito tangível que você associa ao medo. Desde que os seres humanos evoluíram para interpretar esses sinais emocionais no corpo como sinais de perigo real, você conclui que, se está se sentindo assim, o perigo verdadeiro certamente deve estar presente. No entanto, não há absolutamente nenhuma evidência de que algo esteja errado — apenas um ciclo vicioso de pensamentos negativos e excitação corporal de luta ou fuga.

Uma coisa que você pode fazer é desafiar esse padrão é forçar-se a se basear mais em fatos em suas conclusões. Mais uma vez, a bala de prata é perguntar a si mesmo que evidência você tem que apóia seu medo. Quase certamente, não haverá nenhuma. Procure por contra-exemplos positivos do passado, ou explicações alternativas: seu cônjuge já se atrasou antes e não foi um acidente terrível; ele ou ela simplesmente se atrasou por causa do trânsito ou de uma parada. Os sentimentos não são necessariamente fatos. Agora, é claro, as emoções são *um* dado que nosso ego usa para entender e responder ao ambiente; mas quando damos peso *indevido* às respostas emocionais, podemos facilmente perder de vista percepções que se baseiam mais na realidade da nossa situação.

8. **Afirmações de "Deveria"**. Você sente que há algo que você é obrigado a fazer; ou que outra pessoa é obrigada a fazer. Você tem expectativas sobre como o mundo deve funcionar ou como as pessoas devem se comportar. Então, quando algo não sai do jeito que você acha que deveria, você reage com raiva, ressentimento ou vergonha. As auto-declarações comuns ao longo destas linhas incluem: "As pessoas devem ser mais atenciosas umas com as outras" ou "Eu deveria ter feito melhor ou sabido melhor". O remédio básico aqui é lembrar que só porque você

acha que algo *deveria* acontecer, isso não significa que isso seja uma lei da natureza. Isso pode ser um processo de pensamento bastante sutil. Nós construímos muitas expectativas no dia-a-dia baseadas no que desejamos que acontecesse, refletindo crenças calcificadas sobre o modo como o mundo deveria funcionar. É preciso coragem e persistência para desenraizar nossas ilusões habituais a esse respeito.

9. **Rotulagem**. A rotulagem é essencialmente uma forma extrema de generalização excessiva. Com base em um conjunto limitado de comportamentos, você aplica um rótulo a si mesmo ou a outras pessoas que são injustamente objetificadores ou desumanizantes. Por exemplo, alguém te trata mal em uma determinada ocasião e você os descreve como um "babaca" ou uma "vadia"; ou você comete um erro e diz a si mesmo que é um "perdedor". Esses rótulos limitam sua capacidade de ver as sutis forças e fraquezas em você ou nos outros — para apreciar a humanidade sob o rótulo. Eles também tornam mais difícil mudar sua situação, porque você concebeu seu mundo em termos de caixas conceituais — uma caixa está cheia de babacas e a outra está repleta de não-babacas. Onde está a oportunidade de crescimento ou mudança em tal cosmovisão? Em vez de aplicar um rótulo, pergunte-se: quais são os comportamentos específicos que eu não gosto em mim mesmo ou nos outros? Lembre-se de que você, a outra pessoa, e todos os outros do mundo se comportam mal às vezes. Talvez você não precise ser tão preto-ou-branco em sua caracterização da situação. Você pode se colocar no lugar deles e ver como eles podem se comportar de forma problemática, sem merecer um selo intratável de defeitos?

10. **Personalização e Acusação**. Algo negativo ocorreu e você pode tomá-lo pessoalmente (personalização), ou assumir que *deve* ser culpa de alguém (acusação). "Minha colega de trabalho não sorriu quando falei com ela hoje de manhã. O que eu fiz de errado?" "Essa Missa realmente teve uma energia baixa. Aquele Diácono idiota sempre estraga as coisas!" Há um desejo natural de explicar o universo em termos de causa e efeito, e às vezes, no calor do momento, é mais reconfortante concluir que alguém é o culpado, mesmo que seja nós mesmos. Mas novamente, "caixas" conceituais como essas nos tornam menos propensos a considerar outras explicações para o motivo de as coisas terem ocorrido. Isso nos motiva a tomar medidas construtivas, ou a entender as sutilezas do problema, e nos liga a uma visão estreita da situação. Para desafiar esse padrão, procure explicações alternativas: talvez a colega de trabalho que não sorriu para você tenha recebido más notícias, e a reação dela não tenha nada a ver com você. Talvez a Missa tenha sido menos do que estelar porque todos estavam cansados por

causa das iniciações no dia anterior, e não porque qualquer indivíduo seja culpado.

Sugestões Práticas

Como você pode colocar todos esses conceitos em um uso construtivo como um magista? Sugiro que cada vez que você tenha uma emoção perturbadora forte e significativa — e é provável que isso seja pelo menos uma vez por dia — você faça uma anotação em um "diário de humores". Ele pode simplesmente ser incluído no seu diário mágico. Nesse diário, você escreve os pensamentos que estão passando em sua cabeça, não importa quão irracionais eles possam parecer. Eles provavelmente incluirão um bom pensamento distorcido. Em seguida, você identifica quais distorções cognitivas estão presentes nos pensamentos e apresenta uma resposta racional. Use as perguntas desafiadoras sugeridas na discussão acima. Através da vigilância e da repetição, você aumentará sua capacidade de capturar os padrões de pensamentos negativos logo após eles surgirem e os substituirá por respostas mais construtivas, realistas e positivas. Eventualmente, você irá realmente reprogramar a si mesmo, e os pensamentos racionais se tornarão seu novo modo de operação "padrão". Na minha opinião, todo magista, não importa o quão psicologicamente saudável ele se sinta, deve passar pelo menos alguns meses escrevendo diários desse tipo. Você obterá uma visão inestimável dos seus padrões de pensamento e do modo como eles afetam suas emoções; e isso se torna uma parte essencial do seu registro científico.

Você também pode usar essas técnicas quando estiver planejando um trabalho mágico. É muito importante considerar as condições psicológicas que levaram à conclusão de que um trabalho é necessário. Se o seu ego está indevidamente nublado com distorções cognitivas, sua decisão de empreender um trabalho mágico para mudar sua situação também pode ser distorcida. Considere se existem razões puramente emocionais para desejar o objetivo que você tem em mente. Pergunte a si mesmo se há emoções perturbadoras como raiva, frustração ou insatisfação com a sua vida que estão impulsionando seu desejo de fazer o trabalho mágico. Eles não podem ser melhor abordados diretamente, em seu próprio plano, através da terapia cognitiva?

Finalmente, e talvez o mais importante, se você usar essas técnicas para ter certeza de que sua mente é tão clara e imparcial quanto possível, ficará maximamente capacitado a sintonizar-se com aquela voz interior mais importante — a voz da Verdadeira Vontade e da consciência profunda — a voz do SAG, que é o único guia infalível ao longo de seu caminho mágico.

CONCLUSÃO

Minha maior esperança é que o material deste livro seja útil à medida em que você avança no caminho da sua Grande Obra única. Deixe-me encerrar lembrando-lhe de um conselho dado anteriormente no livro: você deve, acima de tudo, *persistir* nos desafios, perigos e desconfortos que confrontam todo buscador sincero ao empreender o trabalho. Quando estiver em dúvida, na escuridão, ou em desespero, saiba que a consecução te aguarda se você simplesmente continuar aspirando à Luz do Santo Anjo Guardião que está sempre ardendo em seu coração. Assim, vou deixá-lo com um poema de Soror Meral que expressa maravilhosamente o arrebatamento da união com o Anjo.

A LUZ DA VIDA (1982)

Eu te amo em todas as graças forjadas de estrelas dos céus,
Na Ísis de beleza que me cerca;
Esperando o Teu toque de amor para despertar em chama esplêndida
O sempre-percorrente trovão de Teu nome.

Ó, Esplêndido, Tu misterioso, inexprimível,
Correndo em minhas veias em agonia insuportável:
Ó, Luz da Vida em êxtase esplendoroso de prazer
Que enche minhas veias com vida em majestade de poder.

Como um grão de pó dança nos fortes raios de sol
Assim danço eu como uma criação de Tuas fantasias.
Estas minhas palavras são apenas palha ao vento
Comparadas à intensidade do Teu olhar e da Tua mente.

Amarre minha passagem e caminho eternos a Ti,
De vida a vida, de êon a êon, por toda a eternidade.
Me aproxima do Teu Coração para que eu possa ser um símbolo apto
De Teu amor abrangente e me segure para que eu não trema.

Ah, Senhor, estas palavras são pobres, caem diante do Teu rosto,
Encha-me e empresta-me ainda mais da Tua benevolência inebriante
Para que eu possa amar e derramar meu coração em Teu louvor
E unida para sempre a Ti permaneça uma estrela em chamas.

— Phyllis Seckler (Soror Meral)

SOBRE O AUTOR

O Dr. David Shoemaker é um psicólogo clínico em consultório particular, especializado em psicoterapia junguiana e cognitivo-comportamental. David é o Chanceler e Prolocutor do *Temple of the Silver Star* (Templo da Estrela de Prata). Ele é um membro de longa data da O.T.O. e da A∴A∴, e tem muitos anos de experiência treinando iniciados nestas tradições.

Ele também serve como Soberano Grande Inspetor Geral da ordem. David foi o Presidente fundador da Guilda de Psicologia da O.T.O., e ele é um palestrante frequente em eventos regionais e nacionais. Ele também é membro dos comitês de Treinamento de Iniciação e Planejamento da Grande Loja dos E.U.A., e serve como Instrutor de Iniciação Avançada. Bispo consagrado da Ecclesia Gnostica Catholica, David liderou a equipe que desenvolveu as Oficinas de Aconselhamento Pastoral e as levou aos membros da O.T.O. nos Estados Unidos.

David é co-editor das revistas *Neshamah* (Guilda de Psicologia) e *Cheth* (Loja 418). Além de seus ensaios nessas publicações, seus escritos foram publicados nos periódicos *Mezlim* e *Black Pearl*, e seu capítulo sobre Psicologia Cabalística foi incluído no Manual do Instrutor do *Personality and Personal Growth* de Fadiman e Frager, um livro acadêmico de psicologia. Ele foi o compilador da publicação do T.O.T.S.S., *Jane Wolfe: The Cefalu Diaries 1920-1923*, e co-editor das coletâneas de escritos de Phyllis Seckler preparadas pelo T.O.T.S.S. e pela Teitan Press, *The Thoth Tarot, Astrology, & Other Selected Writings*, e *The Kabbalah, Magick, and Thelema: Selected Writings Volume II*. Seus populares segmentos de instrução da série *Living Thelema* são apresentados regularmente no podcast de mesmo nome. Seu registro das visões nos Trinta Aethyrs Enoquianos, *The Winds of Wisdom*, foi publicado no final de 2016.

Além de seu trabalho com a magick e a psicologia, David é músico e compositor.

www.livingthelema.com

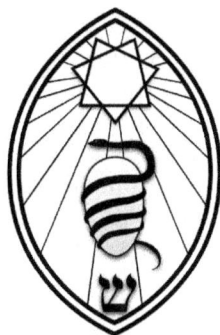

Temple of the Silver Star

Trilha Acadêmica

O *Temple of the Silver Star* (Templo da Estrela de Prata) é uma organização religiosa e educacional sem fins lucrativos, baseada nos princípios de Thelema. Ele foi fundado à serviço da A∴A∴, sob autorização de Soror Meral (Phyllis Seckler), para fornecer treinamento preparatório em magick, misticismo, Cabala, Tarô, astrologia e muito mais. Em sua trilha acadêmica, cada estudante recebe a instrução de um professor, que fornece aulas individuais e aulas em grupo. Aulas online e outras opções de ensino à distância estão disponíveis.

Os critérios para admissão à trilha acadêmica do Templo são explicados no próprio formulário de admissão, que pode ser respondido *online* através do site do T.O.T.S.S. O Templo possui *campi* ou grupos de estudos em Sacramento, Oakland, Los Angeles, Seattle, New England, North Carolina, Brasil, Japão, e Reino Unido. Frequentemente são oferecidas aulas públicas; a programação está disponível em nosso *website*.

Trilha Iniciática

A trilha iniciática do Temple of the Silver Star oferece iniciação cerimonial, instrução personalizada e um sistema completo de treinamento nos Mistérios Thelêmicos. Nosso sistema de graus se baseia na Árvore da Vida cabalística e nas fórmulas dos manuscritos cifrados da Golden Dawn, da qual somos um descendente linear.

Todo o nosso currículo é construído para estar em conformidade com a Lei de Thelema, e nosso objetivo central é orientar cada aspirante para a realização de seu propósito na vida, ou Verdadeira Vontade. A fim de capacitar nossos membros para descobrir e realizar suas Verdadeiras Vontades, ensinamos Cabala, Tarô, magick cerimonial, meditação, astrologia e muito mais. Nossos iniciados se encontram privadamente em grupo para trabalhos cerimoniais e de cura, aulas e outras instruções. Ocasionalmente oferecemos aulas e rituais públicos.

A participação ativa em um Templo ou Pronaos local é a melhor maneira de maximizar os benefícios de nosso sistema. No entanto, oferecemos afiliação à distância para aqueles que moram a alguma distância de um dos nossos órgãos locais.

Se você estiver interessado em aprender mais sobre nosso trabalho, nós o convidamos a fazer o *download* do formulário de inscrição em nosso *website* e enviá-lo para o órgão local mais próximo, ou entrar em contato conosco para esclarecer suas dúvidas.

totss.org

Faze o que tu queres há de ser tudo da Lei.

A A∴A∴ é o sistema de consecução espiritual estabelecido por Aleister Crowley e George Cecil Jones no início do século XIX, como uma expressão moderna da Escola Interna de sabedoria que existe há milênios. Seu objetivo central é simplesmente conduzir cada aspirante em direção à sua própria consecução individual, para o proveito de toda a humanidade. O curso de estudo inclui uma diversidade de métodos de treinamento, como Cabala, raja yoga, magick cerimonial e muitas outras tradições. A A∴A∴ não se estrutura em organizações, fraternidades ou escolas sociais externas; ao invés disso, baseia-se no poder já testado pelo tempo das relações individuais entre professor e estudante, sob a orientação dos mestres da Escola Interna. Todos os treinamentos e testes são feitos estritamente de acordo com *Liber 185* e outros documentos basilares.

Os interessados em prosseguir com a admissão à A∴A∴ são convidados a iniciar o contato através dos seguintes endereços:

A∴A∴
PO Box 215483
Sacramento, CA 95821
Estados Unidos da América
onestarinsight.org

A fase do Estudante, preparatória para o trabalho na A∴A∴, começa com a aquisição de um conjunto específico de textos básicos, notificar a A∴A∴ sobre isso, e estudar os textos por pelo menos três meses. Então o Estudante pode solicitar um Exame. Mais informações sobre este processo estão disponíveis através do Cancellarius nos endereços indicados acima. OBSERVAÇÃO: Embora nosso endereço de contato principal seja da Califórnia, há Neófitos supervisores disponíveis em muitos países ao redor do mundo.

Se você for chamado para começar esta jornada, nós o convidamos a entrar em contato conosco. Independentemente da sua escolha nesta questão, desejamos-lhe o melhor enquanto você segue a sua própria Grande Obra. Que você atinja sua Verdadeira Vontade!

Amor é a lei, amor sob vontade.

Ordo Templi Orientis
e
Ecclesia Gnostica Catholica

Aqueles que estiverem interessados em aprender mais sobre a O.T.O. e a E.G.C., podem entrar em contato através dos seguintes endereços e websites:

Secretary General
PO Box 2180
40313 Gothenburg, Sweden

Ou entre em contato com a Grande Loja do seu próprio país ou outra representação local através do website da O.T.O. Internacional:

oto.org

Outras Obras de
David Shoemaker

Como Autor

The Winds of Wisdom: Visions from the Thirty Enochian Aethyrs

Vários artigos, publicados nos periódicos *Mezlim, Agape, Black Pearl, Neshamah* e *Cheth*

Living Thelema (podcast)

Como Editor

Llewellyn's Complete Book of Ceremonial Magick

Karl Germer: *Selected Letters 1928-1962*

Phyllis Seckler (Soror Meral): *The Thoth Tarot, Astrology, & Other Selected Writings*

Phyllis Seckler (Soror Meral): *Kabbalah, Magick, & Thelema. Selected Writings Vol. II*

Phyllis Seckler (Soror Meral): *Collected Poems 1946-1996*

Jane Wolfe: *The Cefalu Diaries 1920-1923*

Como Músico e Compositor

Elsa Letterseed Original Score

Workings (2000-2010)

Last Three Lives (auto-entitulado)

Last Three Lives: *Via*

www.ingramcontent.com/pod-product-compliance
Lightning Source LLC
LaVergne TN
LVHW051457080426
835509LV00017B/1794